近代衣服書集成

増田　美子 編・解説

第1巻　服制と縫針の歴史

クレス出版

刊行のことば

増田美子

日本の近代化は、明治新政府による急速な欧風化政策によって推進されていった。この流れの中で、不平等条約の改正を目指し、我が国の文明開化を誇示する手段として重視されたものに、服装の洋装化がある。明治維新後わずか三年足らずで、岩倉具視を団長とした欧米使節団が派遣されたが、彼らの姿を見ると、岩倉具視は髷に羽織袴という和装だが、他の木戸孝允・大久保利通・伊藤博文といった面々は全て、斬髪に背広姿となっている。

このように官員達の洋装化は政府主導でなされていくが、明治四年（一八七一）の「散髪脱刀令」以降は、一般民衆にも次第に洋服普及の兆しが見え始める。これらの洋装化の動きに伴って、洋装のマナー本が盛んに出されるようになった。また、日本人による洋服仕立て屋の開業により、洋服仕立て方の本も種々刊行されるようになる。しかしこれらの書物の大半は既に希少本となり、現在では手にすることが困難な状態である。

本集成は、これらの希少本の復刊を試みたものである。二回に分けての刊行予定であるが、第一回配本は、近代に刊行された服飾関係通史等とともに、日本の洋装化の流れの中での人々の洋服への対応の姿が捉えられるように配慮した。明治中期の洋服案内本、明治末から大正期にかけての衣服改良の動き、洋服・

和服の流行についての解説、更には太平洋戦争時の国民服、そして終戦直後の物資不足と家庭生活の合理化の動きの中での衣生活といった時代の流れがわかる形での構成である。

第二回配本は、洋裁本の復刻に主眼を置いた。特に子供服の洋装化は早く、家庭での製作が求められていたこともあり、家庭における子供服製作本を多く収録した。また洋装化の流れとはいえ、依然として女性の大半は和服での生活であり、女性の嗜みとして重視された和服製作の改良の動き等も考慮して組み入れている。

本集成の刊行によって、従来は国会図書館や一部の大学図書館に足を運ばなければ閲覧できなかった諸本を手にすることが出来るようになるであろう。そして本書を紐解くことによって、近代日本の衣文化研究が更なる発展をみせてくれることを期待する。

（学習院女子大学名誉教授）

まえがき

『近代衣服書集成』第一回　服飾全般の「第1巻　服制と縫針の歴史」には以下の二点を収録した。

関根正直著『服制の研究』古今書院、大正14年

渡邊　滋著『日本縫針考』文松堂出版、昭和19年

服制の研究

文學博士關根正直著

服制の研究

東京
古今書院發行

はしがき

回顧すれば、去る明治四十一年八月、文部省主催の夏期講習會に於て、我が國古來の服裝・飲食・住處等の沿革史めくことを講説したる事ありき。其の後又某々學校にても、之を繰り返したりしかば、前後聽衆中の誰れ彼れより、當時の講案を上版して班つべき由、要求する者少からず。因りて閑暇を得ば、取りしたゝめて需めに應ぜんと約せしかど、常に俗事多忙なうし身の、いつしか數年を經過して、今日に及びぬ。

然るに、服制の沿革に就きては、曾て三省堂の百科大辭典發行に際し、齋藤編纂主任の委囑により、「ふくせい《服制》」の語下に入るべく、別に起稿したる草案あり。其のうち、鎌倉・室町時代の一部分は、既に該辭典の見本中に入りて、世に弘告せられたりしが、其の後編修の方針改まり、長文に渉る事項は、省略する議に決し、拙稿は不用になりて、其のまゝ筐底に投棄しおきぬ。

此の事情を知る人々より、先約を履むべく、せめて之をだにと促さるゝこと頻りなり。さては是れにて、古き言責を免されむは幸なりと、取り出でて見るに、一部の書としては簡略に過ぎ、猶且考査を要するふし〴〵、補足すべき所々多きを思へど、元來疎懶の性癖、あまさへ近年病老兼至り、頗る筆執るに慵く、終に舊稿のまゝ印刷に附したり。至らざる所は偏に識者の補正を俟つ。

本書の記事に參照のため、挿し入れたる圖畫は、敢て珍らしきものならねど、いづれも考據となるべきを選みたり。中にも江戸時代のは、實際柳營に勤仕せし老女の、かゝる故實にくはしきが談話を聞き、又記録に徵して誤らざる所を、新に寫さしめたるにて、浮世繪師の想像になれる、謂はゆる錦繪の類にはあらざるなり。

大正十四年五月

著者しるす

服制の研究

目次

上古後期（文武天皇―光仁天皇）

近古（後鳥羽天皇—正親町天皇）

近世（後陽成天皇―孝明天皇）

目次終

服制の研究

關根正直著

皇國に於て、冠衣の制度を定められたるは、推古天皇の御世に創まりし事なれども、其の前よりの服裝、すなはら皇國古來の衣裳その他の裝具の、服制創定後にも久しく遺りて、行はれたるもの少からねば、先づ首《ハジメ》に服制創定以前の樣を、大略叙述する要あり。 仍て姑く此の間を太古と標して、古典に記錄せる所をたどらむ。

太古の衣服は、實物の遺らぬは勿論、繪畫の徵すべきもなく、只管古典に記されたる名稱、名義に就いて、其の品、其の用を推考するより外なかりしに、近年考古學・人類學等の研究盛なるにつれて、古墳の中より發見したる埴《ハ》輪《ニワ》、諸種多樣なる土偶の形式に就き、珍らしき考說をも聞くことを得るにより、幸に古典の記錄と、土偶とを對照して、やゝ其の眞相に近かるべき所を、窺ひ知る樣になりしは喜ぶべし。

國史の傳ふる所に據れば、垂仁天皇の三十二年、野見宿禰新に埴輪を創造して、人物の殉死に代へたりといふ事、兒童も熟知する所なり。然れども考古學家に聞けば、埴輪の分布は、大和地方のみならず、全國至る所の墳墓より現出し、且その墳墓は、必ずしも垂仁天皇以後のものとも限らざれば、かたがた野見宿禰を以て、埴輪の創造者とせんこと疑ひなき能はずといふ。此の說尤も然るべし。又日本紀古事記の神代の卷に見ゆる事物には、後よりの追記も少からじ。且その年數も詳知し難ければ、垂仁天皇より以前、神武天皇の御世、或はそれより前時代にも及び、下は推古天皇の御世に至る、前後數百年に渉れる間を、假りに太古と定むべし。

太古（推古天皇以前）

一　男装の冠・笠・鬘

上よりの順に從ひ、被《カブ》り物の事よりいはんに、古事記の伊邪那岐ノ神、日向の橘ノ小門のあはぎ原にて禊祓《ミソギハラヘ》し給ひし所に「投棄《ナゲウツル》御冠」の語あれど、本居翁の傳には之を疑へり。云く、

皇國に、上つ代は冠はなかりしと云ふ説あり。漢籍にも、北史に皇國の事を記して、頭亦無レ冠但垂二髪於兩耳上一、至レ隋其王始制レ冠云々といへり。

姑く是によつて思ふに、證あることなむある。先づ上つ代の首

の飾を考ふるに、髻《ミヅラ》に玉又鬘《カツラ》などは固よりにて、宇受《ウズ》といふ物あり。書紀に「髻華」とかきて、髻に草木の枝、又やゝ後には金銀などを以て作りても刺したるものなり。もし冠あらば、さる物を髻に刺すべき由なし。之を冠にも刺すは、後の事にこそあらめ。又此記にも、書紀にも、上古冠の事を云へること更に見えず云々。

斯くあれど、「播磨風土記」品太(應神)天皇但馬へ御巡行の條に、御冠のこと見え、「出雲國造神賀詞」に伊《イ》都《ツ》幣《ヌサ》能《ノ》緒《ヲ》結《ムスビ》天《アメ》乃《ノ》美《ミ》賀《カ》氣《ゲ》冠《カウ》利《ブリ》天《テ》の語あり、後世の冠といふ程の品はなくとも、何物をか頭上に被《カブ》る事はありしなるべし。又「新撰姓氏録」(右京皇別)笠朝臣の條には、應神天皇吉備國御巡幸の時、飄風御笠を吹き放つの記事もあり。轉じて例の埴輪土偶を見るに、多くは何物をか被れるが如く、中には現今の帽子の様なる鐔《ツバ》付きたる物をさへ被りたり。按《オモ》ふに此の鐔ある被り物は、古典に笠と稱せし物にはあらざるか。 日本紀卷二(神代紀の下)大物主ノ神歸順の條に、時ニ高皇靈尊……卽以二紀伊ノ國忌部ノ遠祖手置帆負神一定二作笠者一彥狹知神爲二作盾者一云々と見えて、「作笠者」の三字を、「カサヌヒ」と訓點せり。「カサ」と云ふ名義を谷川士淸翁は、「重《カサ》」の意ならむといへり。頭上に重ねて、日光を遮る由の稱なるべし。 かゝれば當時は、雨を防ぐのみに限らざりしが、雨中には專ら此の笠を着たるが故に、後世は雨具ともなり、殊に漢字の笠の字を用ふるに至りては、簑をさへ連想して一向雨中の被物とし、誰れも疑ふ者なきに至りしならん。 而して神代紀に「作笠者」をカサヌヒと訓じ、又崇神天皇紀に、笠縫邑(大和國十市郡に)あり、縫ふといふ語より考ふれば、其の質は獸革を縫ひ合せて作りたるか。(土偶の被り物布麻の類を縫ひたりとは見えず)

次に鬘《カツラ》とはいかなる物ぞといふに、先づ「カツラ」の語は、もと蔓葛等の汎稱をツラと云ふ。之を以て頭髮の飾とせしより、起れりし名詞にて、髮蔓《カミツラ》の中略語なりと、本居翁のいへる如く、古典に眞《マ》析鬘《サキカツラ》日《ヒ》蔭《カゲ》鬘等の稱見え、數百年後までも、此の風遺りて、神祭等の服裝には、冠の上より垂らし著《ツ》くる事あり。(現代も大嘗祭神嘗祭の日祭官之を用ふ)而して例の埴輪土偶に徵すれば、前額より後頭部に絡《カラ》み卷ける物あり。是れ頭髮の亂れ垂るゝを防ぐための、元は實用より起りたるものならむかとも思はるゝなり。

二　衣と袴と帶

太古の男子は、身體の上部に衣《コロモ》を著て、下部に袴《ハカマ》をはけるが如し。衣《コロモ》袴《ハカマ》の稱、神代卷に出づ。古事記應神の卷には、上下衣服《カミシモノキモノ》と見え、鎭御魂《ミタマシヅメ》齋《イハヒ》戸《トノ》祭の祝詞に、奉ル御衣《ミソハ》上下《カミシモ》備ヘ奉リ云々とあるなど證とすべく、埴輪土偶も亦皆さる姿に見えたり。　但し多くの土偶を觀て、比較研究をなしたるにあらざれば、精しくは言ひ得ざれども、大體より觀察すれば、上衣の長《タケ》は大かた腰部に至り、領は垂《タリ》領《エリ》(今世の和服の衿の如く)にて左衽多く、(右衽も亦なきにあらず)胸部に紐あり、(二所あるも見ゆ)袖は甚だ狹《セ》細《マ》くして、筒袖といふ服に似たり。　袴も亦至つて窄《スボ》く、今の洋袴のやゝゆるき程なるべし。　此の袴の上より膝下の程を、紐にて括り、また此の紐に小鈴を付けて、歩行のまゝに鳴る樣にし、之を「アユヒ」(足結)といへる事、古事記の允恭天皇の卷なる歌に「宮人のあゆひのこすゞおちにきと宮人とよむ里人もゆめ」とあるにて知られたるが、此の鈴は兩足の膝下、外面の方に一個宛付けたる土偶を、數年前坪井正五郎氏發見して、寫眞を當時の史學會雜誌に載せたりき。　萬葉集卷七・卷十一に出でたる歌詞にも足《ア》結《ユヒ》見えたれば、奈良朝時代までは行はれたりと思はる。

太古の男子は腰部以下袴にて覆ひ、上衣を着て腹部にあたる所に帶を結びたる事、今時の風に同じかりき。　この帶をまたヒモ(紐)ともいへり允恭天皇紀に「さゝらがたにしきの紐をときさけて………の御歌あり。「さゝら」とは細小の紋形を云ふ。「にしき」は「丹《ニ》頻《シキ》」の義にて、當時は赤き筋の多く交りたる物なりとぞ。又武烈天皇紀に「大君の帶の之都波多《シヅハタ》むすびたれ……(之都の事後に)繼體天皇紀にも「安見しゝ我が大君の帶ばせるさゝらの御帶むすびたれ………ともある如く、土偶の多くは、皆前方にて結び垂れたり。

三　女裝の衣と裳

女子の上衣は、粗《ホヾ》男子の上衣と同じく、大方は窄袖左衽の垂領にして下に裳を纏へる狀、例の埴輪土偶に其の徴あり。　稀には今の洋服の詰《ツメ》襟《エリ》の風に似たる物、卽ち喉の下より、直垂《チヨクスヰ》に筋を立てゝ、二所ほど紐にて結べるも、又は丸くふくらみたる物を、胸部の左右に程よく付けたるも見ゆ。

裳は、袴と異なり、襠《マチ》もなく襞《ヒダ》もなく、一幅の布を、腰部以下前後に引き纒へるものゝ如し。日本紀神代巻に、天照皇太神の、御弟素戔鳴尊に會ひ給はんとて、男裝し給ふ所に、裳を縛して袴とすとあるにて、袴と裳との別ありし事知るべく、前後に引きまとへる裳を、左右の脚下に分け結びて、男子の袴の如くせしを云ふなり。さて帶をも結びけむ事は、古典に記せれど、土偶に見えざるは、上衣また裳の下に結びたるべければ、隱れて見えざるならむ。

四　於須比は原始時代の遺物

太古の男女とも、於須比《オスヒ》といふ物を被《キ》たり。古典に幾所も記載しあれど、其の狀其の製は詳ならず。稍後世の書ながら、大神宮式に、帛ノ御意《オ》須《ス》比《ヒ》八條、長各二丈五尺廣二幅とあるを始め、他書に見えたる所も、さらに裁ち縫はぬ品のやうなれば、本居氏の古事記傳等にも、布一幅にまれ二幅にまれ、長きまゝを頭より被《カム》りて、衣服の上に襲ひ覆ひて、裾まで垂れたるなるべし。さてこそ名義も押覆《オシオホヒ》か。襲覆《オソヒオヒ》の意ならめと云ひ、又或る說に、男女ともに人に知られじと、面を隱すための物にて、忍びの料ならむともいへれど、外宮儀式帳に、神主が日每に神饌を奉る時、木綿《ユフ》襷《タスキ》前垂《マヘタレ》かけて、天《アメ》の押日《オスヒ》(於須比也)蒙りて、手洗ひ云々とかけるを考ふれば忍びの料とか。又面を隱す爲とかいへるは當らざるに似たり。

按ふに此の於須比は、原始時代の男女(暖地熱地に住める)が、麻木綿の類を織り出して、未だ裁縫する法を知らず、布のまゝに被りて、身體を蔽へる物の遺風ならむ。後漸〻文化進みて、男女それ〴〵に、衣・袴また裳を著する世に至りても、事とある時は、猶彼の於須比を、表着《ウハギ》の上に襲ひ著る風を成したるには非ざるか。是れと類似の事あり。應神天皇紀に天皇淡路島に御遊獵の日、海上に數十の麋鹿船に乘りて來たるあり。何者ぞと問はしめたるに、日向ノ諸縣ノ君牛といふ者、女等を率ゐて來れるが、角付きたるまゝの鹿皮を、衣服と爲せる由を記せり。角付きたる鹿皮とあれば、是れ亦疑ひなく裁縫せざるものなるべし。是處には日向とあれど、北方寒地に於ける人民の間には、是れまた自然と著用せられし、原始的衣服なりしならむ。

五　比禮と太須伎

比禮《ヒレ》は古くより「領巾」の漢字をあてたる如く、布の縫はざるを、領より打掛けて、前に垂れたる物なり。是れ亦於須比《オスヒ》と同系統の原始的遺物ならむ。最初は男女共に用ひたりき。天武天皇二十一年三月の詔に、膳夫采女等之手繦《タスキ》肩巾《ヒレ》並莫レ服とあるにて知らる。然れども女子には猶平安朝時代の中頃まで、禮裝として遺存せり。

比禮といふ名義は、振らむ爲の物にて、振手《フリデ》の約りたる語、といへる舊說は從ひ難し。唯ヒラ〳〵とする形狀よりや名づけゝむ。松浦佐用姫の、遙に離去する夫の船を望み見て、領巾《ヒレ》振りて流涕せる由、萬葉集(五)にあるは、たま〳〵時に望みての事なり。振らむが爲に常に掛け居る品にはあらじ。(古典に蛇ノ比禮、呉公《ムカデ》ノ比禮、蜂ノ比禮などいふ物のあるは彼の毒蟲を拂ふ具なり領にかくる物とは異なり)然らば何の爲ぞや。曰く前述の如く、元は原始的服裝系統の品なりしが、稍進みたる世には襷《タスキ》と伴なひて、實用の具となり、器物の埃などを拭ふ料とせしなるべし。後世配膳仕ふる采女《ウネメ》の必要品となりしにても思ふべく、又古く神に仕ふる(神饌などさゝぐる)者の裝ひを、大殿祭の祝詞や、大祓の祝詞にも「朝夕の御膳《ミケ》に仕へまつる比例《ヒレ》懸《カクル》伴緒《トモノチ》手繦《タスキ》かくる伴緒」といひ、「天皇《スメラ》が御門《ミカド》に仕へまつる比禮《ヒレ》かくる伴男、手繦かくる伴男靫《ユギ》負《オ》ふ伴男劒《タチ》佩《ハ》く伴男」などつゞけたるにても知るべく、後世の手巾の用をなしたる品が、又更に形式ばかりの禮裝となりしなるべし。

又太須伎《タスキ》は、神代の卷磐《イハ》窟《ヤ》隱《カクリ》の條に、天ノ鈿女命の蘿《ヒカゲ》を以て手繦《タスキ》とせし事見えたるを始め、祝詞に多く見ゆ。食膳に携《タヅ》さはる者の著《ツ》けし物にて、本居翁は、古の手《タ》次《スキ》も今の世の賤人のかくると、全く同じ物にて、書紀允恭の巻盟神探湯《カクタチ》の處にも、諸人各著ニ木綿手襁一而赴レ釜探レ湯とあり云々といへり。按ふに太古の袖は、後世の如くならで、筒袖に類したれば、手先に餘る袖を引き擧ぐる料ならむ。後世襷の字をかけるも、本居翁の考の如く、袖を擧ぐる由の倭字なるべし。

六 服地と服色

古語に衣裳の地質を、和妙《ニギタヘ》・荒妙《アラタヘ》などいへり。妙《タヘ》は借字にて、栲(タグ)のことを「タヘ」ともいへるなり。栲は梶ノ木にて、この樹皮の纖維にて織りたる布を、ニギタへといふ。一説に栲を又カウゾとも云ふは、神衣《カミソ》の義にて、白栲《シロタヘ》の衣は、神の衣に製《ツク》る故に、神衣《カウソ》の樹《キ》と稱せしなりと云ふ。木《ユ》綿《フ》といへるものの亦同じ。栲の纖維を能く洗ひ晒して白くしたるを、白妙とも白木綿《シラユフ》とも稱せしなり。荒妙の荒も借字にて、實は粗の義なり。

麻の皮の纖維を以て目を粗く織りたるものを云ふ。元來「タヘ」とは栲の事なりしが、廣義には麻布をも、苧をも、後には帛をも皆「タヘ」といへり。此の栲麻等の纖維の色づきたるまゝを織れば、幾筋の縞を成す、之を倭《シ》布《ヅ》織《オリ》といへり。

絹は仲哀天皇の九年に、新羅より絹《キヌ》・縑《カトリ》を貢し、應神天皇十四年にも、漢人融通王秦氏を率ゐて歸化し、絹帛等を献ずと日本紀に見えて、「キヌ」といふ語も、絹「ケヌ」の字音、縑《カトリ》は堅織の義ならむと谷川士清翁いへり。

蠶絲を以て織りたる絹帛は、何時代よりありしか詳ならねど、應神天皇の朝に百濟より縫工女を貢し、又支那の歸化人阿智使主《アチノオミ》・都加使主《ツカノオミ》を吳國に遣はして、織縫の工女兄媛《エヒメ》・弟媛《オトヒメ》・吳織《クレハトリ》・漢織《アヤハトリ》を求め來りし事、國史に見えたれば、此の頃は既に絹帛の織物を、此の國にても製しけむ。 雄略天皇の六年、后妃をして親ら桑とりて、蠶事を勸め給へる事もありしにて察すべし。　古語に（神に奉る幣の中に）明和幣《アカルニギタヘ》・照和幣《テルニギタヘ》また明妙《アカルタヘ》・照妙《テルタヘ》など稱するもの、皆絹帛の光澤あるを稱せしなり。

錦は既に帶の條に、允恭天皇紀の歌詞を引いていひしが、名義は古く丹《ニ》白《シ》黄《キ》なりとも、近くは丹頻《ニシキ》にて縱横に赤色を多く織りたる美しき物なりとも云ひ、皇國の特製品にて、後に外國より輸入したるもの、又外國製に習ひたるものを、唐錦といへり。

服色は神に奉る幣《ヌサ》に、白妙白和幣などいひて、白きを尙びき。後世も神祭の服に白きを用ふるは、古風の遺れるならむ。　次に赤・青の稱古典に多し。　赤紐著けたる靑摺《アヲスリ》衣といふ物、仁德・雄略の御記に見えたるが、赤紐は帶にはあらじ。　後世大・新嘗祭の小忌の着る祭服の右肩に赤紐つけたると同制ならむか。　そはともかくも、此の色彩は染むといふよりは、茜《アカネ》や山藍《ヤマアヰ》などの汁を、すり付けたるならむ。　されば摺衣《スリコロモ》といへり。

丹《ニ》摺《ズリ》といへるも雄略記に見えたるが、之は赤土・黃土を以て摺りたるにて、萬葉集の歌には、赤土をも黃土をも波邇《ハニ》とよめり。波邇は色美はしくにほふ由の名にて、光映《ハエ》土《ニ》の義にやあらむと、古事記傳にいへり。

黑色の衣は、古事記神代卷の八千矛ノ神の歌に、

ぬば玉の黑き御衣《ミケシ》を、まつぶさに取りよろひ、沖《オキ》つ鳥《トリ》胸《ムナ》見る時、はたたぎも是れはふさはず、邊《ヘ》つ波そにぬぎ棄《ウ》て、そにどりの青き御衣を、……こもふさはず……山縣にまぎ《ホ》し茜舂《アカネツ》き、染木が汁にしめ衣を……こしよろし云々

とある此の歌は八千矛神の歌としてあれど、實は古傳說を後に(後といひても恐らくは雄略天皇の頃)歌に作りて謠ひたるが、いつか當時の神詠ぞと心得られつらむと、富士谷御杖・橘守部等の學士たちもいへり。されど猶雄略朝以前のこととしては證據とすべし。さて本居翁は「こ

の黒き服を、古の人は賤しめて好まざりきと見えたり。されば今こゝに棄ることをいはん爲に、先づ殊更に好ましからぬ色をよみ賜へるなり。さて次に青き衣を云ひて、それをも棄て、其次に緋《アカ》色を云ひて、是れぞ宜《ヨ》きとよみ賜へりと云へる如く、おのづから赤を賞美し、次に青。黒は好ましからぬ色とやしけん。又彼の歌の末に、山縣に求ぎし茜草を舂きて、其の汁にて染めし衣とあるにて、その世の衣の染めやうも察せらる。

七　履と裝身具

履物は日本紀神代卷に、履《クツ》見えたれど後世の追記なるも知るべからず。應神天皇記中の神話に秋山の下氷《シタビ》壯夫《チトコ》の言に從ひて、弟なる春山の霞壯夫《カスミチトコ》の母、藤葛《フヂカツラ》を取りて、衣褌襪沓《コロモハカマシタクツクツ》を織りたること見えたれど、此の襪沓とかけるは、唯襪すなはち沓下の足衣を織りたる事ならむといふ。されど襪即ち沓下の足衣あるからは、履もありたる事察すべし。猶按ふに、詩經に糾々葛屨可以履霜と見ゆるが、皇國にも葛屨《ツヽラクツ》ありけるか。「久豆」といふ名も、屨の音クに、促聲の「ツ」の添ひたるが、後に「クツ」と直引《タヾヒキ》て唱へられたるにあらずや。　偖例の埴輪土偶に履はける形の見ゆるは革製のものならむ。

右の外衣服以外に、時代相應なる裝飾あり。「美《ミ》須《ス》麻《マ》流《ル》之《ノ》球《タマ》」とて、勾玉や管玉を、糸に統貫したるを頸にまとひ、手にも卷けり。　手にまけるを手卷《タマキ》といふ。　又釧《クシロ》といふものあり。　萬葉集卷一の歌に「釧著《クシロツ》く手節《タブシ》の崎に今もかも大宮人の玉藻かるらむ」　又九の卷に「我妹子《ワギモコ》は釧《クシロ》にあらなむ左手のわが奧の手に卷きていなましを」などあり。　この釧は金屬製の輪にて、中には鈴のつきたるもあり。　これをスズ釧《グシロ》といふ。右の歌詞によれば、左手のみにまきたるか。奈良朝の時代には、大方既に止みたらめど、希にかゝる風俗の遺りゐたるならむ。

上古前期

（推古天皇―持統天皇）

一　服制の創定と外國風の移入

應神天皇の朝以來、三韓支那との交通頻繁にして、彼の歸化人等織工縫工等を將來し、珍奇の織物をも献ぜし事など、國史に記せる所なれば當時より吾が國の服裝は、著しく進化しつらむ。然るに雄略天皇崩御に際しての御遺詔に、「方今區宇一家、烟火萬里、百姓艾安、………但朝野衣冠未だ鮮麗なるを得ず。」と詔り給へるは、やゝ衣裝の面目を改め來つれども、未だ盡く善美に至らざるを、遺憾におぼしめしたるなるべし。此の御遺旨を紹ぎ、漸次改善に努め給ひし結果、推古天皇の御世に至りて支那風の冠衣の制、儼然と定め給ふ事とは成れるならむ。

二　陰陽五行の說に據る冠の色と其の形狀

推古天皇紀十一年十二月の條に、始行冠位とありて、此の時始めて冠を以て、朝臣の等級を區別せられ、左の十二階に定められたり。

大小徳冠
大小仁冠
大小禮冠
大小信冠
大小義冠
大小智冠

而して皆「以當色絁縫之、頂撮總《トリスベテ》如囊《クシテ》而著緣《ヘリチ》、元日唯著髻華《ウズ》」と記せり。先づ當色といふ事よりいはんに、石原正明の冠位通考に「此

聖徳太子御像

處は其位に當れる色といふことにて、謂はゆる位色なり。小禮以上は紫。信は緋。義は綠。智は縹《ハナダ》にありけむ」といへるは、後(養老以後)の制を以て、當時に推して云へるならめど、余は谷川士清(通證)河村秀根(集解)二翁の說に從はむとす。先づ谷川氏の說を左に節略して掲示すべし。

法王帝說……卽准二五行一定二爵位一、太子傳曆太子始製二五行位一、德・仁・義・禮・智・信、各有二大小一、德者攝二五行一也、故置二頭首一。云々。

此の五行に配せしに就いて、通證に……德ハ則統二全體一而言、故爲レ首、仁禮信義智、以二木火土金水一爲レ序、蓋取二諸漢儒說一也……今按、德總二五性一之名、是應下合二陰陽一之紫色上……仁禮信義智、是青赤黃白黑、大小ハ以二深淺一分レ之也といはれ、又河村氏も按二德色卽紫、蓋是據二隋制一也、……其仁ハ靑、禮ハ赤、信黃、義白、智黑、是當色也と云へり。

之を木火土金水に配當すれば、

仁—木—青
禮—火—赤
信—土—黄
義—金—白
智—水—黒

右の如くなりて、之に徳冠を特別の紫色とせしなるべし。さて又、冠の地質を絁《アシギヌ》とせるに就いて云はんに、絁は國語に「アシギヌ」と稱して、惡《アシ》絹《ギヌ》の義、粗惡の絹の事なれども、飯田武郷氏の通釋には、下文十六年の處に、衣服皆用₂錦紫繡織及五色綾羅₁とあるより察して此處は粗惡の品ならず、絹絁の總名なるべき由いへり。十六年の處とは、六月唐客を朝廷に召されたる時の、太子以下諸王臣の服装を指せるにて、「服色皆用₂冠色₁」とあり、又十九年五月藥獵の條にも、是日諸臣服色皆隨₂冠色₁とあれば、官服の色の定制も、亦これに准じて知らるゝ也。

扨又その形状は、頂をとりすべて袋の如く縫ふと書けるにつき、服色管見に「山伏の頭巾《トキン》てふ物の大きなるにぞあらむ」と云へるも然るべし。斯くて正月元日の如き儀式の日には、髻華《ウヅ》を著けしむとあり「髻華」は草木の花枝を頭髪に挿したる、皇國固有の風に基き、猶新制の冠に相應すべく、裝飾したる物なりけむ。十九年五月の紀に、大小德は金。大小仁は豹尾。大小禮は鳥尾を用ふとありて、集解には金を鏤めて爲華と註せり。

三　五色冠の廢止と織繡錦紗等の新冠

孝德天皇の大化三年十二月には、大織冠・小織冠・大繡冠・小繡冠等七種の冠を定められ、五色の等差を改めて、織物繡物錦等を以て、高下の別十三階の制を立てたり。表にして示せば左の如し。さて織冠は紋章を織り出したるもの、大小伯仙は唐錦の一種の稱なり。

織冠大小……繡《ヌヒモノ》の緣《ヘリ》
繡冠大小……同前
紫冠大小……織《オリモノ》の緣
錦冠大小……大伯仙錦 小伯仙錦の緣《ヘリ》
青冠大小……同前
黒冠大小……車形の錦 菱形の錦の緣
建武黒絹の冠　紺の緣

以上の冠には、別に緣と鈿とを以ても人品の上下を差別したり。鈿とは華形の簪の類にて、小錦冠以上金銀を雜へて作り、青冠以上は銀、黒冠は銅、建武は鈿なしとなり。又鐙《ツボ》冠といふもありて、黒絹を以て作り、冠の背には、漆羅を張れるが、形蟬の如しとあり。

然るに中一年を隔てゝ、五年二月又十九階の冠制に改め、天智天皇の三年には、重ねて廿六階とも定められたるが、是れまでは冠を以て位階の象徴とせられ、錦・繡・縠・帛の色を以て其の級を別けたりし故に、冠位の稱ありしが、天武天皇十一年六月に至り、更に冠位の制を廢止して、新に上下一色の漆紗冠を著せしめたるは、一大變革にて、此の制度をば後世まで因襲せり。又同十三年閏四月、圭冠を著せしむといふ文も、紀に見えたるが、是は漆紗冠の異名同物なるべし。彼れは地質より漆紗冠といひ、是れはその形狀より圭冠と名つけしまでにて、圭は瑞玉の名、上圓下方、平直なりといへば、烏帽子の形に似たる物ならむ。兎に角當時の制度は、後世の冠帽の原始を成すものなるべし。

因に云、世に傳ふる聖德太子御影の(百濟の阿佐の畫けるといふ)冠も此の漆紗冠ならむと、故黒川博士のいへる説さもあるべし。その故は推古天皇の朝の冠は、縁《ヘリ》を付くとあるに、是れにはさる物見えざれば、天武天皇の朝以後に書きし所ならむか。なほ次の衣裳の條にもいはむ。

四　褶と襅・並びに有襴・無襴の衣

是れより先、推古天皇十三年閏七月の紀に諸王諸臣に褶を著《キ》しむと見え、又天武天皇五年正月の紀に、小錦以上の大夫に、衣・袴・褶・腰帶・脚帶等を賜ふと見ゆ。此の衣袴は應神天皇の朝以來やゝ支那風に移りし服なるべく、褶とは紀に「ヒラミ」と傍訓《フリカナ》あるにつきて、舊註に枚帶《ヒラオビ》とし飯田翁の通釋には、領巾《ヒレ》の一名なりといへれど、共に從ひ難し。もし帶の類ならば、腰帶との別をいかにか辯ずる。又もし領巾ならむには、同紀十一年正月の條に、詔して「百寮諸人自今以後、位冠及褶・襅・脛裳・亦膳夫釆女等之手繦《タスキ》・肩巾《ヒレ》並莫レ著」とある肩巾《ヒレ》と重複せるを何とかせむ。紀の本註に、肩巾此云二比例一とさへいへるにあらずや。按ふに是れは、和名抄に「宇波美。覆二袴上一之言也(衣服令義解にも所三以加二袴上一、故俗云二袴ノ褶一)とあるに從ひ、「ウハミ」と訓むべく、名義はウハモ(上裳)の轉音語にて、袴の上に覆ふもの、後世雛僧などの、腰衣《コシゴロモ》といふ品に似たるものなり。(後の禮服の條に圖を出す)

　腰帶は後世の玉帶(革製)なるべく、聖德太子の御像見るべし。脚帶は傍訓に「アユヒ」とあれど、古き名稱に譯《ウツ》したるにて、袴の裾を括る紐ならむか。

　次に褌は前に引く天武天皇十一年の紀に見えて、「マヘモ」の傍訓あり袴の上を前より後へ引きまはし纏ふべき「前裳《マヘモ》」にて、彼の褶《ウハミ》とは前後になりて、腰部以下袴上を襲覆《オシオホ》ふ服具をいふ。和名抄に祭服の千波也《チハヤ》に褌の字を塡てたるは誤なり。 後に辯ずべし。 抑〻推古の朝諸臣に、褶《ウハミ》・褌《マヘモ》等を著せしめしは、支那制の服裝をなさしめ給ひしなるが、天武の朝に至りて、在來の手《タ》繦《スキ》や領《ヒ》巾《レ》と共に之を廢止せられたるなり。 而して同朝の十三年四月詔して「男女の衣服、襴《スソ》あるも襴《スソ》なきも、又結紐《ユヒヒモ》長紐《ナガヒモ》任意に服せよ。 但し朝集の日は襴衣長紐を著けよ云々」とある襴《スソ》は、衣の裾へ別に一幅の帛《キレ》を、横に綴ぢ附けたるもの、後世縫腋の袍と名づくる如き衣にて、是れ亦唐服の模倣なる事、集解に引ける唐書車服志の文にて察せらる。 曩に褶・褌等を廢止せられしは、代つてこの有襴の上衣を用ひられむが爲なりしならむ。

さて又無襴の服は、後世の闕腋の袍といふに粗似たる服なるべし。其の狀は前の聖德太子御像の服に徵して知るべく、かたぐ以て此の御像は、此の時代の冠服の樣姿と見るを至當とすべし。

結紐・長紐は、襟《エリ》の入紐《イレヒモ》の長短をいへるにか詳ならず。舊說後世の齋服にある赤紐なる由いへるは、失考なるべし。但し正倉院御尙藏御物の屛風、樹下美人の圖に、胸部より長き紐を垂れたる、或はかゝる物にてもあらむか。偖爰に注意すべきは、十三年の詔に「男女の衣服有襴無襴とあれど、後世は女裝に有襴の服見聞せず。然れども當時は、女服にも有襴なるが存せしなるべし。總じて當時は男女服の樣式、異なる所なかりしが如し。同十四年七月、初めて朝服を定め給ひて、群臣朝集の公服とせられしも、唐制有襴の服なりけむ。但し唐制の服裝といひても彼の國風そのまゝを、採用せられたるにはあらで、彼の制に鑒み、取捨する所ありて、別に本邦の一樣式を立てられたるにぞ有るべき。其の證は孝德天皇の白雉二年、新羅の貢使唐服して參れるを咎め給ひき。我が朝服、唐制の通りならば、咎め給ふべきにあらず。又元明天皇の養老三年正月、入唐使等拜見、皆著二唐國所レ授朝服一なども國史に記せるにて、眞の唐風と、我が朝にて定められたる朝服との、差別ありし事察知すべし。

五　服地と服色

此の時代間に用ひられたる衣裳の材料には、著しき進展を呈したる事當然ながら、三韓支那より貢献せる、又其の歸化人伎工の手によりて織り出だされたる、羅《ウスハタ》・紗《ウスギヌ》・縠《コメ》・綺《カムハタ》・綾《アヤ》等あり殊に錦の中には、種々の名稱ありて異品多し。　天武天皇十四年八月王卿四十八人に羆《ヒグマ》の皮及山羊《ヤマシヽ》の皮を賜ひしは、裘（皮衣）の料ならむか。

染色の種類は、推古天皇の朝五行に準じて青赤黄白黒の冠、また別に紫の冠を定められしに始まり、孝德天皇の七種十三階の冠制を立てられたる時、服色をも深淺の紫・緋・紺・綠とし給ひ、天武天皇十四年、始めて朝服を捉てられしには、朱華《ハネズ》てふ赤色を始め、紫・綠の外に、葡萄染《エビゾメ》ありき。又持統天皇の四年の朝服中には深《コ》きと薄《ウス》きとの縹色《ハナダイロ》も見え、同七年百姓に黃《キ》色、奴には皁色《クリ》とて黑色の衣を服せしめ給ひて、黃と黑とはいたく其の級《シナ》を下されたり。但しこは集會式日の定服にて、平素一般には猶上古以來の白色多かりしか。「春過ぎて夏來るらし白妙の衣ほしたり天の香具山」の御製に、さる趣きの察せらるゝにあらずや。

上古後期（文武天皇―光仁天皇）

一　禮服・朝服・制服の新規定

文武天皇の大寶二年正月の朝賀に、親王及び大納言以上は始めて禮服を著し、諸王臣以下は朝服を著したる事續日本紀に見ゆ。かゝれば當年始めて禮服朝服の制度を定められたるなり。その禮服・朝服のいかなるものなるかは、元明天皇の養老年中刊修せる、衣服令の一卷中に詳なり。抑この令は、大寶元年八月に初度の選定なりたるにより、世に大寶令と稱すれども、禮朝服等の制度の確立せるは、養老刊修よりの事と思はる。

禮服は、卽位の大禮・大嘗祭の大祀・元旦朝賀等の日に、天皇を始め奉り皇太子親王以下、王臣男女それ〳〵定められたる服装なるが、すべて唐風を模倣し、從來の朝服よりは數層華麗の服裝を定め給へり。其の品目は委しく彼の衣服令に記錄せられたり。然れども天皇の御料のみ彼の令中に載せられざるは、もと令は諸臣に示定せられたる命令の法文なれば也。續日本紀聖武天皇の天平四年正月の條に「御二大極殿一受レ朝天皇始服二冕服一」とあるが、天皇の禮服を御《メ》したる始にて、爾來は毎年の元正また即位の當日、必ず服用し給ひたる事明徵あり。されば先づ天皇の御禮服より說示すべし。

一　袞冕の御禮服

天皇の御禮服を袞冕と稱す。冕は冠の名なり。袞とは御衣に、袞龍の文樣あるを以てなり。左に服御の皆具《カイグ》を掲げむ。

冕冠　大口袴
大袖　綬
裳　玉珮
小袖　笏
單　襪
表袴　烏皮舃

冕冠。天冠とも申す。五色の玉數百箇を以て飾り、又繋ぎて垂れもしたるにより、玉冠とも冕旒とも稱せるは、いづれも唐名を稱するなり。和名抄に續漢書輿服志を引いて、冕ハ冠之前後垂レ旒者也とあり。其の製の大略をいはゞ、巾子《コジ》の周圍に透彫《スカシボリ》したる薄金の板を立て、巾子の上に細き金具を骨とし、羅を貼りたるを載せ、其の前後に瓔珞を垂るゝ事各十二旒、額上中央に日象を立つ。是は水晶二枚を合せて、其の中に三足

冕冠

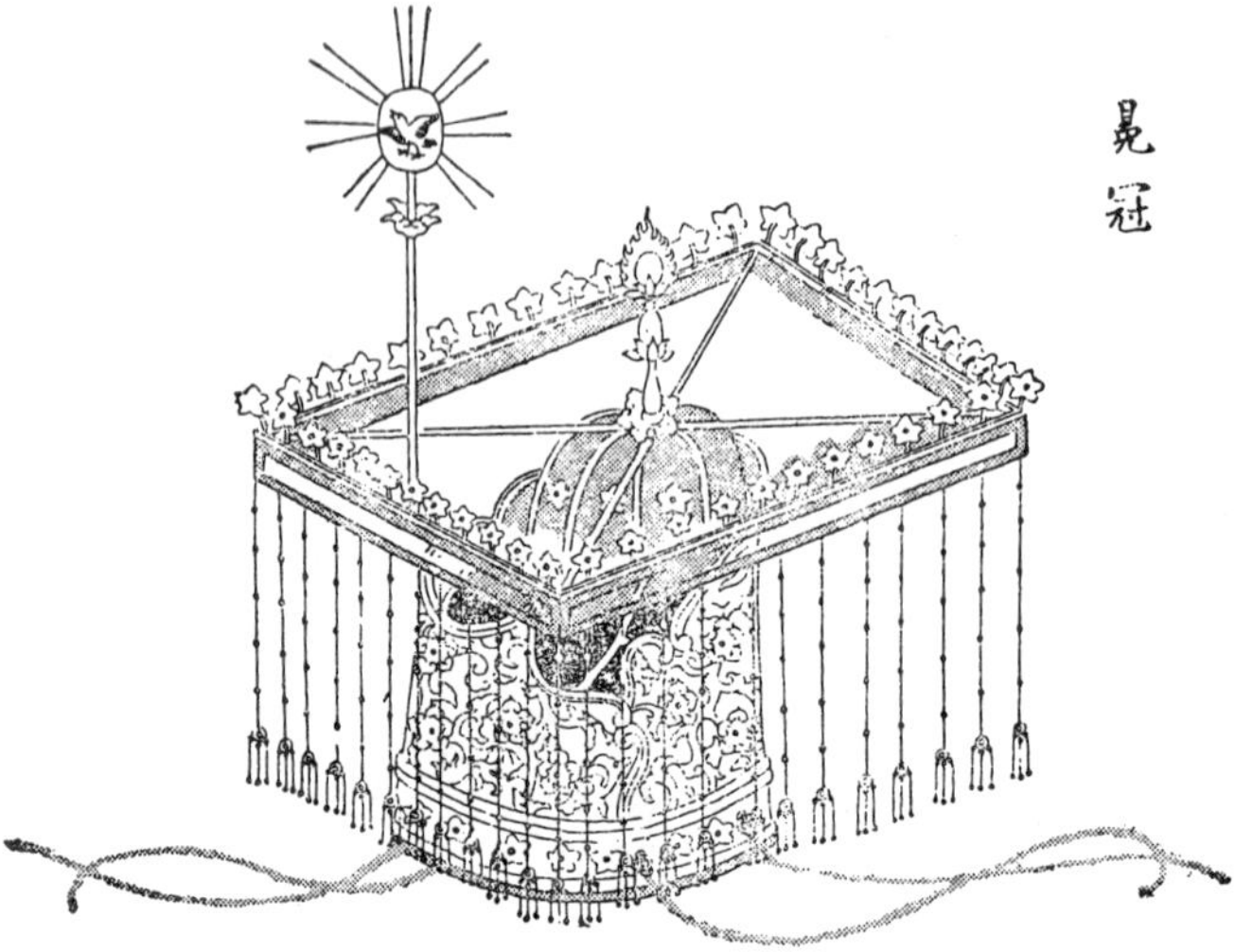

御玉佩

御綬　白色

御襪　白地錦紫文

烏皮御舄

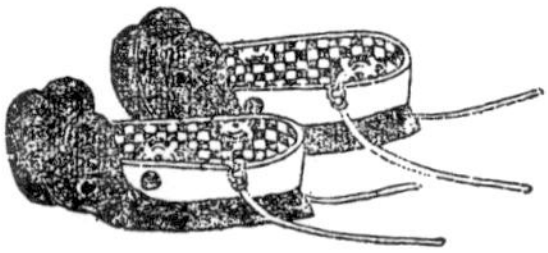

御大袖

御裳

の赤烏の象《カタ》を挿入したる物なり。圖に就いて知るべし。

大袖。上衣の稱なり。袖口廣く大なれば然名づく。赤地の綾を以て製す。この兩袖に雙龍の象を附く。龍の首の曲れるにより袞龍と稱す。袞は曲りたる心なりと裝束拾要抄にかけるは、五經圖彙に「天子之龍一升一降、以㆓龍首卷然㆒故謂㆓之袞㆒」とあるに據れるか。而して雙肩に日・月・後背に星辰(七斗星)其の外に山・火・華蟲・宗彝の七章を繡《ヌヒモノ》とす。

裳。表袴の上に著するもの、是れ亦赤地の綾にて、上は四幅下は六幅なるを、十二襞《ヒダ》にたゝみて製す。これに藻・粉米・黼・黻の四章を繡ひ大袖の八章と合せて十二章を成すなり。偖此の十二章の文様《モンヤウ》に就いて支那風の由來說を述べんに、先づ日月星辰は其の光輝の臨照を象《カタ》どり、龍は其の神變をとり、山は鎭靜の意をとるとも、亦人の仰ぐ所をとるとも云ふ。火は明を、華蟲(雉子のこと)は羽毛の美をとる。又宗彝とは酒を入るゝ器にて、宗廟の祭器なりとて、其の神明の意を尙び、それに虎と蜼(尾長き猿)とを附けたり。 虎は猛威を取り、蜼は智をとるとも、亦其の性孝なる義を取るとも、漢籍三禮圖などに說けり。 又裳《モ》に繡へる藻は水草にて、其の潔をとり、粉米は白米、その養を、黼は斧、其の斷を、黻は古文己字を裏合せに書きたる文なるが、是は兩己相背くとて、私なき義に取れりといふ。 いづれも唐人の意匠をそのまゝ皇朝にて採用せられたる也。 但し其の意義は深く問ふ所に非ず、唯華麗なる唐風を喜ばれたるにてもあるべし。

小袖。 大袖の下に著す。 紫の綾にて製する也、禮儀類典附圖に據れば、大袖の方は方領(垂首《タリクビ》)なれども、小袖は盤領(上げ首)にて、通例の袍・狩衣の領の如し。 裝束圖式に大袖小袖とも方領にかけるは誤なりと云ふ。

單《ヒトヘ》。 小袖の下に著する也。 紅の綾にて製す。 裏なし。 仍て單と稱する也。

表袴《ウヘノハカマ》。白綾にて製し、平絹を裏とす。此の下に大口の袴を著するより、表袴の稱あり。

大口袴《オホクチノハカマ》。表袴より短くして、裾の口あき大なるより此の稱あり。紅の平絹を以て製す。

綬《ジユ》。縒絲《ヨリイト》を以て組みたる帶なり。白地に種々の絲を交へて章《アヤ》をなす。胸部に結びて餘りを長く垂れ給ふ。

玉珮。昔オンモノとも稱へたる由、蓋しオビモノ(佩物)の音便ならむ。是は玉をくさりて、上部中部に雲形《クモガタ》の金具《カナグ》を入れ、又末にも杏葉《ギヨエフ》に似たる金具を附け、歩むまゝに其の金具の沓にあたりて、鳴るやうに拵へたるもの、玉のくさりは五筋づゝなるを、左右に二旒垂れ給ふ。

笏。長さ一尺六寸巾三寸厚さ五分ほどの、象牙の板なり。儀容のために把り給ふ。

襪。シタウヅと稱す。下沓《シタグツ》の義。白地ノ錦を以て作れる足衣。

烏烏皮《クリカハノクツ》。鼻高履とも云ふ。黒き革にて爪先を高く作れる沓なり。

以上は天皇の御禮服皆具なり。後世の書籍に見ゆる所を彼れ是れ綜合して述べたるにて、圖も亦後世の物なれども、大様は上古の制にたがふ事あらじ。

三　皇太子の御禮服

衣服令に記す所の品目を掲げむに、

冠	白帶
黄丹衣	深紫《コキ》ノ紗褶《ウスギヌノウハモ》
白袴	牙ノ笏

錦ノ襪　　綬（歟）
烏皮舃　　玉珮（歟）

分に綬・玉珮の二品記載なきは、舊くより書き落したるならむ。なほ後にいふべし。

冠。集解に「古記云、玉冠是也、或云皇太子冠可㆑有㆓別制㆒云々」とあれば、親王以下の玉冠とは、自づから別制なる事知らるれど、其の樣式は詳ならず。

黃丹《キアカノ》衣。延喜縫殿式に、黃丹は紅花《ベニノハナ》と梔《クチナシ》とにて染むる由見ゆ。赤く黃ばめる色なり。衣は上衣の事にて、天皇の大袖と裁縫の樣を同じくす。（以下禮服に衣とあるは皆同じ）

白帶。謂はゆる紳なり。唐書に以㆑素爲㆑之、以㆑朱爲㆑裏とある、必ずやかかる制なるべし。

紗ノ褶。紗は羅の類にて絹の薄き織物の名なり。褶は前にも略述べたる如く、義解に所㆓以加㆓袴上㆒、故俗云㆓袴褶㆒也とありて、袴の上を覆ふ裳の事なり。されば和名抄にも、褶ハ襞也宇波美」とありて、上裳の義なるを、古き版本「ヒラミ」と訓點したるは誤れり。猶集解に「古記云褶ハ謂㆑似㆓婦人裳㆒」也とも見えたる通り、女服にもある物なれば、其處に精しく云ふべし。

綬(歟)玉佩(歟)衣服令には、此の二品皇太子の御禮服中に見えざれど、親王以下諸臣五位みな此の品あり。集解に「朱云、問皇太子佩㆓綬玉珮㆒否ャ」と疑ひ問へる如く、必ず佩用し給へりけむを、令に記載なきは、古くより寫し落したるなるべし。山槐記禮服御覽の條(二條天皇永萬元、七、十七)に、皇太子御禮服の品目を擧げて、「玉珮二旒小也童帝御料歟綬一帖」とあるも、童帝のにはあらじ。皇太子の御料ならずや。

序に云、衣服令に、文官以上の禮服・朝服には帶刀の目なし。武官は禮服朝服の條に横刀の目あれば、當時は文官以上、佩刀する事なかりきと見ゆ。按ずるに孝德天皇大化元年に、國司等に命じて、刀甲弓矢を公儀に收聚せしめられし事、日本紀にあり。それまでは、刀劍類を所持する事を禁ぜられず、持統天皇の七年に、親王より進位以上は、大刀一口を豫め備ふる事を許されたるが、大寶養老の時代は、又々武官にのみ限りて文官は公式儀服に佩刀せざる事に定まりしならむ。

四　親王以下文官の禮服

親王以下諸王臣の禮服制度を、衣服令記載のまゝに述べ行かば、餘りに繁瑣に渉るべければ、概略に止めて大要のみを掲ぐべし。

冠――白袴

衣――褶

文官禮服の略圖
武官の禮服
武禮冠に
裲襠着たる體なり
袴の上に
褶をまとへる
體

帶　牙笏

玉珮　襪

綬　烏皮舃

冠。例の玉冠なり。延喜式によれば、漆地に金裝、水晶、琥珀其の他青白の玉數十顆を附け、又別に徽(立物とも)と稱して、一品の親王は青龍、二品以下四品まで朱雀・白虎・玄武の象を額上に立つとなり。玄武は龜なり。諸王の冠亦これに準じ、徽は鳳、諸臣五位以上は麟を徽として、前額に立つる由なり。

衣。大袖とも云ふ。その製天皇の御服の如く袖口廣く、垂領に縫ひたるもの。又其の色は親王及び諸王の五位、諸臣の一位までは深《コキ》紫。二三位は淺《ウス》紫。四位は深《コキ》緋《アゲ》。五位は淺《ウスキ》緋たり。

褶。白き袴の上を覆ふ例の裳なり。親王諸王及び諸臣は深綠《コキミドリ》の紗諸臣の一位以下五位まで深縹《コキハナダ》の紗を用ふ。

帶。平組の條帶なり。五色の糸を編みたるもの。

綬。五色の糸を平たく組みたる物、以て心胸を結ぶ。

玉珮。三位以上に限りて、一旒を左足の前に垂る。

五　武官の禮服

武官の禮服は、文官のそれとやゝ趣を異にせり。

皂《クリ》ノ羅《ウスハタノ》冠　　金銀裝ノ腰帶

皂《クリ》ノ緌《オイカケ》　　同横刀

位《イ》襖《アチ》　　烏皮靴

裲《ウチ》襠《カケ》　　錦ノ行縢《ムカハギ》

白袴

皂ノ羅ノ冠。　皂は黑色、羅は古く「ウスハタ」又「ウスモノ」とも訓めり。　薄機薄物の義なり。　當時の冠の製と形樣とはいかなる物か知りがたし。　近世武禮冠と稱して、冠帽圖會などに出せる冠の如きは、櫻町天皇御即位に當つて、時の有職者たち考究して再興せられし物なれども、必ずや考據正しき品なるべし。　延喜近衞府の式に、大儀の日近衞少將以上、武禮冠を着する事を載せ、次に「將監・將曹・並皂ノ緌云々」とあるを按《オモ》ふに、奈良朝時代には、衞府の督《カミ》・佐《スケ》以上も、其の以下と一樣に、皂ノ羅の緌《オイカケ》の冠なりしを、貞觀延喜の頃より、武禮冠といふ新制の品出來て、近衞次將以上の料と成りしならむ。

然らば當初一樣に著せし皂ノ羅の緌の冠とはいかなる物ぞ。　是れにつき先輩の考說あり。　服飾管見の撰修を助けたる田安家の士長野清良は、「此の冠の製知り難けれど、緌を用ふる由なれば、飾なき冠なる事著し。すべて衣服令の禮服は、孝德天皇の御世の制を基とし給へりと見ゆるに、彼の時十三階の禮冠の外に、鐙冠（ツボカブリ）あり。其の製黑絹を以て造るとあれば、建武の冠の緣《モトホシ》、櫛形なきもの也。然れば此の令、衞府の大儀の冠は、皂《クリ》、羅、鐙冠《ツボカムリ》を用ひられしならむ。其の上唐國にても、儀衞の服は常の禮服ならねば、彼の十三階の禮冠も儀衞の人は被る可らず。かた〴〵此の冠は、孝德天皇の御宇の遺制ならむ」といへり。姑く此の說に從ふ。但し參考のため謂はゆる武禮冠を被り裲襠を加へ著たる近衞大將代（後世の風）を圖して出せり。偖この武禮冠は、唐朝武弁冠の金蟬貂尾を以て飾れる樣を倣ひ、少變して製せしものと見ゆ。

緌《オイカケ》。冠の緖のふさをいふ。武官の如き動作の劇しき職は、冠に太き緖をすげて結べる、其の總《フサ》を飾としたるが、後世は一種の形に變ぜしなるべし。

位襖。古書の訓點に「オノ《己》ガイロ《色》ノワキ《腋》アケ《開》ゴロモ《衣》」とあり。文官の例に準じて、各自の位階に從ひ、其の色を異にする故に、位襖とは稱するならむ。義解に謂二無レ襴之衣一也と見え、ワキアケノコロモと訓めるをも思へば、左右の袖下を闕きて、縫ひふたがざる後世の闕腋《ケツテキ》といふ服に似たる制なりけむ。（和名抄には「襖子、阿乎之」とあり阿乎は襖の字音ならむ。大かた字のまゝにアヲと稱し來れり）猶按ふに、後世狩衣のことを狩襖ともいへるが、是れにつき新野問答（白襖・狩衣の條）に、「延喜式大將大儀の服に薄紫ノ襖。中將は濃緋ノ襖。…………武服に候。上古著二用褊襠一之日、必用レ之候。今陵王を舞ひ候者、舞裝束に著二褊襖一候。常の闕腋の袍の袖を括《クヽ》りよせ候。是れ上古の遺制と存候。然れば上古の襖は、筒袖に候や。後世袖を長くして、直垂の如くに縫なし候。今の素襖と申物にて能く見え候云々」といへる野宮定基卿の説從ふべし。但し筒袖といへるは猶いかゞあらむ。文官は大袖なるより見ても、かゝる儀禮の服なれば、其の袖口は相應に濶《ヒロ》かりしを、武裝なれば括《ク》りてこそありけめ。仍て按ふに襖には初より袖括《ソデグク》りありて彼の陵王など舞ふ人の裝束の如くなりけむ。後世の狩《カリ》襖《アヲ》に袖括りのあるこそ、古風の遺制なるべけれ。(闕腋の袍には袖括なし是れ襖との別なり)

裲襠《ウチカケ》。義解に「一片當レ背一片當レ胸、故曰二裲襠一也」とあるにて知られたる如く、背と胸と兩面にあてゝ帶をするなり。袖なし。(圖參照)衞門・衞士の督は繡《ヌヒモノ》、兵衞ノ督は雲形の錦にて製す。

靴。深沓なり。武官の料なれば、脛《ハギ》の半まで覆ふなり。

行縢。和名抄に无《ム》加《カ》波《バ》岐《キ》とあり。和訓栞に向《ムカ》脛《ハギ》巾《キヌ》の略なるべしといへり。是れも舞人の脛《ハギ》に卷ける踏《フ》掛《ガケ》の類にて、錦にて製す。むかはぎ(向脛、兩脛と同意)にあつる巾なり。後に毛皮にて製し、旅裝として袴の上を覆ひし物をも、行縢《ムカバキ》とて、宇都保源氏の物語等に、行縢をときて地上に敷き、其の上に坐する事見えたるは、名のみ同じくして其の品異なるものぞ。混ずべからず。

六　女官の禮服

衣服令に記す所の内親王・女王・及び内命婦五位以上の禮服皆具は、

寶《ホウ》髻《ケイ》　　裙《ウハモ》
衣　　襪《シタウヅ》
紕《ハタ》帯《オビ》　　舃《クツ》
褶《ヒラミ》

以上の七目にして、内衣等は省略に従へるなり。中に就いて寶《ホウ》髻《ケイ》は服装にあらざれども、男子の禮冠に比すべきものにて、金玉を以て髻を飾り、其の徽（立物と稱す）によりて、品位の高下をも分けらるゝ制なれば女子の冠とも見るべきものなり。

寶髻。　金玉を貫きたる緒を以て、直に髻に纏へるなるべし。　さて令に「徽」を載せざること、男子の禮冠と同じけれど、後世の例を當時に推し及ぼして按ふに、寶髻にも亦其の制は備はりつらむ。延喜式によれば、其の徽は男冠のそれに同じく、龍・麟・雀・虎・武（龜）にて、髻の前を飾りたるならむ。　之を通典・晉書輿服志等に、皆「蔽髻」と書けり。　和名抄に比《ヒ》太《タ》飛《ヒ》とある是れなり。　精しくは後にいふべし。

衣。　上衣にて男服の大袖にあたる。　西宮記に長袂禮服と記し、北山抄には大袖と書けるにても知るべし。　内親王及び女王内命婦の一位以上は深紫の色、女王の二位以下内命婦三位以上は淺紫、命婦の四位は深緋、五位は淺緋の制なりき。

紕帶。禮記の鄭玄註に、紕ハ縁邊也とあり。「ハタオビ」と訓めるは鰭帶の義にて、縁《ヘリ》を附けたる物と見ゆ。服飾管見の說に皛服の大帶は素を用ひ、綵を以て紕とす。令に紕の色を記さざるは、皆素色と知らるべければ也。是を以て見れば、皛服の大帶にならひて、素き表、朱の裏にて、腰と垂とに、內親王より內命婦の三位までは、深紫を表の紕とし、蘇芳を重ねの紕とし、女王內命婦の四位は、淺紫を表の紕とし、深綠を重ねの紕とし、女王內命婦の五位は、淺紫を表の紕とし、淺綠を重ねの紕としたる也といへり。又之を「ソヘオビ」とも訓《ヨ》めるについて云へば、添帶の義にて、裙上に添へて飾とする帶なればなり。

褶。男服の褶は「ウハミ」と訓めり。上裳の義なる事既にいへり。女服の褶は「ヒラミ」といふ。其の制は內親王女王おしなべて淺綠《ウスミドリ》の絹、內命婦上下一樣に淺縹《ウスハナダ》色の絹とす。之を著用する仕方は、集解に「跡云男ノ褶ハ著二袴上一、女ノ褶ハ先著レ褶、而纈《ユハダ》ノ裙ヲ著レ表、而褶ノ下端顯ル、也とあるにて心得べし。男服には唯一重、袴の上を前より覆ふなれど、女子にありては、表衣の上に後より前へ褶をまとひ、更に前より後へ裙を重ねて覆ふなり。されば女ノ褶は下裳ともいふべきなり。偖之を「ヒラミ」と訓めるに就いて、舊說「枚帶也」とあるは從ひ難し。愚按「ヒラミ」は平裳《ヒラモ》の轉語ならむ。「ヒラ」は帷をカタヒラとよめる「ヒラ」にて、「ミ」は上裳《ウハモ》を「宇波美《ウハミ》」と稱すると同じく、「モ」の轉と見ゆれば也。さるは漢土に帷裳といへる物の類にて、吾が女褶は一幅のまゝ裁ち縫ふ所なく、恐らくは襞積《ヒダメ》もなき帛を、下に纏ひたりけむ。よりて之を平裳といひ、「ヒラミ」とも訛り稱せしなるべし。然るを後に、襞《ヒダ》を折りたゝみて造れるもの、中古の裳なるべく、「シビラ」といへるも、亦此の褶(ヒラミ)の遺製なりけむかし。

是裙。上裳なり。前述褶の解說にて、其の著用法大かた察すべし。

れは蘇芳と紫と緑との纈《ユハダ》にて製す。 纈を「ユハダ」と訓むは、結帛《ユヒハタ》の略にて、後世の括《クヽ》り染なり。 又男服の褶は紗を用ふれども、婦女の服は、褶・裙ともに下衣の透かぬやうに、絹帛を用ひたるならむと服飾管見にいへり。 又之を「タチカヘノモ」と訓めるに就いて、管見には裁替裳とかけるに同じ。 一幅を裁ち替へて、狭きを上にてある也。（撮要）とあるによれば、上の方は狭く、下の方はひろごる様に縫へる物にて、延喜の頃まで、冬は綿入れても着たるなり。

襪。 男服のと同じく錦にて製す。

舃。 緑の帛《キヌ》もて縫ひ、飾るに金銀を以てす。（男子の舃《クツ》には皮《カハ》とあれど、これに皮となきは、帛なる事明らかなり。） 内命婦の舃は黒き帛にて銀のみの飾なり。

奈良西の京、都跡村なる薬師寺の寳物に、吉祥天女の畫像といふ一幅

吉祥天女畫像

あり。其の服裝、端麗優美を極めたるが、全然天女の服裝とも見えず。或說に光明皇后の尊影を、吉祥天女に擬して圖し奉りたるものなるべしといふ。此の說の當否は今姑く置き、服裝の點、恐らくは當時代貴人の禮服の態を資りて、作れるならむと思はるれば、爰に寫して載せたり。女禮服の裙と褶と長紐・比禮等を加へて天女風にかきなしたるにや。舃などのさまを、これにて想像すべし。

七　文官の朝服

朝服は前述の如く、群臣朝參の公服なり。其の皆具は、

頭巾　　腰帶
衣　　　襪
袴　　　履

笏——袋

頭巾。是れ後世の冠なれども、當時のは軟かなる皂《クロ》き羅《ウスギヌ》にて、袋の如く縫へるを被り、髻の上より纓《エイ》にて結《ユ》ひおけるなるべければ、頭巾といへるぞ其の實にはあたるべき。是れは皇太子以下五位以上の諸臣まで、皆一様にして、六位以下七・八・初位までは、皂き縵《カトリ》を以て製するの差ありしのみ。

衣。掛け領(上げ首)にして有襴の衣。後世縫腋ノ袍の如き製なりけむ。色は皇太子の黄丹袍なるを始め、五位以上すべて禮服の色に準ずる規定なれば、重ねていふを要せじ。六位以下は緑と縹と共に深淺の差ありき。

袴。いづれも白きに限れり。下に赤大口ノ袴といふを著たるなれど記載を略せるならむ。

腰帶。革の帶の銙《クワ》を、金又は銀にて裝《カザ》る。集解穴説に五位以上意に任せて用ふる由なり。後世の石ノ帶なるべし。六位以下は烏油《クロヌリノ》帶とあり。長野氏は、銅鐵の粉を塗りて、革帶に作る也といへり。

襪。一様に白き絁《アシキヌ》を用ふ。

履。鞋に似て緒なきをいふ。皮製なり。後世の淺沓にして、又雁鼻履ともいふ。

笏。五位以上皆牙の笏、六位以下は木笏、現職の輩のみ之を把る。

袋。地色ともに服色に從ふ定めにて、位階の差により服色と同じく袋の色を異にし、緒長く垂れ、結び目の數、位階の上下につきて差あり。仍て位袋ともいふ。大寶元年の紀に賜諸王卿等袋様とあれば、當時に始まりたるか。然るに養老六年二月廿三日の官奏により、停位袋と集解にあれば、爾後數年にして、停止せられしなり。此の袋は中古期の魚袋といへるもの丶始なる由、長野氏村尾元融氏などもいへり。 魚袋の事、後に精しくいふべし。

次に當時の武官としては、衞門・衞士ノ督以下、兵衞ノ督・衞門ノ佐等、官の等級に因つて小差別あり。 そを一々掲げ云はむは繁絮に渉るべければ、抑しくるめて大體の事に止むべし。

頭巾（皂ノ羅、皂ノ縵）附緌	襪（白）
笏（牙、木）	履（烏皮《クリカハ》）
位襖（淺緋、深綠、紺、縹）	脛巾（赤、白）
帶（金銀裝、烏油）	袋（文官に準ず）
刀（同前、烏裝）	

集會公事の日、兵衞ノ佐以下上級者は裲襠、中級者は挂甲を著す。 下司の衞士は、頭巾に朱の末額《マツカウ》を加へ、桃染《アラゾメ》の衫を襖に替へ、白布の帶、草鞋を

はく。按ずるに、令文中、上級者の頭巾に、皂纓となきは落したるならむ。又挂甲は革を以て作れり。後世の鎧の原始をなすものなり。但し袖なくて胴に纏ひ、草摺の如く膝の上まで垂る。下司《ケズ》の末額は俗の鉢巻の如く、頭巾の上より額に巻くなり。桃染は淺紅。衫は裏なきひとへの襖をいふ。

八　女官の朝服

女官の朝服は、内親王以下五位以上の命婦まで、禮服の中より寶髻と褶と舃とを除き去る由、令に見ゆれば、殘る所は、

衣　紕帶　裙

の三服裝に止まれり。而して舃を去れとあるは、舃を履に代へよとなり。又義解に「其錦襪亦去」とあれば、白絹の襪に成る事と思はる。そ

は禮服の時は白絹と錦との襪を重ねて穿けりと見ゆれば、上の錦、襪を去りて、白絹のそれに成れとの義と解すべきなり。

衣の色は禮服に準じて、深紫より淺緋に至る。紕帶と裙との色はた禮服のそれに同じ。

次に内命婦の六位以下初位の朝服は、左の如し。

義髻　　縹、纈、紕、裙

衣　　襪

深淺綠、紕帶　　履

義髻。義解に「以他髻飾自髻」とあるにて、義髮なる事と知らる。後世の謂はゆる丸カモジの類なるべし。

衣。色は男子と同じく、六位深綠。七位淺綠。八位深縹。初位淺縹なり。

紕帶。禮服の所にいへり。

縹纈紕裙。此の裙白地に縁と縹《ハナダ》とを以て、絞り染にしたるなり。而して初位の命婦は、纐《ユハタ》を止めて唯縹の一色に染む。さて又紕裙とある紕の字は、前の紕帶の紕の字を、誤つて裙の上にも記せるならむ。紕は細き縁《ヘリ》の如きものをいふ。裙に縁《ヘリ》といふものある事なし。延喜彈正式に、紫・緋・緑・紺・等不須全色、唯得纐紕裁縫」とあるも、纐の色々に交へ染め又は紫緋等を裁ち合せて、縁《ヘリ》の如く縫ふは聽さるとなり。又同じ彈正式に「寶髻及紕裙莫禁」とある紕は、緋の誤字にて、紅裙といふも同じ。式の一本には紕裙とあり。紕は字書に帛文也とあれば、紕ならば綾の裳をいふかとも思はるれど、制服の條をはじめ他書にも紅裙の字あればなほ緋裙の誤なるべし。

九　制服

制服とは、無位の下司及び男女庶人に、一定の制服を布きて、其の服裝以外の品色を禁じたるをいふ也。先づ無位の男子の朝廷の公事に出づるには、

皂縵頭巾《クリノカトリノ》　白袴
黄袍　白襪
烏油帶　皮履(通常は草履)

また家人奴婢の身分にては、橡《ツルバミ》とて墨染の衣を用ひしむ。橡は櫟木の實にて染めたる薄墨色をいふ。

次に服色に就いての制度あり。黄丹は皇太子の服色なれば、禁ずるも理り、此の外紫・蘇芳・緋・紅・黄橡《キツルバミ》・纁《ソヒ》(薄紅也)・葡萄《エビイロ》・緑・紺・縹《ハナダ》・桑等のうち、たとへ

絁袍 色黒紫

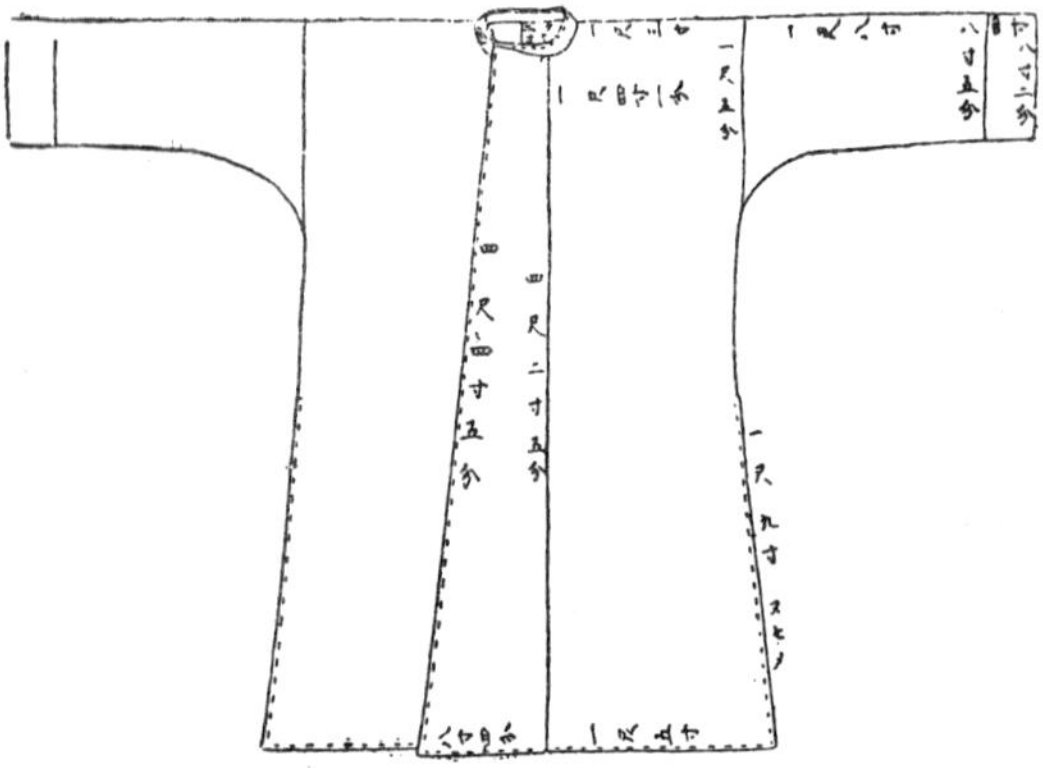

左衽半臂

衽裏

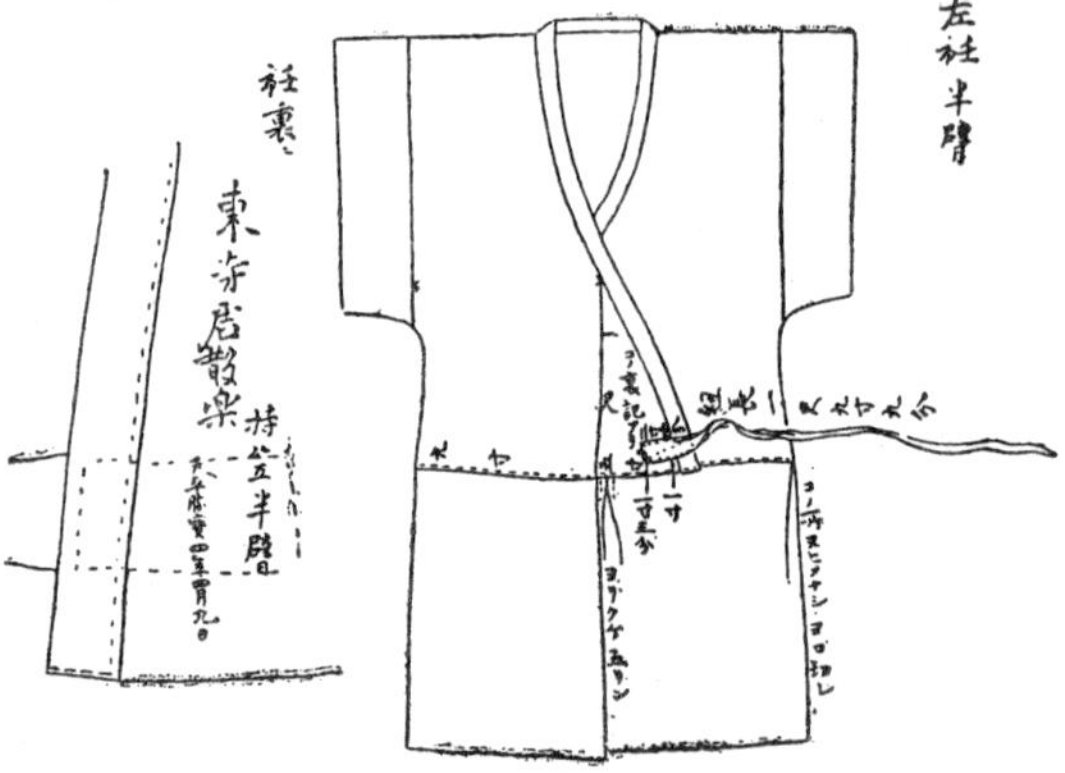

裳

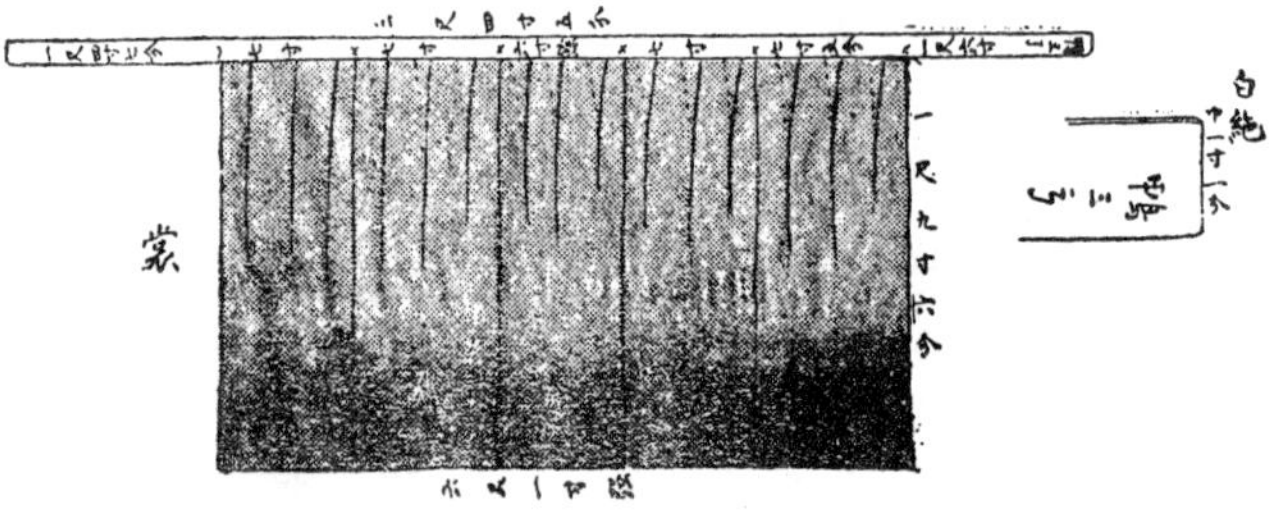

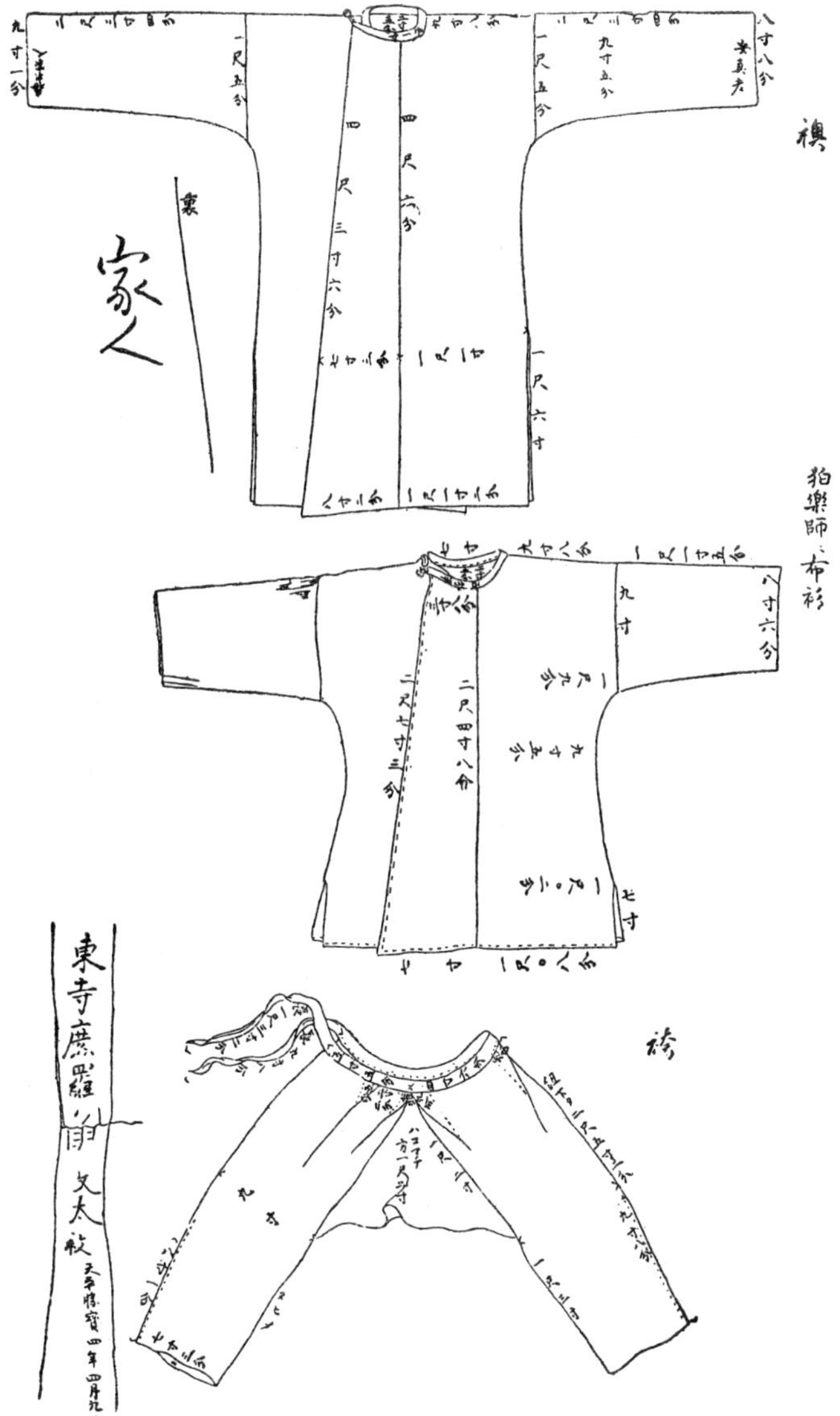
襖
家人
一尺五分
四尺六分
八寸八分
狛樂師、布衫
八寸六分
二尺四寸八分
袴
天平勝寶四年四月九日

ば紫衣を著るべき一二三位の人の、蘇芳以下を著るを得れども、黄丹色を著るを得ず。緋服を著るべき四五位の人、當色以外紅以下の色は著れども、紫・蘇芳を制せらるゝ類、他も之に準じて心得べし。女子にありても、無位の宮人は深緑より以下ならば、兼ねて之を服する事を得。紫色も細帶の類、少々用ふるは制せずとなり。裙も亦緑・縹・紺の一色の纈《ユハタ》(クク・リ染)及び紅ノ裙は、尋常にも用ひらるれど、三色を取り交ぜて、纈《ユハタ》に染めたるは制せらる。

當時定められたる禮服・朝服・制服の區別大略かくの如くなりき。要するに以上は官人の公服にて、文官は袍(腋を縫ひ連ねたる衣)武官は襖(腋を開けて縫はさる衣)にして、女服も亦文官のに異ならず。そは續紀聖武天皇天平十二年正月朝賀の條に、奉翳《ハトリ》美人更ニ著袍・袴」と記せる上、政事要略六十七に、光仁天皇寶龜二年の格文を載せて、「袍ノ袖口ノ闊、五位以上一尺爲限、以下ハ八寸、女亦準之」とあるにても察すべし。

十　下司庶民の私服さま〴〵

襖　衫　襦

無位の下司及び庶民の私服に就いては、所見の材料甚だ乏しければ推測を以ていはば、一般に專ら襖と衫とを著用したりけむと覺ゆ。雜令に「凡官戶奴婢、三歲以上、每年給衣服、春ハ布ノ衫・袴・衫・裙、各一具、冬ハ布ノ襖・袴・襦・裙、各一具」とあり。庶民も亦大かた此の類なりけむ。衫は裏なき單衣をいひ、襖は裏付けたる袷衣なる事前にもいへり。襦は義解に「短衣也」とありて、旁訓に「アハセノキヌ」とあり。衫・裙・襦・裙は、春秋の婢の料ならむ事云ふ迄もなし。襦を短衣也と註すれど、襦のみに限らず、上代以來男女必ず袴裙を著用するならひなれば、上衣はさしも長からず、奈良正倉院尙藏の袍・衫等を、故小杉博士の丁寧に寫しおけるもの數葉あり。先年借り得て複寫しつるを右に出だせり。此の中黑紫袍とあるは、長《タケ》四尺に餘れり。是れは官人の朝服なれば長きならめど、下司の衫に至りては、二尺あまり三尺に及ぶは稀なり。袖口の闊さは、元明天皇の和銅元年八月の紀に、八寸以上一尺以下、隨人大小爲之とあるに符合せるを見よ。特に注意すべきは、衫の腋のあき、僅に七寸ほど、尤も長きすら一尺六寸なり。以て後世の闕腋とは、甚だ相違するを想ふべし。

右袵の服及び半臂

次に元正天皇養老三年二月の紀に、初令天下百姓右襟とあるは、古來の風、左袵右袵まち／＼なりしが、官人は早く右袵に一定しつらめども庶民は此の時始めて、右袵にすべく令を布かれしなり。然れども因襲の久しき、容易に改まり難きにや、上衣こそ右袵になりけめ。半臂の如

きは猶左衽なるが多かりしは、實物の存するにて明らかなり。（圖參照）

此の半臂といふ服、其の稱呼にても察せらるゝ如く、唐朝傳來の服にして、我が邦の物ならず。和名抄の箋注に、事物起原實錄を引いて、隋ノ大業中、內官多服㆓半臂㆒除㆓却長袖㆒也、唐高宗減㆓其袖㆒謂㆓之半臂㆒今背子也とあれど半臂と背子を同じと云ふは非なり。後に辯ずべし。偖又庶民の服に、「布肩衣」「木綿肩衣」などいふもの、萬葉集中の歌に多し。是れ亦半臂をまねびて、作り出でし服にはあらざるか。

袖付け衣とからころも

藤井高尚の云ふやう萬葉集の歌に「宮人の袖付け衣《コロモ》といひ「ひろせ川袖つくばかり淺きをや」ともいへるを思ひわたせば、昔のたゞ人の衣の袖は、筒袖といふやうに狹く、大宮人のは大なる袖を、殊更に縫ひ付け、袂ゆたかにして、長く垂れたりつらむと推量らると云々。此の說も然るべけれど、按ふに男女とも袖付くといふは、後世鰭袖《ハタソデ》(端袖)とて、手先の方に一幅付けて、長くしたるを云ふなるべし。同じ集十二の歌に「白妙の袖折返し「衣手の返るもしらず」十七に「衣手を折かへす」などうたひ、又「袖振るといふ詞多く「袖垂れて」とも歌へり。中にも「唯一人ぬれどねかねて白妙の袖を笠にきぬれつゝぞ來し」などあり。袂の長きにては笠にきる事叶はじ、是れも手先に餘る長き端袖《ハタソデ》をかづく意ならじや。

又から衣《コロモ》といふも、當時の歌に多くよめり。唯韓唐風の服を指して、一般にいふ稱かと思ひつれど、能く考ふれば然にはあらじ。先づ萬葉集十一に出でたる歌に、「朝影に吾が身は成りぬから衣すそのあはずて久しく成れば」。十四に、「から衣すそのうちがへあはねども、けしき心を我が思はなくに」などありて、「皆裾の合はぬ由に云へり。傍註本には内襟外襟の合はぬに寄せたりと説けり。内襟外襟の合はぬ事ならば「ゐりのあはぬ」「胸のあはぬ」などこそいはめ。按ふに是れは狹く短く裾の左右の褄の合はぬ服なるべく、一種の服製の稱ならむ。若しは漢語に背子といへる服、卽ち中古「唐衣」と稱せし服の原始をなせるものにはあらざるか。

白妙の衣と赤裳

藤井翁又云く、無位の人の黄袍着るは、朝廷の公事に召仕はるゝ折の事なり。すべて黄色衣・皂衣きるは、公事の時は更なり、さらでもうるはしく身の裝ひする折の事にて、內々に常にものするにはあらず。常には高きも低きも、皆染めぬ白き衣を著たりと思はる。其の由は、法師は常に墨染の衣きる故、それにむかへて、天武天皇紀に、道俗の文字を「オコナヒビト（行人）トシロキヌ」と訓《ヨ》み、持統天皇紀には、還俗の字を「シロキ（白）ニカヘス」とよみ、續日本紀の詔詞に、出家《イヘデ》人《ヒト》毛白《シロ》衣《キヌ》毛相雜天とあるにて知られたりと云々。げにも持統天皇の御製を始め其の外の歌に「衣」といへば必白妙といへるいと多かり。「蓁原《ハリハラ》に衣にほはせ」月草に衣は摺らむ」月草に衣ぞ染むる」など歌へる類、花の露に摺れるもの、皆白地ならではいかでか染《シ》まむ。但し女服の裳裾は紅なるが多きやうなり。「紅の玉裙《モ》すそひき行くは誰が妻」又山吹のにほへる妹がはねす色の赤裳の姿夢に見えつゝ。」以て證とす。

十一　服地と服色

衣服の材料卽ち地質に就いていはんに、大藏省の被管に織部司《オリベヅカサ》といふありて、錦・綾・羅・紬・縠の類を織る事業を管掌せしめ、又挑文《テウモン》師四人を任じ、挑文生八人を定めて、錦綾羅等の文を織り出す事を教習せしめたる事、職員令に見ゆ。錦に唐錦・高麗錦などいふがあるは、強《アナガ》ち舶來品にはあらで、其の國々の法に據つて織りたる、此の國の製作ならむ。綾は萬葉集十六竹取翁の歌に「紫の大綾の衣」とある、紋がらの大きなるを始め、此の外さま〳〵大小の紋ある綾、今も正倉院御物の中にあり。羅は略《ホツ》前にもいへる如く、薄地にして斜文あるもの。紬は太糸の繒《カトリ》。縠《コメ》は細繒也と賦役令の義解に註せり。

元明天皇の和銅四年に、挑文師を近畿中國四國のうち、廿一ヶ國に遣はして、錦綾等を織る事を傳習獎勵せしめ、翌年右の廿一ヶ國の織出しし錦を、献上せしめし事續紀に見ゆ。是は前年挑文師をして傳習せしめし成績を、試驗し給ひしなるべし。

絹は織部司の管する河内の廣絹を織る戸數、三百五十戸とあるにても、其の用の盛なりしこと察すべし。初め東國邊にては、織る技に通ぜざりしかど、和銅七年には相模・常陸・上野の三國より、養老元年には上總・

信濃兩國より、絁を織つて獻ぜし事あり。絁は絹のやゝ麁惡ある物なり。同三年五月の紀に、定諸國貢調、短絹・狹絁・麁狹絹・美濃絁之法、各長六丈闊一尺九寸。また天平八年五月には、諸國調布長二丈八尺闊一尺九寸、庸布長一丈四尺闊一尺九寸爲端貢之。常陸曝布・上總望陁細貲・安房細布・及出絁郷、庸布依舊貢などあるは、調貢の絹布の丈尺を定められたるなれど、當時諸國にて是等種々の絹布類を、盛に織出したる事を語るものなり。

賦役令の諸國貢献物の中に、罽といふあり。義解に「氈之屬、毛布也」と註せり。毛布は慶雲元年に、越後國より始めて兎毛布を献ぜし事史に見えたり。兎の毛を糸に交和して、紡ぎて織れる物といふ。之を兎褐と稱す。以て防寒の衣とせり。萬葉集二の歌に「毛衣《ケゴロモ》を春冬取りまけて出でましを宇陀の大野はおもほえんかも」とある、高市皇子の、嚴冬春寒の季に毛衣を著て、野狩に出でまし丶事を、舍人の追悼してよめりしなり。氈は獸毛にて織れる席《ムシロ》にて、下野國より貢する由同じ義解中に見ゆ。また皮革の衣は、前時期よりありしものにて、例の萬葉の歌に皮衣また皮の衣とよみてあり。毛衣と皮衣とは、元より殊別の品なるを、同一物と心得たる舊說は精しからず。

服色に就いては、衣服令記す所白・黃丹・紫・蘇芳・緋《アケ》・紅・黃《キ》橡《ツルハミ》・纁《ソヒ》・蒲萄《エビソメ》・緑・紺・縹《ハナダ》・桑《クハソメ》・黃・摺衣《スリコロモ》・蓁《ハリ》・柴《フシ》・橡《ツルベミ》・墨《スミ》の數種あり。

黃丹は既にも云へる如く、皇太子の正服の色にて、紅花《ベニハナ》と梔《クチナシ》とにて染むる由延喜縫殿式に見えて、黃色に紅色の勝ちたるもの。黃橡は僧尼令義解によれば木蘭とありて、僧衣に限れる茶澁色。纁《ソヒ》は「三絳也」とあれば、薄紅なり。稱德天皇の神護景雲四年に、王氏を優遇して、六位の朝服に纁《ソヒ》色を用ひらる。ソヒと訓めるは鵄(カハセビ)てふ鳥の、腹毛の赤褐色に似たるより云ふとぞ。

蒲萄は「紫色之最淺者也」と義解に註せり。山蒲萄《ヤマブドウ》といふ物の汁にて染む。エビと訓めるは、葡萄の古名を「エビカツラ」と稱すれば也。縹《ハナダ》は碧に同じといふ。後世花色、和訓栞に花田の義にや、月草もて染むればにやといへり。桑は桑の木もて染むといふ。蓁は榛の木のことにて、皮を染料とすとも、實を以て染むともいひて、精しき事を知らされども、天武天皇紀に蓁摺御衣《ハリスリノミソ》あり。萬葉に「まはりもてすれる衣」といふ歌の詞、幾所も見ゆ。これも當時流行せしを知る。柴は「フシゾメ」と訓めり。今クロモジといふ木なるを、煮て其の汁にて布を染むれば、黒味ある桃色になるをいふ。又この木の皮もて白布を摺れば、緑の黒ばめる色になるともいふ。此處なるは猶摺衣のかたにや。橡と墨とは、黒の淺深色なり。共に奴婢の服色とす。

中古前期（桓武天皇―醍醐天皇）

一　朝會服及び平常服の唐風化

普通の歴史は、桓武天皇延暦十三年、平安京遷都以後を以て中古とし、時代を區劃する事、おほかたの例の如くなれば、本稿も亦、便宜上之に倣ひたるが、實は當時代に入りても、初期にありてはさしたる變革を見ず。唯僅に服色及び裝具の違法、卽ち衣服令の制度に背くを、禁斷するぐらゐに止まれば、之を一々絮說せん事は止むべし。

嵯峨天皇の弘仁九年の詔に「朝會之禮及常所レ服者、不レ論二男女一、改テ依レ二唐法一、但五位以上禮服、諸朝服之色、衞杖之服、皆緣二舊例一不レ可二改張一」と日本紀略にあるは、禮服また朝服の如き、前期に於て既に悉く唐制に據りたるは、其の儘なる事勿論なるが、自餘の朝會服・常服をも、亦皆唐法に據らしめむとなり。此の天皇は殊に唐朝の風儀を好ませられ、諸宮殿門等にも、常寧殿・溫明殿・郁芳門・藻壁門などと、漢風の字面を選んで命名せられ、和歌よりは漢詩を嗜み給ひて、大學寮の紀傳道を文章道と改め、試驗には詩賦を以てせられ、皇女有智子內親王の如きは、十七の妙齡にまし／＼て、題を探り卽座に七律を賦し給へる程の世なりしかば、侍臣宮人の服裝などは、いかほど唐風に化したりけむ。庶民の間に遺りたる左衽の古風の如き、此の御世を以て全く地を拂ふに至りしなるべし。

二　帛衣と黃櫨染衣

皇太子禮服の色文更定

然れども亦十一年の詔によれば、「其㆑朕大小諸神事、及季冬奉㆓幣諸陵㆒、則用㆓帛衣㆒、元正受朝則用㆓袞冕十二章㆒、朔日受朝・大小諸會則用㆓黃櫨染衣㆒、皇后以二帛衣一爲二助祭之服一、以二擣衣一爲二元正受朝之服一、以二鈿釵禮衣一爲二大小諸會之服一、皇太子從祀及元正朝賀可《ニハ》レ服二衮冕九章一、朔望入朝、元正及大小諸會、可レ服二黄丹衣一、とあるは、さすがに神事祭儀には、古來固有の白衣を用ひ給ふべく、國風を考慮し給ひし結果ならむ。

皇后の御服も、帛衣を祭服と定められ、猶元正受朝には、擣衣を御《メ》す由なるが、擣衣とは如何なる物か知り難けれど、後世の書には、擣衣の字を「キヌタ」とよめり。絹板の略なり。和名抄に「擣衣杵。都《ツ》知《チ》。」とあるは、布帛を擣つ槌をいふなり。彼れ是れ考へ合するに、砧にかけ、擣ちて光《ツ》澤《ヤ》を出したる衣ならむか。鈿釵禮衣は、前述衣服令にある寶髻・禮服の事なり。

皇太子の衮冕九章に就いて考ふるに、前期の定めには、唯黄丹衣とのみにて、章文の沙汰は見えざりき。然るに西宮記によれば、男女帝の御禮服の次に「太子赤。縫龍形。」とあり。又後の書ながら、山槐記永萬元年七月十八日禮服御覽の條にも、太子の御服を「大袖・小袖・已上文色等同御装束」(帝の御服を云)但無「日月」とあれば、十二章の中より、日月と今一つは星辰か。以上の三章を除きて、袞龍以下九章を、赤地の綾に繡出したる物たるや明けし。

斯かれば弘仁十一年以後は、即位の大禮は云ふ迄もなく、此の外は元正の受朝に、君臣男女禮服を用ひ、毎月朔日の朝會には、天皇黄櫨染衣を御し、大小諸神祭には帛ノ御衣を御す事と改まりしなり。此の制は永く後世まで變る事なかりき。

三　禮服の制限と中裙の禁止

紀略淳和天皇弘仁十四年十二月甲申の詔に曰く、頃日陰陽錯謬、旱疲更侵、年穀不レ登禮服難レ辨多闕二朝禮一、凶年之間欲レ停二著用一、互宜二議定奏一レ之、と云云。此の年四月天皇卽位、然るに前數年來五穀稔らず、國資豐ならざりしより、臣僚禮服の調製に、苦しむ者もありしを察し給ひて、豐稔に復する迄は、元旦の朝賀に禮服の著用を停むべきかと、諮問し給ひたる也。仍て壬辰の日、公卿より覆奏すらく、其禮服者依レ詔停止セン。但皇太子及參議非參議三位以上、幷預二職掌一人等、依レ舊著レ焉、といへり。五位以上禮服著用の先規を改めて、三位以上に限らむと奏答せしなり。

仁明天皇の承和七年三月には、婦人の裳裙、重ね着る事を禁ずるの勅出でたり。云く、頃者風俗澆漓、凋弊相屬、省レ費之實、儉約是憑、宜下自今以後女所レ服裳、夏之表紗、冬之中裙、不レ論二貴賤一一切禁斷、一裳之外不上レ得二重著一、となり。是れに就いては、聊か愚按を述べ試みざる可らず。

抑〻女子の裳を著る法は、禮服の時、褶と裙とを用ひ、朝服以下には褶を去れと、衣服令にある事、又褶・裙前後著用の次第も、前段に委しくいへり。然れども法規は實際に行はれず、宮人間には猶、常の服にも褶(上裳《ウハモ》)裙(前裳《マヘモ》)とを二つながら著し、猶も當時は、これに重ねを添附して、いづれも皆二重なるをまとふこと、流行したるなるべし。　されば此の詔詞に、表紗とあるは、裙の表に重ねたる紗、また中裙は、褶に襲ひ重ねし帛といふ意にて、褶の上襲《ウハガサネ》は、裙の下にありて、間《アヒダ》に重なる故に、中裙とは書けるならむ。　さて夏之表紗冬之中裙と對句せしめしは、此の時代の漢文にまゝある潤色にて、要するに夏も冬も、裙褶ともに重ねを禁斷し、一重《ヒトヘ》の裳(前裳の裙も上裳の褶も一重)の外、著る可からずとの御旨意と察すべし。但し延喜式によれば、皇后の御料は、表裙下裙各〻一腰あり。　按ふに右の詔詞に貴賤とあるも、內外命婦などを指せるにて皇后の御事は固より別なり。

四　延喜式に記載せる男女の正服

醍醐天皇の延喜五年より延長五年まで、廿餘年を費して撰修せられし延喜式五十卷は、名こそ延喜といへ。實は弘仁(嵯峨)貞觀(淸和)の式に基き、其の漏略を補正し、大々的に撰修したるものなるが、其の中衣服に關する記錄は、恐らく淸和天皇頃よりの制なるべく、此の式の編修完了したる頃は、既に風俗も稍移りつゝ、衣服に小變革ありしならむと思はる。されど養老の衣服令以後、統一したる記錄此の時までなかりしに、兎も角も大體ながら窺知し得ることそ幸ひなれ。仍て今此の式中より、衣裳に關する品目を檢出せむ。

皂《ノ》帛幞頭

縫殿寮式六月晦日御贖服の中にかくあり。又內藏寮式には御冠羅云々、右織部司所進とあれば、當時より幞頭の事を冠とも書きそめけむ。なほ此の外縫殿寮式に、天皇一年中の御服春季（正、二、三月）冬季（十、十一、十二月）の御料を掲書する事左の如し。

袍

十領（白橡六領淺紫四領十一月一領十二月二領並用レ白）

按ずるに註の白橡とあるは赤白ノ橡、青白ノ橡の二種を、打ちまかせて略し書せるか。　荷田在滿の衣服愚考の第一條に「橡《ツルバミ》の衣中に、赤白の橡、青白の橡等の品あり。　赤白の橡は、黄櫨と茜を以て染む。　延喜の比は、參議以上通用し、爾後は天皇・太上天皇も著御す。　赤色と云是なり。　青白の橡は、苅安と紫草を以て染む。　天皇・太上天皇著御す。　或は公卿侍臣も著す。　青色又は麴塵と云ふ、是なり。」とあるにて知るべし。（序に云、愚考右文の次に「白橡は染式未詳。　公私の奴婢及女從之を著する由、彈正式に見えたり。」とあるは非なり。

彈正式の白橡は、皂・橡の誤寫なるに、心つかざりしによる。皂《クロ》と橡《ツルバミ》とは、元來下人の服なる事上にいへり。至尊の御服色、いかで奴婢の服色と同一なるべき。）

襖子十領 藍四領蒲萄六領十一月一領十二月二領並用レ白絹

襖子は位襖の襖とは別にて、裏はあれど袖の下脇を縫はず、襴をも綴ち付けざる服也。袍の下に著す。後世の下襲なり。

半臂十領 註前に同じ絹

衣服令朝服の中には、半臂など內衣の事を記さず、然れども奈良朝時代既に用ひし服なりし事は、正倉院御物の中、下司の服にもありしにて知るべし。

汗衫十領 註同前

唐朝にては、文字の如く汗取りの單衣《ヒトヘ》ならめど、我が邦にては、之を

肌著の上に著たり。恰も今の白襯衣の如くに、

袷ノ⿰衤烏單ノ⿰衤烏各十領 並紅

⿰衤烏は後世衵の字を書けるに同じく、汗衫と下襲との間に著籠むるより、アコメと云ふ。相籠《アヒコメ》の義。籠むとは上に顯はれぬ様に著ることなり。偖袷とは、裏付けて綿をも入れたるを云。次に單⿰衤烏各十領とあるを見れば、この單⿰衤烏は、袷⿰衤烏に重ねて着するにて、今俗の肌襦袢また下襦袢などふにあたるべし。

表袴中袴各十腰

按ずるに中袴は後世の大口ノ袴といふ物なるべし。

袷ノ褌單ノ褌各十腰

これ下袴なり。夏冬ともに重ねて用ひたる物と見ゆ。

此の外内匠寮より馬瑙の御腰帶を調製し、内藏寮より御挿鞋幷に御

靴を造進する事も式に見えたり。　また夏御料四月の分

著レ襴《スソ》縠《コメ》ノ衫六領 白橡四領藍薄色二領 九月一領用レ白

按ずるに、袍は裏ある襴《スソ》附《ツキ》の上衣なる事、前にもいへり。　衫は單の衣也。　夏は縠《コメ》織《オリ》にして、裾に襴付けたる物。

半臂十領 紫五領藍五領 九月一領用レ白 縑

冬は絹を用ひ、夏は縑《カトリ》を用ふるの差あり。

汗衫十領 色同半臂 縑

袷ノ䙚單ノ䙚各十領 並紅

表袴中袴袷ノ褌單ノ褌各十腰

五月六月は袷ノ䙚を除きて、他は皆四月に同じ。　七月八月の分は、五・六月に同じく、九月は四月に同じとあり。　是は天皇の御正服ならむ。　燕居の御常服は自づから別なるべし。

以上は天皇の御料なれども、臣下の朝服も亦之に准じて心得らるべし。

皇后の御服、春三ヶ月冬三ヶ月の料として毎月、

袍十領 白一領作目 白橡九領 絹

按ずるに、女子の上衣を當時は袍といへり。注の作目は目結《メユヒ》のこと。

背子十領 同前 同

背子は後に唐衣とも稱して、上衣とせり。 然れども當期までは、下に重ねて著たりと見ゆ。

單衣十領 白一領韓紅二領蘇芳三領蒲萄二領藍二領 同

領巾四條紗三丈六尺 一條毎ニ九尺ナリ

領巾は天武の朝に廢止せられて、衣服令にはなかりしを、いつしか復古せられたる也。

表袷裙二腰白一腰夾纈並作目一腰

袷ノ裙嚴寒には綿をも入れたり。夾纈は後世の板締《イタシメ》染。

下裙二腰白

按ずるに下裙といへるは、承和七年に禁止せられし中裙の事なるべし。此處には下裳を袴と(次條にあり)いへるについて、下裙とは書ける也。但し承和七年の禁止は女官のためなり。皇后の御料は、固より女官と一様なる可からず。

袴十五腰紅

これ後世謂はゆる緋ノ袴なり。當時は既に裙の下に顯はす風とや成りぬらむ。

單袴廿腰

これ下袴卽ち褌なり。外部に顯はれ出ぬ様にせしやらむ。前の袴は一腰の料五丈なるに、單袴は二丈六尺五寸とあり、短く製するにて知るべし。

褂衣單褂各三領

褂衣は褘にあたり、單褂は肌襦袢の用をなすものか。

偖また夏四月及び秋九月の料としては、

袍十領 註春ニ同ジ

袷袍六領 藍并朽葉之類

袷袍といふもの、春冬の分になくして、却つて夏四月の分に出づる事不審なり。又天皇の御料にもなきはいかゞ。且袍は裏付きたるを云ふ。單なるは衫とこそいへ。然るを特に袷袍といへるいよ〳〵解し難し。按ずるに、夏秋の分には背子を除かれたれば、之に代るべき衣ならむ。註に藍并朽葉之類とあるは、初夏の服色によく適へり。

領巾四條

羅ノ裙二腰 白一腰夾纈并作 目摺一腰

紗裙二腰 註同前

四月より九月までは、薄物《ウスモノ》を二枚重ねて、表裙《ウハモ》とし給ふならむ。

下裙四腰 白

袴十五腰　單袴廿腰　袿衣單袿各二領

五・六・七の三ヶ月は、

單衣四十領 白三領蘇芳十七領 韓紅十領藍十領

領巾四條　羅ノ裙二腰　紗ノ裙二腰　下裙四腰　袴十五腰　單袴廿腰

袿衣單袿各二領

以上は皇后年中の御服なれど、女官の正服亦之に准すべし。　されば之を、一般上流の女服と視做して、說く事とせむに、彼の袍といふ服、男服と同名なれども、裁縫は異なりて、襴なき衣なるべし。是れありては、上裳下裙を重ねて纏ふに障りとなりぬべければ也。次に背子は男服の半臂の用をなす物と見え、當時未だ上着にあらず。袍の下に著たりと思はる。服飾管見に「背子、後の世は男の袍のごと、四季ともに著れども、古は寒さを防ぐ料にや。かの御服の料に、春冬のみありて夏秋はなし」と云へる、善き心付きなり。さて又夏の四月秋の九月に限りて、袍十領の外に袷袍といふもの六領あり。是れ亦春朝秋夕の寒冷を防ぐためにや。

五月より六月の夏盛、七八月の殘暑の間は、袍もなく下襲と思はるゝ服名も見えず。唯單衣あるのみなり。而も羅裙紗裙下裙を袴の上に纏ふ様なり。之に就いて愚按ずるに、春冬三ヶ月また四月分、いづれも袍十領なるに、盛暑の月は、單衣四十領とあるを思へば、この四十領は上衣と下重ねとを合せていへる事と信ず。後の書ながら源氏物語空蟬の卷、增鏡さし櫛の段等に、單重《ヒトヘガサネ》といふ服裝見え、花鳥餘情に「女房の裝束、五月五日よりひとへ重ねを著る也。單二つをひねり重ねたるものなり」と云へるも、猶此の時の遺風ならむと思はる。されば裏付きたる上衣を袍とかき、男服の裏なきを衫、女服のそれを單衣とはかけるならむかし。

此の外新羅組、絞組、大丸組、綺等の名、同式に見えたるは、帶の料にて、組とは絲を編組したるをいふ。中に新羅組は彼邦より傳習したる組み方にて、綺は本邦の創製なる由なり。後世眞田織といふは是れより出でたりと云ふ。皆平組なれども、大丸組は丸打の紐ならむ。又內藏寮より天皇の御靴（牛革製）及び插鞋（綾製）皇后御料の錦鞋をも調進せり。

又天皇には絁ノ襪あれども、皇后の御料にはなし。仍て按ずるに、女性は長き紅ノ袴を著すれば、襪の用なかりけむ。錦鞋などは長き袴をはきたるまゝに、足をさし入れたるなり。其の様年中行事繪卷の中に證あり。

五　古風を遺せる祭服

上來屢いへる如く、當時代男女の服裝は、大かた唐風化しつれど、而も本邦固有の古風體は、さすが猶幾らか祭服の中に遺れる所ありと思へば、爰に聊か其の方面を檢索し試ん。

延喜の神祇式に、鎭魂祭に奉仕する神祇伯宮主等に、青摺袍・青摺衫・及び袴を賜ふとあり。摺衣《スリゴロモ》なるが古風の遺れるにて、裁縫の式は、猶常の袍・衫と異ならざるべし。次に御巫《ミカナギ》の女祭服には、青摺袍・下衣《シタカサネ》・單衣・表ノ裙・下ノ裙・袴・單袴とあれば、是れまた大かたは常の服裝通りなるが、此の外別に「帔一條帛二丈褶一條緋帛四丈」とあるに注意すべし。

帔とは何ぞや。傍訓「ウチカケ」とあり。釋名に帔ハ被也被ニ之肩背ニ不レ及ニ下也とあれば、肩より背の方に打ちかけきる物と見ゆ。特に一領となくて、一條とあるにて、裁縫せざる一幅の帛と知らる。按ふに是れ、上代「於須比」といへるもの、卽ち原始的被服にて、大神宮式に「帛ノ御意須比八條長各二丈五尺云々」とある、同一物ならずや。たま／＼漢土にも、袵《エリ》なく袖なく、唯肩より背中に打ちかくる物ありて、之を帔といへるが、我が「於須比」によく似たるより、帔の字をあてたるにぞあるべき。次に褶は前裳なること既にいへる如し。但し女中の禮服なる褶、又は巾裙・下裙などいへるとは、用ひ方異なり。これは最上を覆ふ後世の前垂の類なりけむ。齋宮式縫殿式等に「袜」とかき、采女司式に「褌」とかける、何れも「マヘタレ」と訓むべし。褶も前膝を覆ふ物、褌に似たる服なれば、此の字を書きたるまでの事と知るべし。これも縫はざる帛なれば、一條とはかける也。なほ次の條にもいふを見よ。

六　襅と褠

前段に余の襅を「マヘタレ」と訓みて、前垂の類ならむといへるについては、疑惑の人なきにあらじ。其の故は和名抄に襅を知《チ》波《ハ》夜《ヤ》と訓めるを始めにて、爾來多くの學者皆是れに從へばなり。さて「知《チ》波《ハ》夜《ヤ》」とはいかなる物ぞと問ふに、和訓栞に「小忌衣(祭服)なり。布もて造る。身二はば袖一はゞ、袖は縫はず、紙捻にて括るをいふ。」と記し、雅言集覽には「巫《ミ》女《コ》の著る物なり。拾遺集十、神樂歌の次、賀茂に七日詣でけるはての夢に、社よりとてちはやきたるおうなの、文をもて來たり云々」とあるより、後の辭典類みな之に據れり。「チハヤ」を巫女のきる齋服といふは然るべし。然れども、襅を直に「チハヤ」と訓みて、齋服の類とするには猶一考を要せずや。按ずるに、和名抄の襅に知波夜の訓附けたる、恐らくは誤りなるべし。延喜式に幾所もある襅の字、悉く「マヘタレ」と訓むべく、其の様はた前垂の類なるを、和名抄の訓に引かれて、後世より延喜式の襅の字に、チハヤと傍訓したるより、いよ／＼誤りを廣くせしにや。襅の字を「マヘモ」と訓めるは既に日本紀(天武)にも見えたる上、齋服に限らぬ證は、宮内省式に凡正月五月兩節、供奉諸司件部者、竝給衫襅また諸司供膳人等、給潔褠竝襅などあるにて知るべく、又袖ありて上半身に著るべき物ならぬ證は、主殿寮式に、凡量收油直丁、毎年調布衫一領、襷一條、襅一條。また大炊寮式に、女丁三人各潔褠一領、襅一條。また主水司式にも、水部曝布潔褠五領、襅五條。と必ず衫・褠には領とかき、襅には條とかけるにも心を付くべし。

かゝれば男女を限らず、食膳にたづさはる者、また燈油など量る者は、上に襷《タスキ》をかけ、或は褠を著て、前に褶を垂れつゝ、且は衣裳の端の食膳などに觸れぬため、且は又衣裳を汚す事なからむ爲に、用ひたる前垂なる事、明らかならずや。之をしも上衣と見ば、襷また褠と、重複するにも心付くべきをや。

次に褠といふ物に就いても一考すべし。我が國の書には、之を解けるもの管見に入らねど、玉篇には「單衣也」と見え、釋名には「禪衣之無ㇾ糊者也、言ハ袖夾直形如ㇾ溝也。」ともあれば、單衣の袖細き物と思はる。然るに何の出據ありてか、マヘダレと傍訓せし書あり。是れ亦誤なり。後漢書馬皇后紀の註に「褠ハ襞衣、今之臂褠、以縛㆓左右ノ手㆒于ㇾ事便也。」と記せるを、前の釋名の解に合せ考ふれば、細き袖に、襞積《ヒダメ》あり。之を手元にて括れば、筒袖の如くなり、仕事に便なる服と見えて、襷と同じ用をなすなるべし。延喜式に褠・襅、また襷・襅とは連文すれど襷・褠と重なりたるは、一所も見えず。而も襷は一條と記し、褠は一領と記せれば、衣なること云ふも更なり。されば謂はゆる「知《チ》波《ハ》夜《ヤ》」は、この褠なるべきを、和名抄の撰者順朝臣、ふと思ひ惑ひて、襅に「チハヤ」の訓を附けながら、下に「未詳」と書き添へたるは、朝臣自づかもおぼつかなく、定めかねたる事著し。

偖また「チハヤ」の名義も明らかならねど、逸《イチ》速《ハヤ》き意と、谷川氏はいへり。狩谷望之の和名抄箋注にも、急速を謂ふ。動作ある時、之を以て衣袖を扶收して、以て捷疾に便にする也。其の用ほぼタスキと同じ。とあり。是の説に從ふべし。

又按ずるに、後世巫女の著る「チハヤ」てふ服は前にもいへる延喜四時祭式の官人以下裝束料の條下、御巫の服に帔一條とありて、「ウチカケ」と訓《ヨミ》つけたるものゝ遺制ならむを、褠《チハヤ》廢れて後、いつしか此の名を、彼れ(帔)

に負したるにはあらざるか。

七　服飾に關する法制

當時衣冠の形製は、彈正臺及び式部省に於て糺正せよと、延喜の式に見えたるは、服制の法式に違背するをば、糺彈せよとの事なり。されば彈正臺式には、先づ服制の禁條を列擧したり。今その中に就いて、主要なる條々を抄錄すべし。

一、衣の袖口の濶さは、高下を問はず一尺二寸以下とし、其の腋の濶さは、一尺四寸。其の表衣の長さは、纔かに地に著けよと云々。」服飾管見に之を敷演して云く、長さ地に著くとは、袍襖のみの事なり。故に表衣とことわりたり。其の餘の衣は猶短きを知るべし」と。

（衣服袖襴の長短等を制せしは奈良朝時代より折々ありたり此の

時始めてにはあらず」

二、凡そ綾は五位以上の朝服に用ふる事を聽す。六位以下は服用するを得ず。」按ずるに養老の衣服令には服地の沙汰なく、綾とも絹ともなかりしが、式には朝服すら五位以上は綾を聽されしなれば、禮服にも用ひられしを察すべし。

三、凡そ摺り染めて文を成す衣袴は、著用するを得ず。但し公事に緣つて著すること、又婦女の衣裙は禁ずる限りにあらず。」按ずるに摺り染むる衣は、靑摺の如き、祭祀の服なれば、常は禁制せられて、公事祭儀に、小忌の公卿等の著するは、固より當然の事なりけむ。次の條にも、凡縹色以下藍摺者、衞府舍人等儀服。他人不得輙用とあり。靑摺以外は禁制ならざりしか。伊勢物語に「若紫のすり衣」あり。枕草子に摺りもどろかしたる水干袴著て、御嶽詣したる事實あり。或は後に法度の弛びたるにか。

四、凡そ錦の衣は、內命婦及女王、竝に五位以上の嫡妻女子等、節會の日通服するを聽す。」と繡は禁制の由なれど、一條天皇の頃の女房の裝には、唐衣に繡したる事も見ゆ。

五　深淺鈍《ニビ》紫の裙は、庶女以上通著するを聽す。」とある、紫の字は衍なるべし。鈍紫(一本純紫)といふ色も見聞かず。且紫は內命婦三位以上の禮・朝服の色にて、四位五位すら猶緋の定なるを、況して庶女の通服すべくもあらねばなり。鈍は鼠色を云ふ。

六、凡そ魚袋は、參議以上及び紫を著る諸王と、五位以上とは金裝、自餘の四五位は銀裝と定めらる。」魚袋の稱の見えたる初なり。是れは禁中に出入する劵符入るゝ袋をいふ。養老の公式令に、親王及大納言以上、竝中務ノ少輔・五衞ノ佐以上、竝給㆓隨身符㆒、左二右一、右符隨㆑身左符進」内、其隨」身者仍以《テ》」袋盛《モレ》、とありて、割符の左を禁中におき、右を身に附けて、臨時別勅もて召され、例へば夜陰の出仕などには、左右を合せ勘へん爲なりしなり。之を最初は魚形の袋に盛り、金又は銀の網に入れて帶せしなり。後實際の用あらざりしかど、束帶には必ず缺くべからざる具品となりぬ。

七、絹・絁を裁ちて、獵衣やその袴とすること、又白き絹・縑を縫ひて、從女の衣裳とすること、悉く禁斷。」とある條を見れば、當時既に狩衣の製ありしなり。但し最初は狩獵遠行の服にて、布麻の類を用ひ襖の裁縫を簡便にして作り出でたるものなりけんを、漸々華奢に傾きて、絹・絁などをも裁ちけるからに、此の禁はありしならむ。

八、婦人の袷の裳は、貴賤を論ぜず、一裳の外重ね著る事を得ず。但し單の裳は制限にあらずとあり。」褶を省きて一裳とせられたるは、仁明天皇の時よりにて既にいへり。上裙をは袷にし、又綿入れたる由も前にいへるが、村上天皇の頃よりは、止《ヤ》みたるが如し。其の後の草子物語等に、袷の裳は見えず、重ぬるのみなりき。

九、　親王以下五位以上、内親王孫王、女御内命婦、並参議以上非参議三位の妻女子、大臣ノ孫女、藏人等の從者は、皆染袴を著するを聽す。」とあるは、もと白きが本儀なりしを、當時より染めたる袴も聽されたる也。

十、　凡そ鈍縹並寶髻、及緋裙、剪綵作釵著勿レ禁とある一條には、必ず誤字あるべし。服飾管見にも、寶髻は此の類に非ず。字の誤ならむ。いか樣にもこゝにつきなし。又今の本に袦裙に作れる據なし。とあり。又同書に剪綵作釵とは、うすがねを文の間に彫て、かなものゝ上にかざりたる成るべしとあるは、劍の事と見たるにや。

雲州版の式には、糸扁の紉に作れり。紉は帶の類なり。是れ亦誤字ならむか。解しがたし。

十一、凡そ畫餝太刀は、五位以上之を聽す。」奈良朝時代には、武官に限りて、金銀裝横刀を帶すべき事を規定せられたりしが、當時より文官も五位以上は、之を帶する事に改まりしならむ。此れより後引續き、明治の御世に至り、廢刀令の出てし迄は、文官も皆帶劍せしなり。

十二、凡そ刻み鏤めたる太刀にして、新作に非ざるは、五位以上の著用を聽す。」按ずるに前の畫餝太刀は、枕草子「めでたきもの」の條に「かざりたち」とある是れなるべく、次に刻鏤太刀とは、服飾管見別錄に、螺鈿して鞘に文を彫り入れ、又金具に高く文を彫りたるなど、皆是れなり。とあるに從へば、後世謂ゆる螺鈿劍の事ならむ。

畫餝太刀といふ物、いかばかり金銀の裝嚴華麗を盡したるかは詳細の記錄なければ、今知り難し。鎌倉時代の書なる飾抄に、近代多用代とありて、その頃寶物を造りあへず、代用の劍を帶せし由なり。西三條裝束抄に安元二年三月四日、後白河法皇の御賀に、菩提院關白、紫檀地の金作螺鈿劍を帶す。鞘の上下に水精の伏龍あり。貝の內に玉を入れらる。是れ飾り太刀歟の由、月輪殿下の記に見えたりと記せり。是れ螺鈿劍を畫飾太刀の代用にせられしを云ふならむ。後の時代の事なれど、參考のために附言す。但し室町時代の桃華蘂葉によれば、餝劍絕えて後、餝劍代と云ふがありしに、それも名のみきゝて未見ず、仍て代の代と號して、螺鈿劍を用ふとあるは、同名の螺鈿劍なれど、安元の頃とは、更に精麁の差ありしなるべし。

十三、凡そ禁色は惣て破却せしむ。但し五位以上并に律師以上は、名を錄して奏聞せよ。僧尼は法によりて苦使せしむ。」とある禁色とは、上古の制、位階によりて朝服の色に差別を立てし事既にいへり。然るに其の制を犯して、己が位階服以上の色を服せし時は、其の服を破却するは勿論、處刑に及ぶの意にて、其の刑は笞三十の科なる由、法曹至要抄に見えたり。

按ずるに禁色の制は、既に上古の制服に見え、又桓武天皇の延暦二年淸和天皇貞觀十二年の勅にもあれば、此の時を始にはあらざれど、其の例をいはゞ、紫は三位以上の朝服の色なれば、之をその以下の官人、私服にも著用する事を禁じ、又靑色は麴塵とて天皇の御料に類し、赤色は上皇の御服の色と定まれば、それに類似の深緋・深蘇芳をも禁し、支子《クチナシ》色は皇太子の御袍黃丹色に似たれば、之をも禁ぜられたるなり。なほ其の證は、新古今集十八雜下に「延喜の御時、女藏人内匠、白馬節會見侍りける車より、紅の衣を出しければ、檢非違使糺《ダヾ》さんとしけるに、女藏人内匠「大空よ照るひの色を禁《イサ》めても天の下には誰れかすむべき。かく云へりければ、糺さずなりにけり」とあり。又色とともに、別に綾織物とて、紋様を織り出したるにも、法度を加へられたるは、次期の書ながら紫式部日記に、

御簾の中を見わたせば、色ゆるされたる人々は、例の青色・赤色の唐衣、地摺の裳、表著は蘇芳の織物なり。……綾ゆるされぬは、例のおとなしきは無紋の青色。……

と記せる證とすべし。

十四、凡そ諸役人等、公會の所には靴を著け、其の外は履を著けよ。又庶人等は皆通じて履を著けよ。但し雨泥の日、役人は靴を著く

るを聽す」とあり。靴は深履なり。庶民は淺履以上の品を禁ぜられたるなり。

中古後期（村上天皇―安德天皇）

一　公服に冠　私服に烏帽子

冠帽の別と其の由來

村上天皇の御世頃より、彼の源氏物語や枕草子の出來たる一條天皇の御世を經てのち、白河鳥羽二上皇の院政の間までを姑く後期と定めつ。

此の間男子の禮服には、さしたる變化なけれど、朝服に次いで、布袴・衣冠などいへる公服と、直衣・狩衣などいへる私服との差別出來て、而も公服には冠を、略服には烏帽子を被る慣例をも生じたれば、先づ冠・帽の別及び其の由來を概略辯ずべし。

上古以前にありし漆紗冠圭冠等は、當期の冠の原始にして、前時代は多く幞頭また頭巾と書き、延喜式にも幞頭・頭巾、まれに冠と所々書き替へたる所あれど蓋し皆同一物なるべし。而して縫殿寮式に、行幸供奉ノ飼鷹ハ胡桃ノ衫云々、飼犬人別ニ押帽子一口（別紺細布一尺）とあり。帽子の稱、是れより古きもの管見に入らず。和名抄には唐式を引いて「庶人ノ帽子」とある如く、元來鷹飼犬飼ごとき下司《ゲス》の料、庶人平民の被り物なりけむ。

當期專ら冠と稱せしは、巾子《コジ》を具したる被り物にて、烏帽子は巾子を略せる物なり。抑ゝ巾子とは、和名抄に「巾子ハ幞頭ノ具、所ニ以挿ム髻者也とある如く、木を刳りて造りしか、或は紙を貼り重ね、謂はゆる張り拔きといふ物にしたるか詳ならねど、長さ五寸ほどの筒にて、始めは之れに髻を挿入し、其の上に頭上一面、幞頭《カウブリ》とて黑き羅また絹の、袋やうの物を覆ひ、更に纓（燕尾）といふ紐にて髻の根を結びたるなり。最初巾子《コジ》と幞頭と別なりし證は、續日本後紀十三右大臣藤原ノ緒嗣薨去の條下に、桓武天皇の延暦七年殿上に於て元服の時、幞頭と巾子と、皆御物なるを賜ひし事を記し。また延喜東市司式に、幞頭店と巾子店と別に記せるにても察知すべし。後世拔巾子《ヌキコジ》・放《ハナチ》巾子などいひて、巾子と額とを別に造りたる冠のあるも、古制の遺風ならむと思はるゝが、そはとまれ。延喜の頃までは、尚ほ古製の冠を用ひけむ。和名抄に「幞頭、賀宇布利《カウブリ》」とあるを見ても、漢字には種々に書き替へつれど、口語には「カウブリ」と稱へ、遂に一般冠の字を用ふる事となりたるにて、彼れと是れと別種の被り物にはあらず。而も當期以後は、巾子《コジ》を作り付けにしたる冠出來て、上流一般の用となれり。

烏帽子は最初下司《ゲス》庶民の被《カブ》り物なりしが、簡便なりしからに、上流貴人も旅行狩獵の略裝に用ふる樣になり、貴顯の用となれば、隨つて其の材料即ち裂地《キレヂ》も良き織物を以てし、形を品よく作りなしたるものなるべし。かくて束帶の朝服等、晴れなる服裝には冠を著る制なれども、家居の平服・遠行の略服には、烏帽子を被るの例を生じたり。偖その種類も、最初は謂はゆる立烏帽子のみ。枕の草子に長烏帽子、大鏡に高帽の稱見えたるも、皆立帽子の細さや高さなるべし。折烏帽子といへる品は、皆當期の末季より出來しものなり。

二　束帶は朝服の異名

袍の色制と下襲の延長

當期の朝服は、延喜式に見えたる所とも聊か異なりて、專ら束帶と稱しならひたり。束帶の字面は、論語公冶長の篇に、子曰赤也束帶立レ於レ朝、可レ使下與二賓客一言上也とあるに據りたるにて、朝服の異稱なり。國書には西宮記六月一日內膳司供二忌火御飯一條の註に、陪膳或布袴、六位束帶、と見えたるが、是れより前の書にもありや管見に入らず。當時の假名草子に「日の裝束」とかけるも亦同じ。衣冠を「トノヰサウゾク」（宿直裝束）といへるに對し、朝服は日直の服、晴れの裝ひなればなり。

束帯は朝服なれども、當時代のは前期と聊か異なる所あり。一々比較せんは煩雑なれば之を略し、唯束帯皆具を一括して左に掲示すべし。

冠	上ノ袴
袍（縫腋）	大口
半臂	襪
下襲	石帯
衵	魚袋
單	靴

束帯の時は、六位以上皆木笏を把り、大納言以上帯劒す。是れは文官

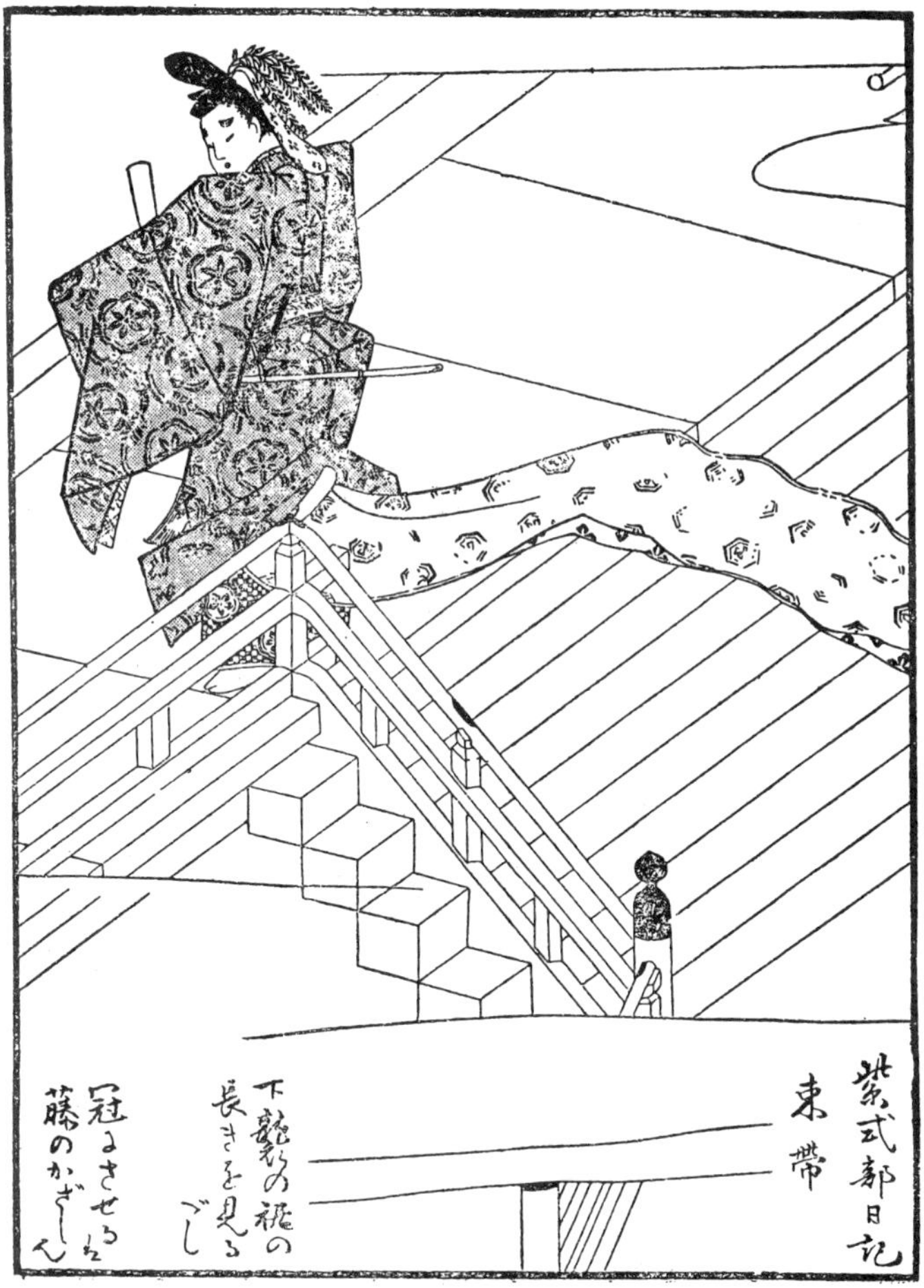
紫式部日記
束帯
下襲の裾の長きを見るべし
冠にさせる
藤のかざし

の朝服なり。　武官は上衣を闕腋《ケツテキ》の袍とて、昔の位襖を著すべきなれども、それは當時儀式の日に限りて、平常は猶文官と同じく、縫腋《ホウエキ》を著する風になれり。　縫腋は雙袂の下を縫ひふさぎ、且裾に襴を付けたるもの。闕腋は袂の下兩腋を縫はざる服なり。

袍の色は、上古の制に三位以上深《コ》きと淺《ウス》きとの紫、四位五位は深淺の緋、六位七位は深淺の綠、八位初位は深淺の縹と定まりたりし事上にいへり。　然るに當期に入り一條天皇の御世より、四位以上皆一色の黑袍に染めなし、五位も蘇芳にうつり、六位は縹に成りて、七位以下の色制は廢れたり。　されども此の色袍定まりてより、後世まで改まる事なかりしが、當時頗る華靡艷麗の風俗行はれて、下襲には何等の制限を立てず。競うてさま〴〵の色紋を好みたりき。

なほそれよりも、下襲の裾を長くし、上衣の袍の襴より出して、曳きありく風起りぬ。最初より次第に長くなり行きし例を、表にして左に示さん。

	(村上天皇)	(後一條天皇)	(後堀河天皇)	(四條天皇)
親王	一尺五寸	○		
大臣	一尺	七尺	八尺	一丈四五尺
納言	八寸	六尺	七尺	一丈二三尺
參議	六寸	五尺	五尺	八尺
四五位	○	四尺	四尺	七尺

後堀河天皇よりは、近古(鎌倉時代)の制なるが、上よりの因みに、引き上げて茲に記せるなり。

半臂・袙以下のことは、既に上來記したる所なれば、すべて省略す。

三　準朝服の布袴と衣冠

平服の直衣・略服の狩衣・水干・直垂

布袴《ホウコ》は西宮記に見ゆれば、延喜の後程なく起りしものか。此の服装は束帯に次いで、朝服に準ぜられしものともいふべし。例へば袍より下襲・石帯等まで、加除する所なく、たゞ表袴《ウヘノ》のみを略して、差貫《サシヌキ》の括り袴に代ふるを其の差異とす。衣冠は又布袴に次ぐ服装にして、これは布袴の装ひ中、下襲を省略し、石帯をも直衣と同地質の帯に代へ、魚袋をも用ひざるにて、之を宿直《トノヰ》装束とも稱せしなり。以上の服装にはなほ烏帽子を著る事なく、必ず冠を被る定めなりき。

直衣《ナホシ》は公卿日常の平服をいふ。之を宿直装束と心得たるは誤解なり。「ナホシ」とは常の服といふ義なり。當時の語に、常の談をナホゴト(直言)といひ、高位の人に對して、一般人をナホビト(直人)などいへる、皆常の義なるにて悟るべし。宿直の直にはあらず。シはソ(衣)の轉音語。

さて直衣は衣冠の裝ひを、猶一層簡易にしたる如きにて、常は烏帽子を被り、たま〳〵冠を著る事あるは、直衣のまゝ、君前へ伺候するを聽されたる人に限る。(直衣のまゝにて禁中に入り、至尊に謁し奉る事は、特に宿老大臣などの、勅許を得たる者に限りたるなり。)

狩衣は字の如く、狩獵・遠行などする折、公卿の服せしもの。昔の位襖の變製にして、闕腋を簡略にせし服なり。されば狩襖といふ別稱もありき。元は布製にて賤者の服なりけむを、貴人も便服として著用し給ふに至り、絹・綾を裁ちても作る様になりけむからに、延喜の彈正式に之を禁ぜられたりき。其の事は前に記せり。然るに此の期に入りてよりは、彼の禁制も全く空文に成りて行はれず。美麗なる絹・綾を用ひ、裏

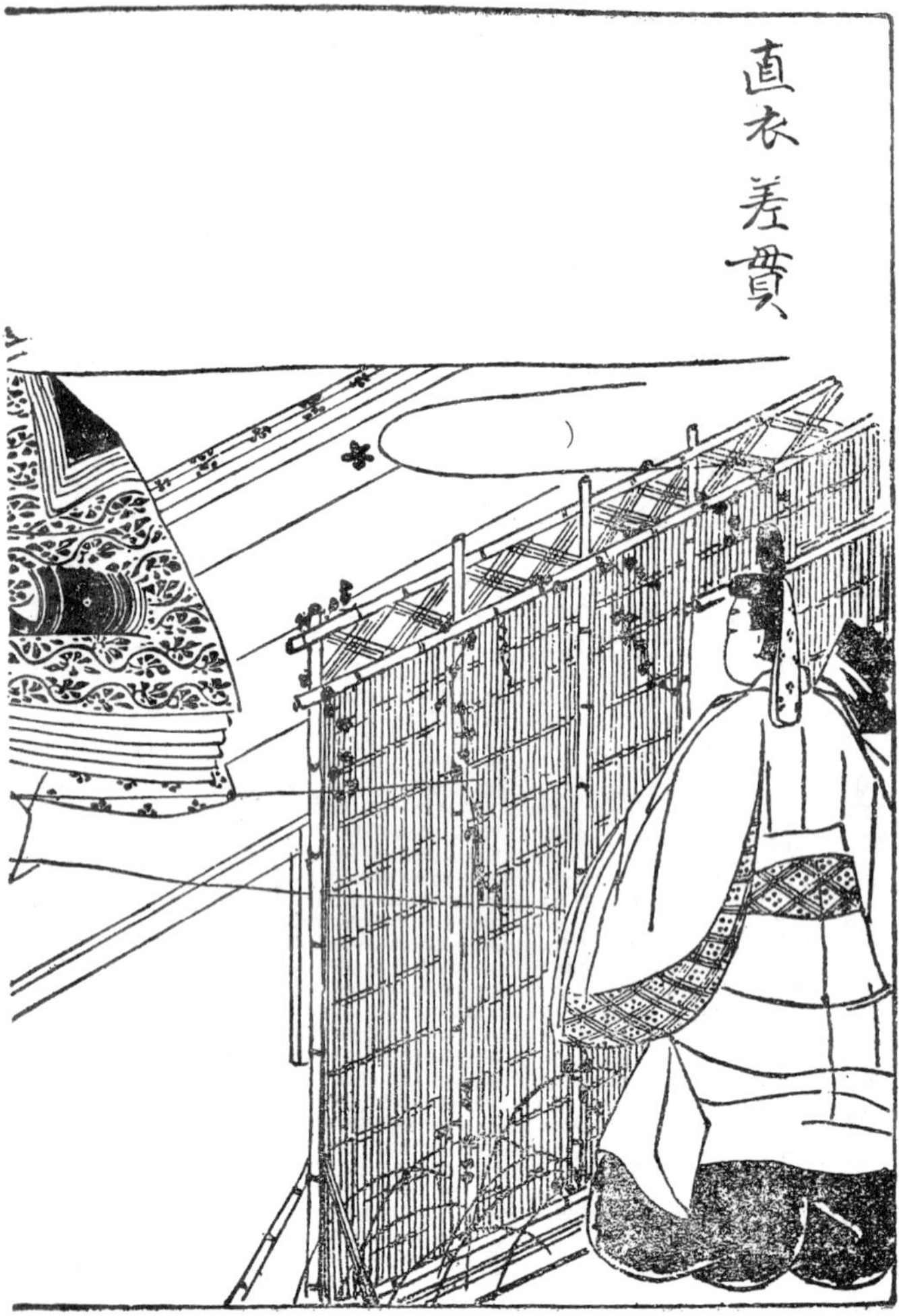
直衣 差貫

源氏物語画巻
原圖は堀河天皇の頃藤原隆能か画く所なり
袿姿なるべし

をも付けたるを専ら狩衣と稱し。布製なるを布衣《ホウイ》といへり。斯くて帶なども、始は白布なりしが、後には夏冬によりて其の色を異にし、晴の日には錦をさへ用ふる風に成りたり。

狩衣の下には、始め狩袴とて、布の細き筒の様なるを穿きたりしに、それは専ら下賤の所用となりて、公卿等の料は、皆織物の差貫《サシヌキ》の袴を例とせり。然れども、此の服装には烏帽子を被りて、如何なる時にも冠を著る事なかりしは、もと野外旅行等の服なりしによりてなり。猶一層の略服として水干と直垂《ヒタヽレ》とあり。

水干《スヰカン》は狩衣を一層簡便にせしものにて、登山野獵などの服なり。短く製せしは、袴の下に著こむるに便なる爲ならむ。水干といふ稱は、稿檢校の説に、散木奇歌集に、水干を題にて「カリキヌ」とよみ、頼朝卿集に、「ミヅホシノキヌ」ともよめり。しなやかならむ爲に、水張りにして干したるなり。糊強く張りたる狩衣を、如木といふに對して、水干とはいふ」と云へるは尤も然るべし。後世貴人の著するは、袖付けの所、大衽《オホクビ》の縫ひ目等に、菊綴《キクトヂ》とて色々の糸を、菊花の様に丸くして綴ち付けたれど、元は縫目の綻びぬため、特に太き糸して結び固めたるが、いつしか華飾になりしならむ。「キクトヂ」といふ稱も、伊勢貞丈は括《クヽ》り綴《トヂ》の約語ならむといへり。

偖この服いつ頃より著始めたるか知らねど、枕の草子に、御嶽(金峯山)詣でする者の「摺りもどろかしたる水干袴」にて山入したる事をかけり。一條天皇の頃は、珍らしからぬ衣と見ゆ。按ふに狩衣を綾・織物などにて作り、貴人の服用する事となりしより、更に下司の旅行服さては運動の便服としつるならむ。されば始めは袴も葛袴などの麁なるを用ひき。又童男などの著料にも多くなりたり。

直垂《ヒタタレ》は後世武家の正服のやうになりしかど、當時のはそれと別なり。後松日記松岡行義に、直垂の體製、下衣《シタギ》のさまなり。本朝の表衣は、皆上《アゲ》首《クビ》にて、袴の上に著るを例とす。下衣は垂《タリ》衽《クビ》にて、袴に著こむるものなり。狩衣よりは劣れる服なるべし」といへるぞ當れる。當時代のは、專ら下《ゲ》司《ス》庶民の常服にて、前期に襖子といへる物の一變して、表衣《ウハギ》となりしならむ。（襖子は延喜式にも見えて袷、（裏付）の下衣なりし事前に云へり）されば時に襖とも稱せし事あり。袋草子に、和泉式部稲荷詣の途中、時雨にあひしに、行きあひたる牛飼（著聞集には田苅りけるわらはとあり）の著たる襖を脱ぎて、式部に著せたる事、後に

時雨する稲荷の山のもみち葉はあをかりしより思ひそめてき

と歌よめる談を載せたる、卽ち是れなり。既に松岡氏も云へる如く、當時表著は皆上《アゲ》首《クビ》なる中に、襖子は元下衣なりし、古來の風を遺し、垂《タリ》衽《エリ》に

狩衣
衣冠
とのゐさうぞくと云
伴大納言繪巻より
下司の狩襖
應天门の炎焼を
仰きみるてい

作りて衣領のひたすらに長く垂れたるより「ヒタタレ」の名をも負しけるならむ。又後撰集雑一に「ひたたれ請ひに遣したるに、裏なんなき。それは著じとや。いかゞ。といひたりければ、」清原元輔

住吉のきしともいはじ沖つ波猶打ち掛けようらはなくとも

かくあれば、村上天皇の時は、既にありける物と見ゆ。裏付きたるが本にて、たま〳〵單なるは、下司男《スケチノコ》の料なりけむ事も知られたり。

因に云はむ。寢具にもひたゝれといふあり。是れに就いても松岡翁の說あり。云く、直垂(寢具の直垂のこと)のもとは、宿直に夜寒を凌かん料に、綿入れたる衣を著て、柱に寄りそひなどして、夜を明せしものなるべし。殿居《トンヰ》袋に入れてもて出て、とのゐ裝束の上に著て、帶などもせで、ひたぶるに打ち垂れ着たれば、ひたたれとは云ひしなるべし。そを打ちとけたる時は晝も著、夜は衾の下にもきたる也。さ

ればうるはしき夜具とはすべからずと云々。愚按、常服の直垂を大きく製し、綿をも入れて衾の代りに、打ちかけ著たるより、之をも直垂といひしなるべし。

四　女禮服の小變

唐衣と長袂禮服

男子の禮服は、上古のそれと大差なかりしかば略したれど、女子の禮服は、前代とやゝ其の趣きを異にすれば、大略述べ行くべし。

女帝の御禮服は、前代の書には記載の文なければ、推測の説は無きにあらねど、實は精確にし難し。當期に入りては、「西宮記」等の書に「皆白無繍」と記し、其の品々を「大袖・小袖・御裳」とあれば、大體男帝の御禮服に似て、唯袞龍等十二章を書かぬものなるべく察せらる。然れども當期間には女帝の御治世なければ、法文のみにて、實際に用ひられたる事なかりしなり。

皇后宮の御禮服は、西宮記に「卽位ノ日上レ髮著ニ御白綾服裳ニ」とあれど、是れはまた何時しか青色に替りたるが如し。同書「女帝御裝束皆白」とある次に、「后御裝束、青綵色ノ韓衣也」とあるが實際なるべし。他の記錄にも、御卽位式に臨み給ふ皇后の御服を、青色唐衣と記せり。なほ殿暦といふ記錄に、皇后の御禮裝皆具を擧げたり。左の如し。

額
釵子緒白糸
青色ノ唐衣
蒲萄染ノ表著
紅ノ打衣

色々ノ袿五領
紅ノ御單衣
紅ノ張袴
白羅ノ御裳

額《ヒタヒ》。衣服令に蔽髻とありしものにて、前にも略述せる如く、金屬製櫛形の表面に、玉など鏤めたるを頭上に結び、釵子《サイシ》は簪の類にて、額の前に挿して飾りとす。枕の草子積善寺經供養の條に、中宮の御さまを記して、「御ひたひあげさせ給へる、釵子に御わけめの御ぐしの見えさせ給ふなどさへぞ、聞えむ方なき」とあるにても知るべし。但し次ざまの女房は、釵子のみにて額を略する例なりしか。同書また紫式部日記などの文、さる趣きに解せらる。又信實筆と傳ふる日記の繪卷の中なる女房、皆釵子のみしたり。

唐衣《カラギヌ》。和名抄に、背子、賀良岐沼、形如半臂、無腰襴之袷衣也、婦人ノ表衣、以錦爲之領巾とあり。背子は半臂より出でたる由狩谷氏の箋注にあれど、延喜式朝服の條に、男子の方を半臂とし、女服には背子と書き替へたれば、別なる事著し。偖延喜式には、冬の女服のうち、袍を上著として、背

傳信實筆
紫式部日記繪卷より

唐衣裳袿単と重ねたる正装

子をその次に記し、又夏服の中に、背子を省かれたるを考ふれば、背子は冬春の料にして、且上著にあらざりし事明らかなり。然るに同じ時代に撰修せる和名抄に、「婦人ノ表衣」と明記したるこそ不審なれ。按ふに延喜式は延長五年に修了したりといへども、其の原は弘仁・貞觀の式に據りたる書なれば、背子の內衣なりしは、其のかみの事にて、いつしか其の風替り、延喜の末延長の始には、既に夏冬ともに婦人の表衣となし、且これを以て、儀服の具晴れの裝ひとせし事一般のならひなりしならむ。斯くて當期以後日常の語には、唐衣とのみ稱へたるは、元唐土傳來の謂はゆる「からころも」なる由を證して餘りあり。土佐人田沼善一の「筆の御靈」に、胴のみの衣にて袖裾なければ、胴衣《クラキヌ》の意なりといへるには從ひがたし。

袿《ウチキ》。和名抄に、宇《ウ》知《チ》岐《キ》、婦人之上衣也とあり。當時の草子物語類また同じ。晴れの時には、これに打衣《ウチギヌ》といふを重ぬ。

紅打衣。赤色の綾を、砧にかけて打ちて、光澤を出したる袷衣なり。

重袿。是れまた前期の袿衣にあたる服なるべし。

單《ヒトヘ》。字の如く、一重にして裏なき衣なり。按ずるに是は最初、この下に肌付のみを著たるにて、後世の襦袢にあたるべきものなりしを、いつしか此の下にも、袷の小袖やうの物きる事となりて、其の上に單を著るならはしと成りしならむ。當期は此の下に衵《アコメ》を著たり。衵は男女の通服にて、後世の小袖にあたり、細き帶して此の上に紅の袴はく。此處には上部に現はれて見ゆる服具のみを出せるなり。

紅ノ張《ハリ》袴《ハカマ》。糊こはく張りたるもの。裳《モ》は和名抄に「裙裳」ともかける如く、上古の裙のなごり也。白羅にて圖書あり。山槐記によれば、別に纈ノ裳を添ふとなり。それ又褶のなごりにて、結局は上裳・下裳を重ねて著たる遺風ならむか。

次に臣下の禮服も大かた上述の様式に異ならず。西宮記によれば、五位以上の命婦は徽(立物)を髪に飾る。こは位階によりて其の差あり。次ざまの女官は、唯簪ばかりを用ふ。服装は朝拜供奉の女房には、長袂禮服・綠ノ下濃《スソゴ》ノ褶・及垂緒云々と記し、執《ハ》翳《トリ》女官のそれを、褶唐衣・比禮・目染ノ裳・簪如ㇾ常と記せり。榮花物語根合の巻に、後冷泉天皇の御卽位の事をかける次に、命婦十人禮服とて赤色の唐衣の、袖ひろきをぞ著たる。今十人は褶唐衣きつゝ、髪あげて竝び云々とある様、西宮の説にたがはず。西宮の長袂といへるは、唐衣の袖廣きをいふと聞え、其の廣さは北山抄に女禮服長袖廣三尺五寸云々、其裙帶如二帳紐一云々とあるに能く合へり。西宮の垂緒は、北山に裙帶といへると同じ物にて、裳につきたる腰帶を、長く垂れて威儀を整ふるなり。斯かれば女子の禮服は、貴賤の別さまて差ありと見えず。

五　朝服に相當する晴の女裝

唐衣・裙帶・領巾・袿・裳

當期の書には、朝服といふ名稱見えず、後世の裝束書類に、晴《ハレ》・褻《ケ》の裝束といへることとあり。　晴とは世俗にいふ晴の場に出つる公服にて、恰も男子の束帶に匹敵すれば、女子の朝服に相當すべく、褻《ケ》は尋常のことなれば、日常の私服なるべし。　此の二樣の服裝は、拙著裝束圖解に一々解說し置きたれば、此處には唯撮要して概略を述ぶべし。

總じて晴の裝束といふは、殆んど上述禮服の品目に異ならず。　唯儀式の日出仕する女官は、裙《ク》帶《タイ》・領巾《ヒレ》を具し、髮《カミ》上《アゲ》といふ事して釵子をさすなり。

裙《ク》帶《タイ》は和名抄に、裙帶此間云如レ字とありて、「クタイ」と音讀する例なり。是は西宮記に垂緒《タリヲ》と書ける同じ物にて、裳に付きたる腰帶なるべし。始めは前に結びて垂れたれば、垂緒《スリヲ》とも稱しけむ。然るに裳を左右に片寄せて著る風となり（裳の條參照）前なりし紐も、亦左右へわかれ、後方に長く曳かるゝ樣に替りて、かゝる名稱も起りしならむ。後には又曳き帶とも稱したり。領巾《ヒレ》は前期にも見えしが當期までは遺りたり。近世よりは全く絕えぬ。

唐衣と裳とは、公服に闕くべからざる物にて、禁中は勿論、一般搢紳家に於ても、又儀式の日に限らず、平日も主君の前に參るには、いかなる侍女も、此の服裝せずては叶はざりしなり。又袿に紅の打衣重ぬること、是れまた晴れの日には必ず著用する定めにて、男子の服にすら直衣の下に重ねたるほどにて、當時より流行しそめしものと思はる。而して妙齢女子の晴著には、濃き色と稱して、紫の黑みたる色に染めたるを用ふる例、近世より始まりしが、元は蘇芳の濃きが、あらぬ色に移ろひしなりといふ。

重袿《カサネウチキ》は始め三領・五領乃至七八領より、次第に多くなり、甚しきは二十領まで重ねたること、榮花物語若ばえの巻に見え、さしも豪奢なりし御堂前關白を驚かし、一條天皇の皇后上東門院すら、重ね六領の定めなりしに、是れは法外なりとむづかりし由を記せり。後には大かた五領に定まりて、五ッ衣の稱もありき、但しこれは冬の料なり。夏は單重《ヒトヘガサネ》とて、單衣二領を重ねて、袖口褄先などを縫はず、たゞ重ねたるまゝに捻りたるもの也。（袖口褄等を縫ひ合す時は袷に同じければわざと捻りておくなり）近世以後は廢絶して、夏も五ッ衣を重ぬる例となりぬ。

紅ノ袴はもと衵《アコメ》（衣）着て、其の上に穿きたるもの。當時のは殊に長くして曳きあるくなり。 偖この上に單、重袿・打衣・表著重ね著て、後より裳を腰部にあてゝ纏ひ、上には唐衣をきる事、禮服の順序の如くなりき。

裳は和名抄に裙裳とかける如く、前時代の裙のなごりなり。 されば始めは後《ウシロ》より引き廻して、前まで蔽ひ其の下端に紅ノ袴のほの見えたる程なりしを、いつしか婀娜たる風俗に移り來て、次第に裳の兩端を左右に片寄せつゝ、しりへにのみ長く曳きて、前は專ら紅ノ袴のあらはるゝを好む樣になりしならむ。

前期の裳には、袷なるも綿入れなるもありしなるか、其のなごりにや、當代の初期には、襲《カサネ》の裳(宇津保物語俊蔭の卷に)ぞうがん(織物の名)襲ねたる裳(枕草子積善寺供養の條)なども見ゆ。 又西宮記にある纐纈ノ裳・日染ノ裳などは、奈良朝時代よりありし物。 紫式部日記・榮花物語には、織《オリ》物・繡《ヌヒ》物《モノ》の裳見えたり。 されど是等は上臈の料にして、一般の女官には、地摺ノ裳とて、白地の綾に淺葱また藍色もて、海浦、磯波の畵模樣すれるを通例とせり。それより下りて、中流の家の婢女は、地質模樣も品劣りたる薄き裳を引き掛けて之を「シビラ」とも稱へたる樣なり。

六　褻の服裝袿姿・小袿・細長・紅ノ袴

女子の平常服を褻《ケ》の裝束といへり。褻とは常の事なり。是れに袿《ウチキ》姿・小袿・細長等の品あり。袿姿は枕草子に、淸少納言の梅壺の緣先にて、齊信の中將と對談せし事をかきて、「おはしまさねは裳もきず。うちきすがたにて居たるこそ、物そこなひに、くちをしけれ。」とあるも、皇后宮のおはせねば、裳唐衣を略して着ず、私服にてありしこと。又源氏物語の末つむ花の巻に、常陸ノ宮の常ある樣體を記して、「ゆるし色のわりなう上白みたる一重ね、なごりなう黑きうちき重ねて云々、同若葉の巻に、柏木の女三ノ宮をかいまみたる所にも「こゝらの中にしるき袿姿、人にまぎるべくもあらざりつる御けはひ云々などある。 皆常あるまゝの略装をいへるなり。

此の袿といふは、晴の服の袿よりはやゝ其の品劣りたる物なるべく、高貴の女主人は、この袿の上、更に小袿やまた細長などいふ上衣を著たるなり。 紫式部日記皇子御誕生の御祝に、御母后上東門院の御装を「えび染の五重の御衣、蘇芳の御小袿奉れり。」 枕草子積善寺供養の條に、女房ある限り裳唐衣着たまへり。 殿の上(中關白の北の方)は裳の上に小袿を着給へり」と見ゆ。 壺井義知の「唐衣裳を著たるは男子の束帶の如し。唐衣裳を略して、小袿著たるは衣冠の如し」といはれたるも、かゝる場合の事なるべし。

小袿の製は、花鳥餘情に「衣《キヌ》の上に表著《ウハギ》、その上に小袿を著る。 寸法は次第に上に着るはおめらかすなり」とあり。おめるとは、後れ下るやうにするを云ひて、上衣は下の重ねより、長幅《タケハヾ》とも短小にするなり。晴の袿より小さく縫ふゆゑ、小袿の名はあるならむ。後世のは、中部《ナカベ》とて、表裏の間に又一重を交せて縫ふなり。

細長は、細長の袿といふべきを略せる語と覺ゆ。服飾漫語に「女の裝束の細長は、小袿の上に著るものにて、小袿の如くにて、おほくび(衽)のなきもの也」といへり。袿のおほくびなき、幅狹く細き衣なれば、さは名づけしなり。是れも亦女子家居の略服なる事、源氏物語等に證多くあれど、煩しければ略せり。按ふに小袿を表着の上に重ぬる時は、唐衣に次ぐ服裝となるべく、細長を小袿に重ぬる場合は、其の下に表著・五衣等をば重ねざりけむ。細長は貴女家居の私服と覺ゆる由あり。されば細長・小袿の下には、單のみを重ね、內衣《ナイエ》に紅ノ袴はくなり。

紅袴は、もと必ずしも紅・蘇芳の色に限らざりしかど、いかなる略裝私服にも、又下《ゲ》司《ス》の婦女も、必ず袴はきたるなり。 枕草子「似げなきもの」の條にも、「げすの紅の袴きたる。 此の頃はそれのみこそあめれ」とあれば、當時の流行なりきと見ゆ。 されば年たけたる婦人は白袴。 くすみたる裝ひには檜《ヒ》皮《ハダ》色の袴などいふが、源氏物語・大鏡等に見え、又喪服としては、黑き上衣に、柑子色・萱草色の袴きる例もありき。

賤しき婦女も當時までは皆袴を略する事なかりし證は、榮花物語御裳着の巻に、田殖する賤の女の裳ごろもとて、短き袴きて田におり立てる、又枕草子に、乞食の尼法師のずゝけたる筒の樣なる袴きてゐたる事も、見ゆるにて知るべし。

七　童装束の細長・汗衫

童男は晴の儀に、闕腋また細長の袍なり。此の外直衣・狩衣・水干を常服とす。中にも細長の袍は、略して唯細長ともいへるからに、女服なる細長の袿と、混同せる説往々あり。童男には、細長の袍と書ける證、兵範記保元三年正月廿九日の條に、見ゆ。女官飾抄に「童殿上も細長を著るなり、皇太子童幼の時著之、白織物。」と記せり。（委しくは拙著装束圖解に就いて見られよ）而して細長の時は、差貫の袴。狩衣・水干には、大口を着せしこともありき。

童女の晴の服は唯汗衫《カザミ》といふ一種のみの様なり。其の製寸法、雅亮の抄にあれど、言繁ければ今略せり。但し晴の儀にはこれに革の帶して、下に表袴、その下に又かさねの袴をはきたる山なり。表の袴はたけ四尺三寸、ひろさ一尺三寸にて、重ねの袴の方は、長さ九尺五寸」と見えたり。又同抄に、童女の殿居裝束といふ事ありとて、「打衣一つ重ねたる五つ衵に、張り袴常の如し。其の上に汗衫を著る。帶をせず。上ノ袴を著ぬ故、殿居裝束といふ也」と記せり。なほ打ちとけては、衵に袴はきたるのみと見えて、源氏物語かげろふの巻に、「氷《ヒ》を物の蓋におきてわるとて、もて騒ぐ人々、おとな三人童女《ワラハ》とゐたり。唐衣も汗衫も着ず、皆打ちとけたれば云々」とあるにて知るべく、夕顔の巻に、黄なる生絹《スヾシ》の單に、袴着たる童女の、源氏の君の隨身を呼びに、立ち出でたるなども、常あるまゝの打ちとけ姿なるべし。

八　御齋服・小忌衣・淨衣・掛帶

本邦古來篤く神祭を修し、天皇御親から天祖を齋ひ給ふ御國體なれば、祭服の如き、古風を受くる一定の規あり。然れども時勢の進運に從つて、聊かつゝの沿革なきにあらず。因りて當期に於ける、其の概樣を敍述せん。

至尊の御祭服は、嵯峨天皇弘仁十一年の詔に基きて、爾來帛ノ御衣を用ひ給へる事、申すも更なり。但し帛衣とは、唯大よそに白き御衣といふ程の儀にて、是れに帛ノ御袍と、御齋服との別あり。帛御袍とは、白き練絹にて製し、御齋服の方は、練らざる生絹を用ひ給へり。而してその皆具は、山田以文の錦所談に人車記を引いて、闕腋ノ御袍・半臂・下襲・以二生絹一調レ之、表御袴・衵・單・大口等召二本御裝束一云々と錄せるにて、先づ其の御服具は、尋常御束帶と異ならざるを知るべし。山田氏附記して云く、「生絹は生絲を以て織りたるまゝ、練絹はその生絹を、湯にとほして用ふるにより、生絹の清潔なるに及ばず。故に大嘗祭の時、最初御湯殿までは帛ノ御裝束にて、其の後神饌御親供の時は、嚴重に御齋服に改めらる」といへり。按ふに、生絹は純素なるを尙ぶにやあらむ。

御冠は無紋の御冠に、御幘とて、白絹を以て、纓を巾子に結《ユ》ひ固め給ふ。常の御冠は、臣下のと異なり、立纓とて、後に垂れず、直立してあるを、御神祭には、巾子の後より前へ引き越し、折返して、巾子に結び奉るなり。

次に、臣下にして御祭事に奉仕する者にも、亦一種の祭服ある事、前期にもいへり。則ち延喜式に、青摺袍、青摺衫などいへる物是れなり。然るを常期以後は、專ら小忌衫と呼びならへり。小《チ》忌《ミ》とは嚴齋する者の服なるより云ふ也。御代始抄に、「小忌といふは神事の衣服なり。白き布を張りて、山藍といふ草にて、型《カタ》木《キ》を摺れるもの也。大かた狩衣の如し。赤紐とて、紗をたゝみて、あはみむすびをして、泥繪などかきて、右の肩に二筋とぢつくる事なり。又日蔭鬘といふは、白き糸を上《アゲ》卷《マキ》にし、左右八筋或は十二筋など、冠の左右の角にまとひて垂るゝ事あり。是は蘿といふ草をば、ひかげ草といふ。神代に此の草を鬘にしたる事、日本紀に見えたり。「さがりごけ」といふもの也。これに又心葉《コヽロバ》といひて、梅の枝(造花なり)の四寸ばかりなるを、糸にて結びて、日蔭鬘につくることあり。半臂、下襲など常の如し云々。小忌は山藍にて摺れるものなれど、舞人の著するは、青摺と名づけ、祭官の著るをば、小忌と稱する由をも附記せり。小忌に私ノ小忌といふは闕腋の袍なり。此の外諸司ノ小忌出納ノ小忌といふは、略式のものなり。委しきことは略す。

按ふに、前期には帔また褶などいふ物のありしが、當期以後は全く絶えしか、聞く所あらず。さては右袖の肩につけたる赤紐二筋、これは古來の手襷、領巾の遺製にてもあるならむ。以上は禁中に於ける大祀の祭服なるが、當期以來させる變革なく、現今の御世も、大嘗祭・新嘗祭等、宮中の御祭祀には、此の制規のまゝに行はれをる由、かしこくも承り及ぶ所なり。

一般には又淨衣《ジヤウエ》とて、白き布の狩衣と同じ服を以て、神拜佛參の料としたり。更科日記永承元年十月廿五日の所に、作者初瀨詣すとて、曉方京を出づるに、供の人々淨衣《ジヤウエ》姿なる由を記し、台記久安四年五月、忠實禪閤の天王寺詣にも、二男頼長左大臣を始め扈從の人皆布の淨衣きたる事を記せり。後期の事ながら、小松内府重盛の、熊野參籠の間、薄靑の帷の淨衣の下に透き通つて、喪服のやうに見えしを、人々奇異に思へる事、源平盛衰記に見え、鎌倉將軍の鶴岡八幡社參に、いつも淨衣なりし事、吾妻鏡にあり。なほ下りて足利時代までも、廢《スタ》らで行はれたりしなり。

女子は又、神詣佛參には、裝束の上に、掛け帶といふ物したり。枕草子に、淸少納言初瀨の(觀音の)御堂に籠りて、「帶うちかけて拜み奉る」とかける見るべし。新選六帖に、「をりしもあれえやは心をかけ帶の、おもひはむねのへだてなるらむ」とあるも是れなり。胸のあたりより、背後へ廻はして掛くるより、さはいふならむ。其の狀《サマ》は、年中行事畫卷や、春日驗記などに出てたるを、「筆のみたま」に載せて、「善一(この書の著者)考ふるに、此の物何のために掛くるにや。思ふに古に比禮といふ物ありて、既《ハヤ》く廢れたるに、此の掛帶はその形《カタ》をとどめて、飾りとせしものなるにや」といへり。比禮は前に述べたる如く、元來神祭の服裝なるから、そを略せしもの卽ち掛帶に一變したるなるべし。比禮の遺風とはいふべく、飾りにてはあるべからず。(下に揭くる圖を見よ)

九　喪服の錫紵・素服・鈍色・藤衣

喪服の制は、上古既に定められたる事にて、喪葬令義解に見えたれど、唯天皇の御喪服、錫紵《シヤクチヨ》の沙汰のみなり。是れは天皇、二等親以上(父母夫子祖父母伯叔父兄弟姉妹等)の喪時に、著御し給ふにて、三等(曾祖父母伯叔婦従父兄弟姉妹等)以下諸臣の喪には、帛衣を除く外、雜色を通用し給ふ由を記すに止まれり。

錫紵とは黒麻布の御袍・半臂・下襲・表袴等を申す事にて、表袴の裏、及び大口は柑子色なり。西宮記によれば、玉帶には烏犀角の帶を用ひられ縄纓の御冠とて、縄と麻とをよりたるを纓とし、禁中名目抄に從へば、赤漆沓・無紋黒骨の扇を用ひ給ふ由なり。なほ同抄の喪服篇には、錫紵の次に左の如く列記せり。

黒服《コクブク》(本註)或黒裝束、直衣・狩衣皆有㆑之

素服《ソフク》　サイミ、繐著之物也

鈍色《ニブイロ》　花田染也、亮闇時直衣此色也。　指貫勿論、表袴表袍裏等同㆑之云

々、
柑子《カウジ》色《イロ》　女房袴、及表袴裏此色歟。單亦同之云々、
橡《ツルバミ》　亮闇時、殿上人四位已下著之、袍染色也云々、

右の制度は、中古以來近古に至るまで、京家公卿に於ては變る所なし。但し應仁亂後中絶したるを、近古に至りて復興し、元の様になりぬ。黑服といふは、謂はゆる墨染の衣にて、父母・本主・夫の重き喪に服するもの、此の時冠の纓を卷く作法なり。素服は石原正明等の說に、鈍色に染めたる布の衣なる由いへるは誤なり。山田以文の說に、後櫻町天皇御葬送の時より、素服御再興あり。御葬儀に從ふもの上下とも著す。麁惡なる白布にて製す。今の肩衣の如く、肩にかくるなり。堂上方は墨染の狩衣の上に著し給ふ。御葬儀はてゝ、皆其の場にて脫ぎ棄つるなり。近世までは墨染の狩衣のみ著したるに、墨染は心喪の服なりとて、近來

素服御再與あり」といへるいと精し。現今も此の制なり。名目抄の註に、サイミとあるは、極めて麁き麻布をいひ、纔著とは短くきる衣のことをいふなり。

次に鈍色《ニブイロ》とあるは、何に限らず鼠色に染めたる凶服なり。俗にイロと稱す。常服に變りたる色なるによりてかく名づく。近親の重服には濃き色、疎遠の人の輕服には、薄く染めて淺葱《アサギ》色に近しといふ。柑子《カウジ》色は黄に赤みあり。萱艸色よりは黑みありとぞ。橡も鈍色と聊か異なる薄墨色にて、彼れ是れ染料の異なるより、名をも色をも異にするなれど、今その委しき先輩の考説は略す。

中古の書に、凶服を藤衣と稱せるは、最初藤の蔓の筋をとりて、織りたる麁惡の衣にして、貴人も喪服には、之を鈍色に染めて用ひられたるより此の名あり。

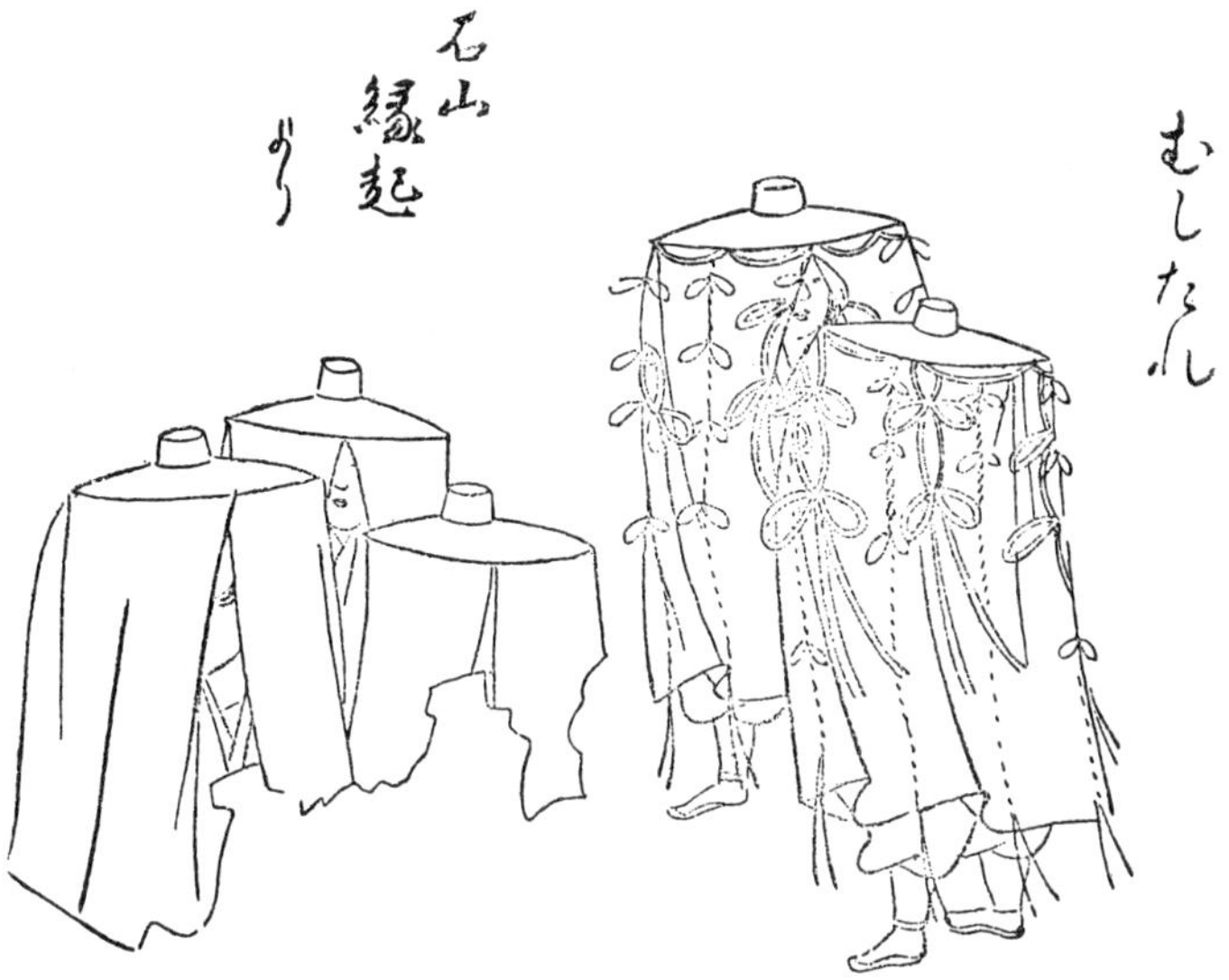
むしたれ
石山縁起より

市女笠 掛帯
一遍上人絵より
衣かつぎ

十　男女の旅装藺笠・行縢・つぼをり・むしたれ

男女とも旅装には、固より制規あるべくもあらねど、上に狩衣・水干等を、遠行・狩獵の服ともする由述べたる因みに、其の概要を掲げ置くべし。藺《ヰ》笠《カサ》とて、藺もて編める笠あり、文《アヤ》をなして編めるをば綾藺《アヤヰ》笠《カサ》といへり。之を烏帽子の上に被《カム》れり。其のかみの烏帽子は、後世の如く强《コハ》からねば、押し付けて其の上に被り、笠を脱ぎては、烏帽子の揉《モメ》たるを引き立てゝ、常の如くせり。行縢《ムカバキ》は鹿の毛皮などにて製す。狩衣・直垂などの袴の上に、蔽ひ掛けて、野山の茨莽などに、衣裳を損ひ破らるゝを防ぎたり。むか股にはく物ゆゑに、ムカバキと名づく。但し左右別々にはきたる也。古今著聞集に、定茂といふ學生の、有馬の温泉に行くとて、行縢借らむと人に請ひければ、一掛貸したるを見て、二掛まで貸したるは過分なりとて、片皮を返してけり。其の曉になりて、殘せる片皮に兩足を入れて、馬に乘らむとしけれど、何かは乘られむ」といへる一笑話あるにて知るべし。

上流の女子は、外出の時車に乘れば、室内にあると同じ服裝なれど、采女女孺などいふ中等以下の女官は、馬に乘るに差貫《サシヌキ》の袴はきたる事、西宮記・源氏物語・枕の草子等に見ゆ。此の外徒步《カチアルキ》するにも、よき人は差貫はきて、むしたれ笠といふ物を被りたり。

むしたれ笠は、又「むしたれ衣《キヌ》」とも「むし笠」また「むし」とのみも略しいへり。むしとは織物の名なり。伊呂波字類抄に「帔ムシ付女笠也」と見え、大鏡兼通の傳中、姫君の稻荷まうでしたる所に「むしおしやりて云々」とあるにても知るべく、枲《ケムシ》・苧《カラムシ》の類、織りめをあらく織りたる薄物の名なる由、黑川春村の考證あり。新選六帖衣笠内府の歌に、むしたるゝあづまをとめの透きかげに殘り多くて行きわかれぬる」

又夫木抄季能卿、

草深みむしの垂れぎぬ結びあげてとほりわづらふ夏の旅人」などあるにて、旅の具なる事知るべし。元來女子の物なれど、兒・法師・山伏など、男子も亦著たり。但し男子のは、女子のと聊か製を異にし、一幅を横に付けて、垂れたるたけ短し。女子の凮は圖を出しおきたり。上卷《アゲマキ》の總《フサ》など付けたるは、上流の料なるべし。下ざまの婦人の徒《カチ》歩《アル》きするには、常の上衣の左右の褄を折りはさみ、市女笠といふを被りて面をかくせり。之を「ツボヲリ」といふ。笠を略して頭上より、薄衣《ウスギヌ》を被れるもありて、之をば「キヌカヅキ」と稱しき。足には草履《ザウリ》・あした(足下)はきたり。雨ふる日は大がさ(簦、からかさ)をさし、又雨衣《アマギヌ》をも著たり。和名抄に「雨衣一云油單」とあれば、後世の油單に同じきものなるべし。

十一　鳥羽天皇の御世より强裝束

當期の末、鳥羽天皇の御世より、冠帽衣裳の樣姿に少變ありて、世に之を强裝束《コハシヤウゾク》と稱しき。是は制度の沿革にはあらで、風俗の遷替なれども、後世の男女の服裝、總體に涉る事なれば聊か附言すべし。

今鏡第六十九段、花のあるじ(花園左大臣有仁公傳)に、此の大臣は殊の外衣文《エモン》を好み給ひて、うへのきぬ(袍)の長さ短さの程など、こまかにしたゝめ給ひて、其の道にすぐれ給へり。大かた昔はかやうの事も知らで、差貫《サシヌキ》も中ふみて、烏帽子もこはく塗ることなかりけるなるべし。此の頃こそ、さびえぼうし・きらめきえぼうしなど、折々かはりて侍るめれ。鳥羽院この花園の大臣、御みめもとり〴〵に、姿もえもいはずおはします上に、細かに沙汰せさせて、世のさがになりて、肩あて・腰あ

て・烏帽子とゞめ・冠とゞめなどせぬ人なし。　冠・烏帽子のしりは、雲をうがちければ、さらずば落ちぬべきなるべし。　云々

とあるにて冠も烏帽子も高くなりし事察すべし。

偖この帝・有仁大臣の御所業を、唯修飾のため、一時物《モノ》好《スキ》の御發意とのみ解すれど、按《オモ》ふにそれのみにはあらじ。　其のかみ既《ハヤ》く服制の故實の、廢れ行かむとするに、御心を留め給ひ、廢頽の風を更張し給はむの御旨意より出でたりしを、唯末のみ見て、斯くは傳へたるなるべし。　然思はるゝ由は、よろづ服飾の華麗なりし事、冠の巾子烏帽子の頂の高かりし事、中にも特に差貫の中ふみて穿《ハ》く風の如き、一條天皇の頃既に然り。決して此の御世を始とすべからず。　又今鏡白川わたりの段(二條關白教通公傳)に、

いつの事に侍りける事にか。　大御遊びに、冬の束帶に半臂を著給へ

りけるを、肩ぬがせ給ふ時、宇治殿頼通より始めて、下襲のみ白く見えけるに、此の大臣ひとりは、半臂を著給へりければ、御日記に侍るなるは、予獨半臂の衣を著たり。衆人恥ぢたる色ありとぞ侍りける。（古事談にも同一記事あり）

同書七十二段（はら〳〵の御子）に、皇子御元服の時めす袍の色、淺黃とあるは、靑か黃か。おぼつかなくて、花園の大臣に尋ねつるに、覺えずと答へられたる由をも記せるなど思ひ合するに、服裝の制しどけなくなりしを、矯めむの方便に企てられし事の、遂に過ぎたるにより、後世は唯、修飾のためとのみ傳はりしにぞあるべき。（雅亮の抄にも當時の人服制の故實に疎かりし樣見え、飾抄にも後白河天皇いまだ親王にて御加冠の際、御袍の色を黃なり、否綠なりと、諸卿論議したる事見えたるをも思ふべし。

因に云、海人藻屑に「上代は皆萎《ナエ》裝束とて「ふくさ」にて强くは不レ調也。

然るに鳥羽院以前の人の影をかくとて、鳥羽院以後始めたる强裝束の衣文をかきたるは、繪師の不覺也」と云々。此の說眞にいはれたり。本書に、當時期の服裝を見すべく、古畫をうつし出せる中に、筆者、次の時代の人多くして、猶强裝束の樣姿なり。然れども萎裝束の上代風を寫せる、恰好の繪畫の證とすべきが乏しきにより、姑く參考の一端にとて、物しつるなり。觀む人諒恕をたまへ。又むしたれ・つぼをり等の女すがたは、鎌倉以後の繪圖なれど、當期の末と、をさ〳〵變る所あらじ。ことの序に附記しおく。

近古（後鳥羽天皇―正親町天皇）

一　直衣狩衣は公會の服となり女裝に十二單の稱起る

後鳥羽天皇の文治二年、鎌倉幕府の創立せしにも、京都公卿また女房の服裝は、大體前期の剛裝束にて、異なりたる何物の新制をも見出さざれど、保元平治の頃、源平合戰の餘、武用漸〻盛になりければ、朝臣公卿も、其の影響を受け、自然と輕便なる服裝を尙ぶやうになり、小直衣や狩衣を着して、朝儀公會にも參列する事となれり。小直衣は狩衣の裾に襴を付けたるものなれば、一名を狩衣直衣といへり。直衣の略なり。狩衣は狩獵遠行等の服なりし事、既にいへる如くなれば、公卿は內々微行などに着せしを、此の時代に入りてより、朝廷の公會、祝儀の席にも、憚からず着用する事は始まれり。而して公卿一般に、衣裳の華麗を喜ぶ事は前時期の墮勢にて、容易に改まらざるのみならず、寧ろ甚しかりしが如し。但し例の朝服には限りありて、別に手を盡すべくもなく、直衣の色目も、前期以來珍らしげなければにや。若き殿上人公達は、彼の狩衣にさま〴〵意匠を凝らしたり。其の一例をいはゞ『增鏡』あすか川の段に、

文永六年正月、後嵯峨院賓算五十の祝賀の有樣を記して、

御前の簀子には、關白殿(基平)を始め、右大臣(基忠)内大臣(家經)……此の外の上達部…… みな直衣に色々の衣重ね給へり。時なりて舞人ども參る。實冬の中將、唐織物の櫻の狩衣、紫の濃き薄きにて櫻を織れり。赤地の錦の上着、紅の匂ひの三つ衣、おなじ單、しゞらの薄色の差貫、人よりは少しねびたりしも、あな淸げと見えたり。大炊御門中將、冬賓といひしにや。裝束さきのにかはらず。狩衣は唐織物なりき。

花山院中將家長、魚綾の山吹の狩衣、柳櫻を縫物にしたる。紅の打衣を、輝くばかりだみ返して、萠黃の匂ひの三つ衣、紅の三重のひとへ、浮線綾の紫の差貫に、櫻を縫物にしたる、珍らしく美しく見ゆ。花山院少將たゞすゑ、櫻の結び狩衣、白き絲にて水をひまなく結びたる上に、櫻柳をそれも結び付けたる、なまめかしく艶なり。赤地の錦の上着、かねの紋をおく。紅の二つ衣同じひとへ、紫の差貫、これも柳櫻をぬひ物に、色々の絲にてしたり。中宮權亮少將公重、唐織物の櫻、萠黃の狩衣、紅の打衣、紫のにほひの三つ衣、紅のひとへ、差貫例の紫に櫻を白く縫ひたり。堀河少將基俊、から織物、裏山吹三重の狩衣、柳たすきを青く織れる中に、櫻を色々に織れり。萠黃の打衣、櫻をだみづけにして、輪ちがひを細く金の紋にして、玉をつく。匂ひつゝじの三つ衣、紅の三重のひとへ、これも箔ちらす。二條中將經良、これも唐おり物の、櫻萠黃紅の衣、同じ單なり。皇后權亮中將實守、是れも同じ色の樺櫻の三つぎぬ、紅梅の三重の單、馬頭隆良、緣苔の赤色の狩衣、玉のくゝりを入れ、靑き魚綾のうはぎ、紅梅の三つ衣、同じ二重のひとへ、薄色の差貫、少將實繼、松重ねの狩衣、紅のうちきぬ、紫の二衣、是れもいろ〳〵の縫ひものおきものなど、いとこまかになまめかしくしなしたり。是れらの狩衣にて參會せし人々、皆武官を兼ねたるを按ふに、服制の弛びし當時は、束帶の縫腋着すべき文官は、直衣の略服にて事すみ、闕腋の袍着すべき武官は、狩衣になれるなるべし。然れども、其の浮華虛飾を尙ぶ事は、前期にも劣るまじく狩衣にさま〲紋色の意匠を凝らし、四季をり〳〵に應じて種々の名稱なども出來たる、雁衣抄に列記したる類、皆當時よりの事と見えたり。

女房裝束のかたはいかにと尋ぬるに、是れはた大かたは前期に變る所なけれど、五つ衣の數まして、八領十領と重ね着るを、常としたるが如し。「增鏡老の波」の段、後深草ノ院の母后九十算の御賀に、參りあへる女性がたの裝ひを記して、

東二條院、から織物の櫻の八つ、紅梅のひねり合せの御單、樺櫻の御小袿奉れり。姬宮紅のにほひの十、紅梅の御小袿、萠黃の御單、赤色の唐衣、すゞしの御袴奉れる、常よりも美しう見えさせ給ふ。

遂にはこの八領十領を、十二領に數增して、之に單を重ぬる式を、晴なる裝としたるにや。後世まで貴女の盛裝を、十二單と稱する詞を遺したり。源平盛衰記卷四十三、建禮門院御入水の事を記すとて、「彌生の末の事なれば、藤重の十二單の衣をめされたり」とあるは、盛衰記をかける鎌倉時代の末期の服裝を以て、書かれたる事と覺ゆれど、「增鏡つげの小櫛」の段、正應三年正月のある夕つかた、伏見天皇、后の宮の御方へ渡らせ給

へれば、

宮は濃き紅梅の十二の御衣に、同じ色の御單、紅の打ちたる、萌黄の御上衣、蒲萄染の御小袿、花山吹の御唐衣、からの薄物の御裳、……御前に御櫛笥殿、花山院左大臣の女、二藍の七つに、紅のひとへ、紅梅の上着赤色のから衣、地摺の裳、髮うるはしくあげて候ひたまふ。

などあるにて當時の樣見るべし。

當時の朝廷は、政權をも富力をも失ひて、國帑の疲幣甚だしかりしにも拘らず、男女の衣裳の、かくの如くなりしは、畢竟前時期の餘風の、革まり難かりしにて、適〻以て皇室の式微を、挽回する事能はざりし時勢を、證するに足る。

二　簡素なる鎌倉武士の服裝

折烏帽子の新樣

さて又鎌倉幕府は、曾て朝臣の浮華、平家の驕奢を殷鑑として、諸事に質素を旨としたり。但し是れ一つには將軍を始め、之れに從ふ武人等、皆田舍鄉士より身を起こして、未だ京家奢侈の風になれざると、一つには無位無官の者は、元來直衣以上の服裝をせん事、制度の許さゞりし所なれば、士民一般に着慣れたる直垂を、常服とも禮服ともして、敢て公卿の風を羨まず、武家は武家限りの簡素なる服制を立て居たり。されば賴朝將軍、總追捕使として、武人の上位に居りしかども、唯任官の拜賀等、朝儀に會する時にこそ、位階相當の束帶はしたれ。幕府には、なほ狩衣直垂を禮服ともし、常にも着たり。三代實朝公に至りては、やゝ京家公卿の風をまねびしが、中途にして甃れし後、北條氏執權の時代は、大かた素朴なる服裝の、謂はゆる鎌倉風を維持して、浮華に耽る事なかりき。

斯く狩衣直垂を武士の常服とせしにつれて、烏帽子に新樣を生じたり。　元來公卿の日常平服に被りたるは、たゞ一種に止まりて、後に謂はゆる立烏帽子のみなりしを、鳥羽ノ院、花園有仁と謀りて、剛《こハ》裝束をはやらせ給ひしより、烏帽子も亦剛《こハ》く塗り固め、且其の頂端は、雲を穿つなどいはれし程に高くなりしこと、前段既に述べたるがごとし。　然るに此の高帽、人によりては不相應なりけむ。　或はまた其の端を折りたゝみて着る事おこり、之を平禮《ヒレ》烏帽子と稱したり。　伊勢貞丈に從へば、平禮と書きて「ヒレ」と讀む。　烏帽子の端を折ればひらめく故に、比禮と云ふ。一に風折《カザヲリ》烏帽子と號するも、異稱同品なりとぞ。　按ふに烏帽子剛くなりて後、もとの柔らかき烏帽子を、折りて被りしに非ざるか。　さて狩衣直垂には冠を著る事叶はぬ制なれば、武士は皆烏帽子にてあるに、活動劇しき武士以下には、長烏帽子高烏帽子は勿論不便なりければ、皆此の折烏帽子を用ひたるより、自然折りたゝむ様式に、花園折・京極折・佐々木折・新田折等の小差を生じ、「掛け緒」といふを用ひて、頤の下にて結びたり。一般商人・職人などの被るもの、亦皆一種の折烏帽子なりしが如し。但し其の中に、前期の立烏帽子著たるもあり。建保職人歌合の畫に、鍛冶・深草(土器)賣など、公卿風の烏帽子きたり。順徳天皇の頃なり。

武士の妻女の風は、徴すべき記事も圖畫も管見に入らねど、是れはた質素の服装なりけむ。當時は既に京家といへども、微祿淺官の妻女等家に在る時は、大かた袴はく事なかりき。高名なる信實朝臣の、我が身の上を自筆に畫けりといふ、繪師雙紙など見るにも、信實は萎えたるながら、直垂に、立烏帽子してあるに、其の妻女は唯白衣のまゝにて、袴を着ざる姿をゐがけり。まして鎌倉武士の妻女の風推量るべし。

三　室町時代も束帯は變らず　女裝は湯卷·腰卷して袴を略す

京都室町に柳營を建てたる足利義滿將軍執政の頃は天下小康を得、殊に義滿は頗る華奢を好まれけるが、北山の別第は結構廣大奐美を極め、此處に後小松天皇の行幸を仰ぎ奉りき。年久しき干戈やうやく收まりし喜びといひ、供奉公卿の行粧、さすがに昔のおもかげを偲ばせたるが如し。「北山殿行幸記」に

供奉の人々には、德大寺左大將（山吹の下重、浮文、山吹の枝）西園寺大納言（山吹の下重、堅文、椿）洞院大納言（薄櫻、萠黃の下重、文櫻扇）花山院大納言（三色の下重、薄色堅文の織物、中倍紅、裏もえぎ打、菱の文）師中納言（藤

の下襲、堅文藤立涌、表蘇芳、裏青、)云々

とあれば、當日は公卿以上束帯の裝ひなりきと見ゆ。 猶各自に下襲の紋色等を別にするは、謂はゆる一《イチ》日《ニチ》晴《バレ》の下襲と稱して、當日限り下襲に美麗を盡す風の、中古以後流行せし先蹤を、蹈襲せしなるべし。

次に女房がたの服裝を顧みれば、是れはやう／＼省略に從ひて、遂に唐衣裳を略し、新に湯卷といふ物の行はれ初めしも、此の時代よりなりき。 後小松天皇北山殿に行幸の序に、同所より程近き御母后の御所を訪はせ給ふ事を記して、

御道の程も近ければ、腰輿までもなく、筵道をしきて、四足門の石橋を下りさせおはしまして、南の御所に成る。……女房たちも、唯袴ばかりにて、御うしろに歩みつゞかれたるも、中々おもしろかりけるとぞ。

とあるを見れば、至尊の御供仕う奉るに裳唐衣をも著ず、袴ばかりの略

體なりしは、前代未だ聞かざりし所なり。

又湯巻は延喜式を始め(今木とかけり同じ物也)榮花物語等にも見えて、前時代よりあれど、昔は專ら浴室に於て、貴人を介錯する者、湯水に衣服を濡らさざらむ爲の品にて、藤井高尙の「松の落葉」には、前垂の如く腰に卷く由いへり。然るに伊勢氏の「安齋隨筆」には、侍中群要の註に、「奉仕御湯殿之人所着衣也、生白絹也、とあるを引いて、女房常の衣服の上に、おほひ著る衣の事なり」と記せり。いづれならむ確定し難けれど、平家物語、重衡の湯浴を、千手の前の介錯する所に、「目結《メユヒ》の帷子《カタビラ》に染付《ソメツケ》の湯卷して」とあり、源平盛衰記の同じ條には「地白の帷子に染付の裳著たりけるが」と記《カ》けるを按ふに、猶、腰に卷く裳の如きものならむ。侍中群要註の「衣」とあるは、唯大やうに帛裂《キヌキレ》の意にて、衣の字を用ひたるなるべし。さて其の著用法は、紅袴を脱ぎて(浴室の事なれば長き袴のまゝにては

石山縁起より
湯巻か

入り難からむ)小袖の上、腰より以下に卷きたるより、此の名も出來たるなるべし。

斯くて浴室ならで、常の座席にも著用して出でたる證は、禁秘御抄に、

几禁中著《クルハ》湯卷《デ》上﨟一人典侍一人也、是候御湯殿故也、近代上﨟中准《ジテ》此役多著《ク》不可爲例也、

と見ゆ。御抄は順德天皇の宸記なれば、其の時代推量るべし。又源平盛衰記の餘一扇を射る條に、

弓手の方を見わたせば、主上を始め奉り、………女房たちの御船ども、其の數こぎ竝べ、屋形々々の前後には、御簾も几帳もさゞめきて、袴・湯卷の座までも、楊梅桃李と飾られたり。

と書ける文勢を察するに、袴といふは上﨟のこと、湯卷といふは、其の以下の女官の裝をいへるにて、上より下つ方の女官まで、花の如くに裝ひ

飾られたりとの義と聞ゆ。但し盛衰記の文は、本書の著作時代なる鎌倉末期の風俗を、源平時代に推し上げて記せるなれば、院政時代の事にはあらず。鎌倉時代の末にいたり、下司の女官は、袴を略して湯卷著る風も、珍らしからずなりぬと見えたり。

然るに室町時代に入りては、上﨟女房までも憚らず着する例となりにけむ。「續史愚抄」卷廿九、後小松天皇永德二年五月の條に、實冬公記を引いて、

六日新院、女房上﨟已下始着湯卷。

とあり。此の院は、後圓融院を申す。此の年四月に御讓位あり。院中の規式は、古來何事も禁中よりは略定にせらるゝ例なれば、上﨟といへども、湯卷にてあるを、始めて許し給へる事と見えたり。さて其の姿を繪卷物に徵するに、たしかには斷言し難けれど、石山緣起・法然繪傳など

に、それらしきもの見ゆ。　今縁起の中なるを、一ひら寫し出でつ。　此の繪の體、袴やうの物著たる下に、衣の裾のひろがりて見ゆるは、襠《マチ》もなくて、唯腰部に卷けるものなる事明らかなり。　恰も法服の裳、後世雛僧の腰衣などいふものゝ如く、前より後へ廻して、其の紐を右の脇にて（女袴の様に）結びたるならむ。

　上﨟の間にまで湯卷姿行はれしより後は、下﨟女官雜仕女など、又「はつき」といふ衣を、袿に代へて著したり。「はつき」は「近代女房裝束抄」に、「冬表紅梅、裏白ねり、此上に袴をはく。　夏は之を腰卷といふ。　表白すゞし、縫箔金銀、いろ〳〵模様をつけ、小袖の上に打ちかけて、肩をぬぎて、腰にまかる」とあるにて、大様を知るべし。　かくても晴の裝ひなり。　されば武家には、大名以上の妻女、おとな立ちたる女中衆といはるゝ者まで、五月五日より、腰卷するに定まれる事、「年中定例記」にも見ゆ。　按ふに、始め袿に袴着たるを、先づ袴を略して、「はつき」に中結《ナカユヒ》の帶をし、盛暑のたへ難さに、肩をぬぎたるより始れるなるべし、畢竟するに、上﨟までも袴を省略する風になりしは、進退に不便なる事甚しかりしと、財用の不足より來りしとの結果ならずや。

四　公家衆の白衣姿と道服

北山殿行幸の如きは、此の後にも似たる例あれど、實は武家の威勢を世上に示さんの政策よりして、臨幸を仰ぎたるに過ぎず、稀有の儀にて武家の晴れとする所なれば、其の勢ひに從ひ、供奉公卿も束帶に綺羅を盡したれど、全く一時の事にて、燈火の滅せんとする前、火花の燦たるに譬へつべし。此の後の公家衆は、直衣・狩衣をだに常服としあへず、大かた白き小袖に指子《サシコ》とて、指貫《サシヌキ》の略體なる袴を穿き居たり。之を白衣姿《ビャクエスガタ》

といへりとぞ。されば大臣納言などいへる身分高き人々も、やう〳〵常は道服といふを打ち掛け著たるばかりなりき、

道服は元僧衣より來りしものにて、腰より下に襞《ヒダ》あり。たけは三尺五七寸、端袖《ハタソデ》あり、襟に紐あり、今日の羽織のやうに打ち掛けて著たるなり。地質はさすが緞子・綸子の類、裏を付く。夏は縠織・薄物を用ふ。最初は宿老の貴人、佛道に入るの心にて著用せしが、恰好便利なりしかば、俗中にも行はれし也。「海人藻屑」に「道服は俗隱者用之」とも「深窓秘抄」には大臣の平服なり云々、「三光院内府記」に、大中納言も著用の由見えたり。道服の稱も、入道者の服の意にて、公家にはひたすら家居の服とせしが、武家にも移りて行はれ、將軍大名等も著する事となり、德川時代に至りても、好事家文人など、歌俳茶會等の席の私服とせり。(道服の圖後に出すを見るべし)

應仁亂後天文永祿の頃に至つては、公家の疲弊ますく甚しくなりけむ、江村專齋の「老人雜話」に

常磐井殿といふ公家に、目見え(面會)を望む人あり。媒介の人云ひ入れけれぱ、夏衣裳にて恥づかしとのたまふ。苦しからずとて供して行きたり。彼の人も夏の衣裳の事ならむと思ひしに、帷子もなくして、蚊帳を身に卷いて會はれけるとぞ。信長の時分なり。

とあり。餘りなることなれと、實話なるべし。豐臣氏出でて桃山時代に至り、束帶なども、やゝ復興し初めたるなり。

五　室町幕府の服制

陪臣の服装華美

足利氏政權を執りて、二代將軍義詮の時より、漸く驕奢に傾き、上下競うて衣袴に花を折りしは、公家と其の所を替へたる樣《サマ》にて、同じ武家にても、鎌倉時代とは頗る其の趣を異にせり。然れどもさすがに鎌倉以來の慣例仕來りを守りて、將軍といへども任官の拜賀等に限り、束帶・衣冠の服制に從ひ、幕府限りの式には、直垂・狩衣を著する例なりき。

「年中恒例記」によれば、正月十日將軍參内年始の拜賀に「先づ御立烏帽子御直垂を被召て、則ち長橋殿まで御參り、則ち長橋殿にて御冠・御指貫・御袍を御著用候て、……　次に傳奏、禁裏樣へ御案内申、……　御縁と御坐敷との際にて、御檜扇を持たれながら、深く御禮を御申し候也。云々」

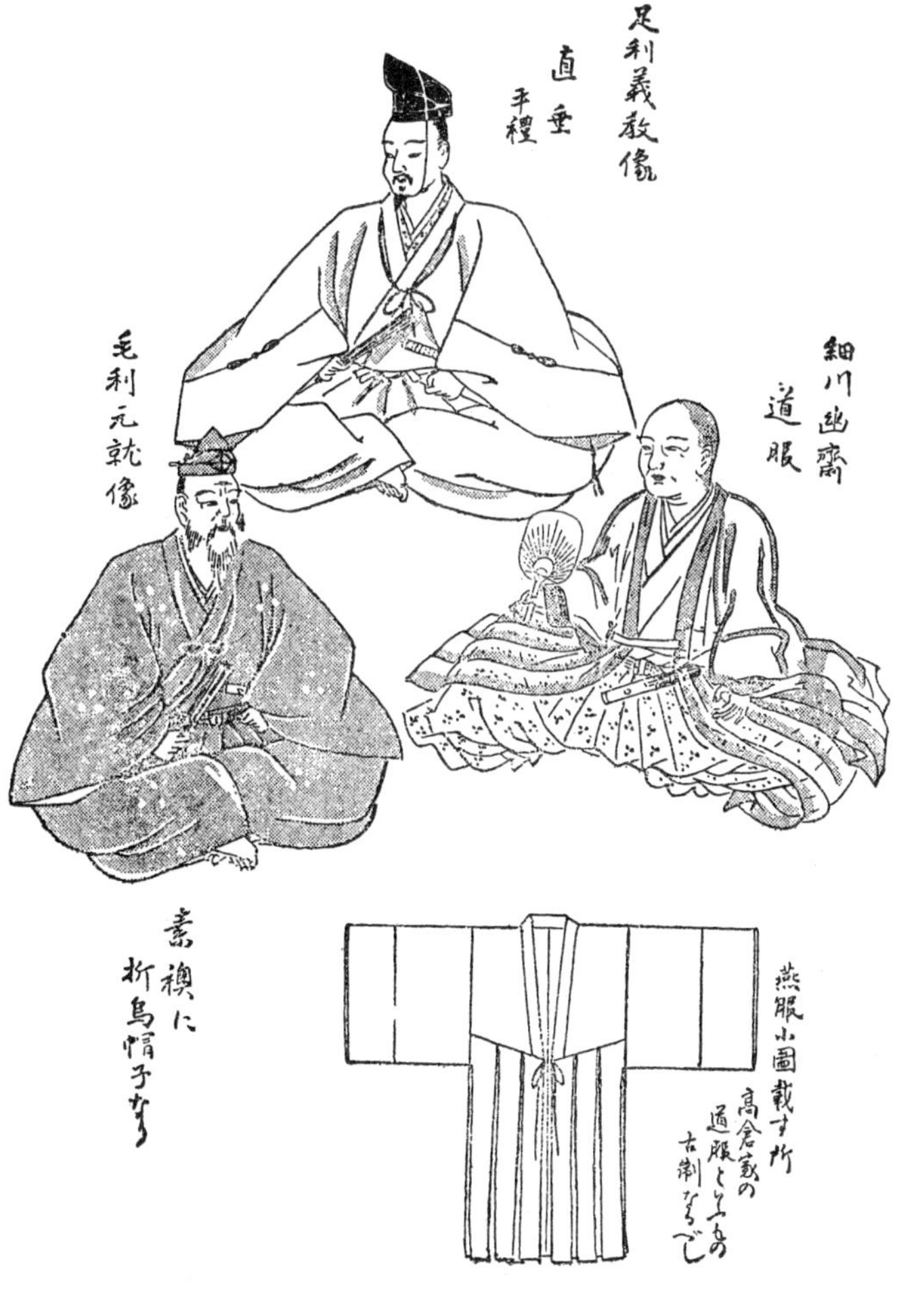
足利義教像
直垂
手禮
細川幽齋
道服
毛利元就像
素襖に
折烏帽子なり
燕服小圖載す所
高倉家の
道服といふもの
古制なるべし

とあるにて、武家服の直垂を改め、公家服の衣冠に著かへられたる例を見るべし。

次に陪臣の大小名等は、武家の法制に從うて、直垂を晴れの服となしつれども、分に過ぎたる華麗の風したる一例をいはゞ「義詮將軍宣下記」に、參内の節扈從の大名、馬上の隨身として十四騎、赤地金襴の上著(直垂)に、豹虎の尻鞘《シリサヤ》、滋藤《シゲトウ》の弓に尻籠《シコ》負ひ、總付《フサツキ》の鞦《シリカイ》かけて左右に分れ二行に乘る。」とあり。 又二條良基公の「雲井の花」に、貞治六年春、中殿歌御會御遊宴の日、關白大臣皆直衣にて列座の中へ、義詮將軍も亦直衣にて、武士を從へ、參内ありし時の行粧を記して、

丑ノ刻ばかりに將軍參ぜらる。 其の行粧、萬人目を驚かさずといふ事なし。……まづ帶刀十人、左右に行列、

一番、 左、佐々木渡邊二郎左衛門尉明秀(地白直垂、金銀の箔にて四目《ヨツメ》

結《ユヒ》を押す。紅の腰、かいらぎの金作太刀）

二番、右、小串二郎右衛門尉詮行（地紫の直垂、白箔にて二雁を押す。白太刀）

左、伊勢七郎左衛門尉貞信（地白直垂、箔にてむらご蝶を押す。白太刀）

右齋藤三郎清長（地香直垂、二すぢかへの中に、白箔にて菱を押す。黄腰、かいらぎ作の太刀）

三番、左、大内修理亮詮弘（地香直垂、黄箔白箔にて菱を押す。かいらぎ作の太刀）

右、大内七郎詮長（地みかつきけ直垂、くろき菱をかく。腰黄箔、かひらぎ作の太刀）

四番、左、海老名七郎左衛門尉詮季（地黒き茶染の直垂、はくにて大か

こを押す。　黄腰、白太刀)
右、本間左衛門太郎茂景(地白紫片身替りの直垂、金銀の箔にて
目結を押す。　紅の腰、白太刀)
五番、　左、山城四郎左衛門尉師政(地白直垂、白泥にて洲流しをかく。
白太刀)
右、粟飯原彈正左衛門尉詮胤(地莂安の直垂、白泥にて水をかき、
黄泥にて紅葉をかく。　腰黄白、大帷香、白太刀)
次ニ大樹(常の直衣、薄色の固紋の織物の指貫、紅の打衣を出だす。)
左の側《カタハラ》に山名民部少輔氏清(山吹の狩衣、濃紫の指貫、)太刀を持つ。
右の側に攝津掃部頭能直(白青の織物の狩衣、薄色の指貫)沓の役。
後の側に、佐々木備前五郎左衛門尉高久(二重狩衣)調度役。
此の外直垂のともがら濟々相從ふ。　今川伊豫守貞世、侍所にて今日

警固を承る。又赤松判官光範(白直垂、香大帷、引立烏帽子、下部四人召具)佐々木尾張守秀信………以上思ひ々々の直垂なり。
是れにて武家陪臣は、狩衣・直垂を正しき禮服としたる事をも知るべし。

六　武家新製の服

素襖・肩衣・十徳・打掛

此の時代の中葉より、素襖といふ服出來たり。素襖の製は大體直垂に異なる所なし。但し將軍・大名等の直垂は、絹綾等の好き織物を以てする風となれるより、別に布を染め紋を付けて麁略に製し、素襖と名づけて平士の公服と定めたるなり。

「宗五大艸紙」に、一、素襖・袴・肩衣・小袴などの紋は、目に立たぬが然るべく候。一、すおう袴・上下かはるは略儀なり。………すき素襖とは越後布を染めたる也。是は六七兩月着候。八月朔日より厚き素襖にて候。云々と見ゆ。素襖の袴は長袴なり。上下同色に染めたるを、上下《カミシモ》の素襖とて本式とす。上下ともに裏つけず、地あつき布にて製す。盛夏の間は透《スキ》素《ス》襖《アヲ》を着る由なり。

肩衣については貞丈雜記に辯あり。云く「松永彈正久秀素襖の袖を取り捨てゝ、肩衣を作り始むといふ說非なり。肩衣は松永の時代より遙か昔にあり。鎌倉年中行事に、成氏出陣の出立を記して、金襴の肩衣に小袴をめされし由見えたり。成氏は松永より昔の人なり。又御供故實に云く、片身替りの肩衣・袴の事、十四五歲まで著用あるべく候。又もじの肩衣、殿中へは着まじき由も見たえり。同書は文明十四年の昔なり」とあり。按ずるに肩衣、松永の時より前にありしは然るべけれど、成氏の着たるを、後世の肩衣と同じ物と思へるは、千慮の一失ならむ。

年中行事の全文を見れば、

鎌倉を御立當日、御出立の御酒とて、大草調進、鮑(打鮑)勝栗・昆布御肴にて御酒一献あり。公方様左折の御《オン》縁《ヘリ》塗《ヌリ》(烏帽子)金襴の御肩衣・小袴・御籠手・御《オン》脛《ハイ》楯《ダテ》・御臑當、御丹皮………

この次に重代の鎧・弓箭等を從者に持たせたる事をかけり。又御劍の役人に、廣《ヒロ》股《モヽ》寄《ヨセ》の軍刀をも帶せさせたる體、すべて武裝の趣なるに意《コヽロ》を注《ツ》くべし。

山田以文の說に「親長卿記・宣胤卿記・康富記などに、肩衣小袴といふことあり。伊勢の祠官年始の禮服、下に袴を着し、上に直垂或は素襖等の上《カミ》を、打ちかけて着する古風、是等の姿なるべし。」といへる如く、成氏の肩衣も、小袴の上に鎧直垂著たるを、肩衣に小袴と書けるならむ。さてこそ金襴の肩衣といふことも聞えたれ。且又縁《ヘリ》塗《ヌリ》の烏帽子被りたるにも注意すべし。 後世の肩衣著たる圖像あまたを視るに、烏帽子被りたるはなし。 素襖または直垂ならで、いかでか烏帽子著る事あるべき。(近世江戸にも肩衣に烏帽子著る事なきにても明かなり)猶又「御供故實」の片身がはりの肩衣も、太平記に本間左衛門太郎義景、地白と紫の片身替りの直垂、とある同じ類にて、是れはた直垂のことなるを、さしもの貞丈翁心つかれざりしにや。

喜多村節信の「瓦礫雜考」にも肩衣の考説あり、圖畫をも多く出していと委しきを、節約して掲げんに、

安齋隨筆に、古今著聞集を引いて云はく、下臈のきる「手なし」といふ布著物を著て、鎌を腰にさして、編笠をなむ著たりける。 この手なしといへるもの肩衣なるべし。 今世武家に用ふる肩衣も元はひだなし。近世に至りてひだをとりたる也。 肩衣もとは賤者の服にて、禮服に

織田信長像

上下

慶長頃の古畫

肩衣

肩衣をかけてきたる體

もあらざりしが、今(江戸時代)にては、押出して武家の禮服となれり」とあり。節信按ずるに、昔は肩衣ばかりきて、袴をつけざる事あり。又袴を先に著て、其の上に肩衣を著たることあり。(但し上下同色同紋に一具したるをばかく着る事なきにや古畫などにも見えず)上下は直垂より起り、肩衣は袴を具せざるが本なれば、各その始め異なり。云々

此の考説の如く、下ざまの士民が、近世の袖なし羽織に似たるもの着て、袴を略せる風、當時の繪にまゝ見えたり。是れこそ彼の手なしより出でたる服ならめ。然れども、上士の肩衣は又別にて、猶素襖直垂などの袖を切り捨てゝ、ひたすら簡便なる樣に仕立てゝ、烏帽子をも略せし、内々の服とせしが、後やう〳〵公會の服にもなりけむ。織田信長福島正則等の肖像を見るに、素襖の袖をとり捨てゝ造れりといふ説、あながちに

排し難くぞ覺ゆる。

十德は下司の服なり。貞丈雜記に、貞衡云く「十德は素襖の如し。素襖は左右の脇あきたるもの也。十德は脇を縫ひふさぐ物也。昔は葛布にて作る。侍士は人體により、生絹《スヾシ》にてもする。下々の者は布にて、中間小者輿かきなども著する也。侍士の著るは胸に紐あり。下々のはなし。白布を疊みて帶にす。下には四幅袴を着る。其の上に十德を打ちかけて帶をする也。十德に紋付くること素襖の如し」云々とあり。侍士は折烏帽子を被れど、下々の者は露頭なり。

此の外公家衆內々の服なりし道服は、武家にも行はれて、貴賤微行の料となれり。「鹿苑院殿嚴島詣の記」に「此の度は引きかへて、珍らしき御姿どもにて、縹色に、目結とかやいふ紋を染めて、袖口細く裾ひろき、うちかけといふものを、同じ姿に着給ふ。」とあり。袖口細くとは、狩衣・直垂に比べていひ、裾のひろきは、腰より下兩腋に、襞《ヒダ》積あればいふにて、其の製、道服に異ならぬを知るべし。之をうちかけとも名づくるは、唯打ち掛け着て、帶をせざる故の異名なり。是れはた年を經ては、其の製少しづつ變り行きて、次第に簡便になり、長くも短くもして、庶人の道行く時に用ひしこと、七十一番職人歌合の繪等に見えたる、其の風全く後世の羽織に同じかりき。

序に云成氏年中行事に金襴の肩衣云々とある下に、御丹皮とあるは足袋の事なり。前期に單皮履といふ物ありしは、和名抄に野人以㆓鹿皮㆒爲㆓半靴㆒とて、路地を歩むに用ひたりしが、此の時は皮製の襪子を「タビ」と稱して、室内にも用ひたるか。同じ年中行事正月十一日の條に「法體は無紋褐地之紙縒、紐タビ、只の時は白小袖に、………シタウヅト名けて革の單皮をはかる」と見ゆ。又武雜記に「足袋の事、殿中へは御免候はでははき不申候、無文の革黑革、をば不用候」などあれば、下士も家にては、一般にはく事となりたるにや。

七　佩刀の變遷

太刀・鞘卷・打刀

上古には、長短兩刀を帶せし事所見なし。聖德太子・鎌足公の肖像、皆一劍のみ。延喜の頃より武官は勿論、文官も、眞劍にはあらで儀刀なりしかど、朝服に飾太刀一振を帶し、旅行等には野劍てふ小刀を佩きたりき。蓋し長横刀を佩ける外、小刀をもさし添ふる事は、衞府の兵士よりや起りけむ。軍防令に、兵士は太刀一口刀子一枚を、自から備へよと見えたるに始まりて、宮禁護衞の士、邊要軍團の兵のみ、大小二刀を帶せしに、天曆の頃以後源平二家勃興し、諸國より武士の上京して、禁衞に候せし者ども、太刀と小刀と、兩劍を帶せし風の、一般田舍武士にも廣まりたるなるべし。殊に戰時に在つては、當時一騎打とて、一人對一人の鬪爭に、組打といふ事行はれしかば、敵を組み伏せたる時、長劍は不便なり。短刀は敵の首をかき、或は鎧の透き間を刺し通すに、尤も便利にして必要缺く可らざる武器なりしならむ。されば後三年合戰繪卷・平治物語繪卷などには、武士の甲冑せる者、皆太刀佩きたる上に、鐔なき短刀を、鎧の上帶に差し添へたり。此の短刀、古くより刺刀《サスガ》また鞘卷《サヤマキ》とも稱したりしが、太刀に添へて兩劍を帶する風は、全く右の事情よりぞ盛にはなりにける。

斯くて此の風延いて、室町の武家執政時代に及び、幕府柳營にては、平時に於ても、武士の直垂素襖など著ては、彼の鞘卷の短刀を佩きたるが、遂には京家公卿の間にも移りたりと見えて、三光院内府の口訣に「當時随分之月卿雲客腰刀之華美、越二上世一、剰《サヘ》鐔刀《ソバカタナ》等被レ帶人々見及候」とあるに注意すべし。　腰刀とは刺刀《サスガ》・鞘巻《サヤマキ》のこと。　鐔刀《ソバカタナ》とは打刀《ウチカタナ》の事なり。

抑〻鎌倉時代以後、武用盛に成れるに連れて、太刀・鞘巻の外に、打刀といふが行はれぬ。　吾妻鏡建久三年二月廿日の條、上總五郎兵衞忠光の、頼朝を刺さんとして捕縛せられし所に、懐中ニ帶二一尺餘打刀一、殆如二寒氷一」と見え「義貞記」には、打刀は一尺二寸、佛説十二因縁に象る由いへるも、太刀より短く刺刀より長かりし物にて、之を鐔刀とも稱せしが、後次第に長くなりて、大名などの外出には、小者に持たせて行きたりといふ。　天正・永祿、信長・秀吉の時以來、この打刀と腰刀との兩劍を佩きて、大小など云ひ始めし由、宗五一册といふ書を引いて、「刀劍問答」に精しく記せり。　是れより太刀は、又儀服の具となりて、平時には廢れたり。

八　室町家女中の服制

かいどり・腰卷・小袖・袴を略したる事

武家の女房殿中に於ける服裝を記せる書は、粗略ながらも、女房衣裳次第・女房方故實、年中恒例記・御供故實等あり。　それらを讀みわたして考ふるに、惣體春冬は紅梅・牡丹などいへる練貫《ネリヌキ》の小袖、四月一日よりは袷小袖、六月一日より盛暑の間は染帷子《ソメカタビラ》。　これに一幅の織物を六つ折乃至八つ折にしたる、狹き帶をしたる迄にして、儀式の日は大上﨟・小上﨟などいはるゝ貴女は、公家女房の袿姿の樣に五つ衣を着、また裳を著くるもありしが如し。　然れども唐衣のことは諸書に見えねば、武家にては唐衣きる事なかりしにや。（公家にも小袿に裳を著けたる例はありき）

義政將軍の東山時代の記なる「簾中舊記」に、正月强供御《コハグゴ》參りやうの條に、

式三獻御祝の時は、朝小袖めし候。 御强供御《オンコハグゴ》(强飯也)參らせ候時は、袴めし候ふ人は袴めし候うて、胸の守り御掛け候。 裳をめし候ふ人はかみ(未詳)をめし候。………大上﨟二つ小袖に織物めし候うて、袴めし、胸の守り御掛け候。 織物の五つ、袴めして御前に御入候。………上樣の大上﨟二つ小袖に、あこめの衣めし候うて、袴に胸の御まぼり御掛け候。 云々と記しまた御成の條に一、御成の時、御供の樣體、大上らう・小上﨟・御中………御參り候。 一、繪縫物をめして、織物御かいどり御さた候。 御かいどりの上に、むねの守御かけ候云々。 また六月一日の條にあしたは何れも、赤きにても黑きにても、御帷子《カタビラ》何にても、御生絹《スヾシ》の御腰卷。………とあり。

右の文中、五つ衣・あこめ衣は、同物異稱なるべく、前期の袿のことをいひ、又裳・袴著けざる時、小袖の上に打ち掛けて着る物を「かいどり」と云へりと見ゆ。さて彼れにも是れにも、必ず胸の守り掛くるを、晴の裝ひとしたる由「年中恒例記」にもあり。又簾中舊記に、

一、二十までは牡丹めし候ほどは、胸の御守り紺地。廿八まで紅梅めし候ほどは、青地。紅梅めしとまりてより赤地。いづれも緒は啄木にて候。

とも見ゆ。この紺地・赤地とあるは、金襴をいふなり。

次に盛暑の間は、かいどりの代りに腰巻をするなり。

そも／＼腰巻《コシマキ》は、禁中にて雜仕・樋洗《ヒスマシ》などいふ下司の女官の具なるを、武家にては賤しからぬ女房も、夏の式服としたるなり。生絹《スヾシ》の袷にて種々繡《ヌ》ひものして、色は定らず。仕立やう小袖に變らねど、小袖は名の

如く袖を小さく、袂の先を丸く縫へど、腰卷は袿・五つ衣などと同じく廣袖にして、襟方を廣くあけて背にあて、兩袖は左右の脇に垂れて、形よく成るやうにする由なり。

要するに武家女服の制は、大儀式に「袿袴」、次に「かいどり」、夏は「腰卷。」此の外は晴にも褻にも、小袖を公服として袴を略したる也。隨つて小袖には、多少法度らしき例をも定めたり。今「女房方故實」に記す所を摘みて、大要を考ふるに、

正月一日より十五日まで、朝は小袖、晝の御祝に一二日織物、三日箔繪、七日繡物、十五日織物の小袖、

三月一日同三日小袖、紋もの(紋とは模様のことをいふ)

四月一日小袖、綾紋の織物、牡丹めし候人は牡丹をめし候、牡丹は二十年までめし候。

五月一日、朝、小袖何にても。　晝、繪繡物の小袖、すゞし裏。　同五日朝、小袖何にても。　晝はすゞしの織物、すゞし裏の練貫。　五月中は帷子《カタビラ》めし候はず。

六月一日、紺地・白にても、赤にても帷子めして、すゞし裏の腰巻めし候。

七月一日辻が花めし候。

八月一日練貫のすゞし裏、染付の練裏、御紋私には心々に秋の野を付け候。　上《カミ》ざまは、ませに薄《スヽキ》ばかり御付け候。　夕がたは繪繡物のすゞし裏、辻が花めし候。

九月九日染物の小袖。　菊の紋を付けられ候。

十月一日朝小袖何にても。　晝は織物。　紫を本《ホン》にめし候。

十一月一日小袖何にても。　紅梅めし候人は、紅梅の類を本にめし候。

此の日より、五月五日の朝まで、紅梅の類ひはめし候。　二十八の年の五日のあした迄、めし候がほんにて候。

十二月一日何にてもめし候。紅梅の類ひめし候ふ人は、紅梅の類ひめし候。廿六日には、御所々々御歳末になり、晝の御祝は繪繡物をほんにめし候。

以上は年中式日の服制を記せるなり。右のうち箔繪とは、小袖(冬)にても帷子(夏)にても、金銀の薄にて繪模樣を置きたるをいふ。牡丹とは練《ネリ》貫《ヌキ》を白く織らせて、裏に紅を付けたるものと「女房衣裳次第」に見え、貞丈雜記には、練貫に金銀の箔にて、繪樣をおき、縫をして赤き裏付たる由記せり。練貫は、經《タテイト》を生糸《キイト》にし、緯《ヌキイト》を練絲にて織りたる物なり。是れに「しじら練貫」と「熨斗目《ノシメ》練貫」との二品あり。しゞらは昔男女通用、熨斗目練貫は女子に限りて、男子の著る物とせざりしは、徳川時代の風と異なりき。紅梅は經を紫の糸、緯を紅糸にて織りたるにて、赤地に黒みをもちたり。

偖練貫には織筋《オリスヂ》(横筋を太く織れる)筋御簾《スヂミス》(細き横筋)紅格子《ベニガウシ》等の品々あり。中に紅格子は「女房衣裳次第」に「常の人斟酌あるべし。公方(将軍家)にても、大上臈などはめし候。中臈衆は筋、すだれ、又は紋を付けたるをめし候ふ。とあるは、公家女房の禁色に似たり。同書に又曰く赤き繻子・緞子の小袖、内々にてはめし候はん。表向には斟酌あるべきか。嶋織物のこと、内々にては苦しからず候。賤しきものにて、表向へはめさず候ふ。男も同前なり。と云々。此の外唐織物・緯白《ヌキシロ》・生絹《スヾン》・紅染の目結・染小袖等の沙汰もあれど、繁瑣に渉れば省く。但し辻が花の事に就いては、次期の徳川家の女服としても、聊か沿革したる染帷子なれば、大略いふべし。

右「女房衣裳次第」に、「つじが花の帷子の事、是れは三十ばかり迄もめし候。又男子は十四五までは著候。つじが花の帷子と申は、下染を先づべにゝて薄く染めて、さて其の上を濃きべにゝていろへたるを申し候。と見え、貞丈雜記には、つゝじが花を略して、つじが花と云ふ也。躑躅の花は赤き物なる故に、紅《ベニ》にて染めたるを云ふ也。惣體をべににて染めずして、所々にべにを以て色どりそめたる也とて、菱《ヒシ》形《ガタ》の花模樣を、つじが花の圖とて出だせり。然るに高屋種彦の柳亭筆記に、「つじとは十字街の形なるべし。※この形に花をつなぎて染めたるを、辻が花といひ、茶染にそめたるを茶屋つぢ、桔梗色に染めたるを、きゝやう辻といふなるべし。と記せり。此の説に從へば、幸菱といふ模樣の類ならむか。猶後にもいふを見よ。

二〇八

近世（後陽成天皇―孝明天皇）

一　公家服制の復興

應仁亂後朝廷の御衰微は申すもかしこし。後柏原天皇より御代々の御卽位禮すら、大内・毛利等の献資によつて、僅に其の式を行ひ給へり。されば禮服の如きは、御卽位毎に新調し奉る事叶はず。御儀式終了後、御倉庫に納めおきて、次々の御代始めに取り出し、幾度も修理を加へて用ひ給ふ程なりき。臣下の禮服も、元來自辨なりしかば、斯かる時勢に、迚も新調成り難く、結局參列の役儀を辭して、出勤せざるもありしより、譴責を蒙りし公卿もありしかど、遂には總代の如き少數の役員だけ、參列する制と成り、後には亦、臣下の禮服まで公儀より貸し給はる事ともなり、ともかくも形式ばかりは、古制の禮服を存續し、維新前に至りぬ。

朝服等にありても、後水尾天皇の寛永の始めより、漸々に舊儀の復興ありし由にて、是れより束帶・衣冠を始め、平時の直衣・小直衣・狩衣等を著して、公卿の體面を保たるゝ事になり、且往昔の強《コハ》装束を用ひられしが、かゝる事情ゆゑ、何等の新様を見る能はざりき。　又女房の装束に至りても、元和六年東門福院（二代將軍秀忠息女）入内のをりには、袿に緋の袴のみにて、唐衣に裳、謂はゆる物の具を完備せられしは、明正天皇（後水尾帝皇女）の御代よりならむといふ。

享保七年の書寫といふ近代女房装束抄の奥に、「御再興女房衣」として、典侍・内侍以下の女服皆具を列記したるが、中古の品目と異ならず、更に増減する所なければ、宮中に於ては、晴れにも褻にも、大體中古の服装に準由し、些細の點には差ふ所もあれど、先づは鎌倉時代より、室町時代の初期の様と同じかりけむ。　現今大禮・大祀の御女性の儀服亦同じ。

二　徳川幕府の式服

徳川幕府の服制は、鎌倉以來の武家風に從ひ、中ん就く室町幕府のそれに準據したるものにて、將軍以下平士以上の式服は、皆前期以來の品を改めざりき。

冠	束帯 衣冠
立烏帽子	小直衣
折烏帽子	直垂 狩衣 大紋 布衣

侍烏帽子　素襖

束帶は上古以來の朝服なれば、上洛參内の場合に、將軍は勿論扈從の一門、および宰相・侍從以上・四位・五位の諸侯、皆之を著用せり。また江戸の柳營に於ては、將軍宣下の節、轉任敘位の勅使を迎ふる等に著用し、衣冠はその勅使を饗應する席などに著用せしなり。此の外には、日光山東照宮の參拜、城内紅葉山祖廟の參祭、追遠法會等に限れり。是れ忠孝を重んずと聲明する主意に因つてなり。服色皆具等も、公家の制度のまゝ改むる所なければ、四位以上は黒色、五位は赤袍なりき。

小直衣は、武家にては將軍に限り、以下は著せず。

直垂は侍從以上之を著す。其の服地は精好にて、色は定らず。（紫と紅とは憚之）内衣は白絹、腰刀一口を帶す。

狩衣は四位以上の料にして、地は紗、織り紋あり。色は不定。内衣は白絹、腰刀一口。

大紋《ダイモン》は布の直垂にて、色は例の定まらず。家々の紋を大きく染め付くるに因て、大紋とは稱する也。旗下の士にても、五位の者之を著す。内衣は熨斗目《ノシメ》を著る法なり。そも〳〵此の服は、前期の末に出來たるものなるが、幕府は之を狩衣の下、布衣の上に班して、士分以上の式服となしたり。

布衣はホイと稱するならひにて、無位無官の士の、御目見え以上とて、將軍に面謁し得る者の服とす。仍て其の身分の士を、布衣格ともいへり。裁縫、狩衣に同じ。平絹にて製すれば織文の沙汰なし。色不定。

内衣は熨斗目。

素襖《スアウ》は平士及び陪臣の料なり。地布、色不定。内衣は熨斗目を著す。この裁縫は大體大紋に同じけれど、聊か異なる點は、大紋に付くる菊綴《キクトヂ》は打紐なれど、素襖は革を用ふると、袴の紐を、彼れは白絹にするを、これは布にて、袴と同じ地を用ふ。なほそれよりも、著しく目に付くは、大紋には風折烏帽子をかぶり、素襖には侍《サムラヒ》烏帽子といふを被る事なり。右の素襖より以上を、當時おしくるめて裝束と稱し、重き儀式の服とせり。

なほ幕府に同朋といふ剃髮の准士あり。茶道坊主衆といふ。室町幕府以來の例をおうて、頭分の者、大儀には素襖を著して烏帽子を冠らず、常は十德。また羽織を著る時は、袴を略して出仕せし也。

三　公服としての上下と肩衣・半袴

上下は元直垂・素襖の類、上衣と袴と、地質色紋まで同じき服の名なり。其の起原等既に前に述べたるが、江戸時代に入りて以來、武家は一般に、又公卿の家臣、及び寺社に仕ふる雜士までの公服として、着用せしものなり。

上下の上といふは、肩よりかけて脊の方を蔽ひ、前は衽《エリ》のみを袴に著こむるなり。袴も素襖のそれの如く長袴なるを、上士の料とし、地質は精好・綾文等にて製する事あれど、下士は麻上下とて麻布を用ひ、且半袴とす。いづれも上下共鼠色花色等に染め、中頃よりは總體に小紋形を置き、衽の左右及び脊の縫ひ目に家の紋を染め、袴にも亦後腰《ウシロコシ》に一所家紋を付け、内衣は熨斗目を著する定めとす。

最初は御目見え以下の、上《カミ》下《シモ》役《ヤク》といふ下士までの公服にして、最下の士は、羽織袴勤と稱し、上下著る事を許されざりしに、何時よりか其の制弛び、庶民も婚禮葬禮等には、皆麻上下に小刀を脇ばさみ、人中へ出るやうに成りぬ。

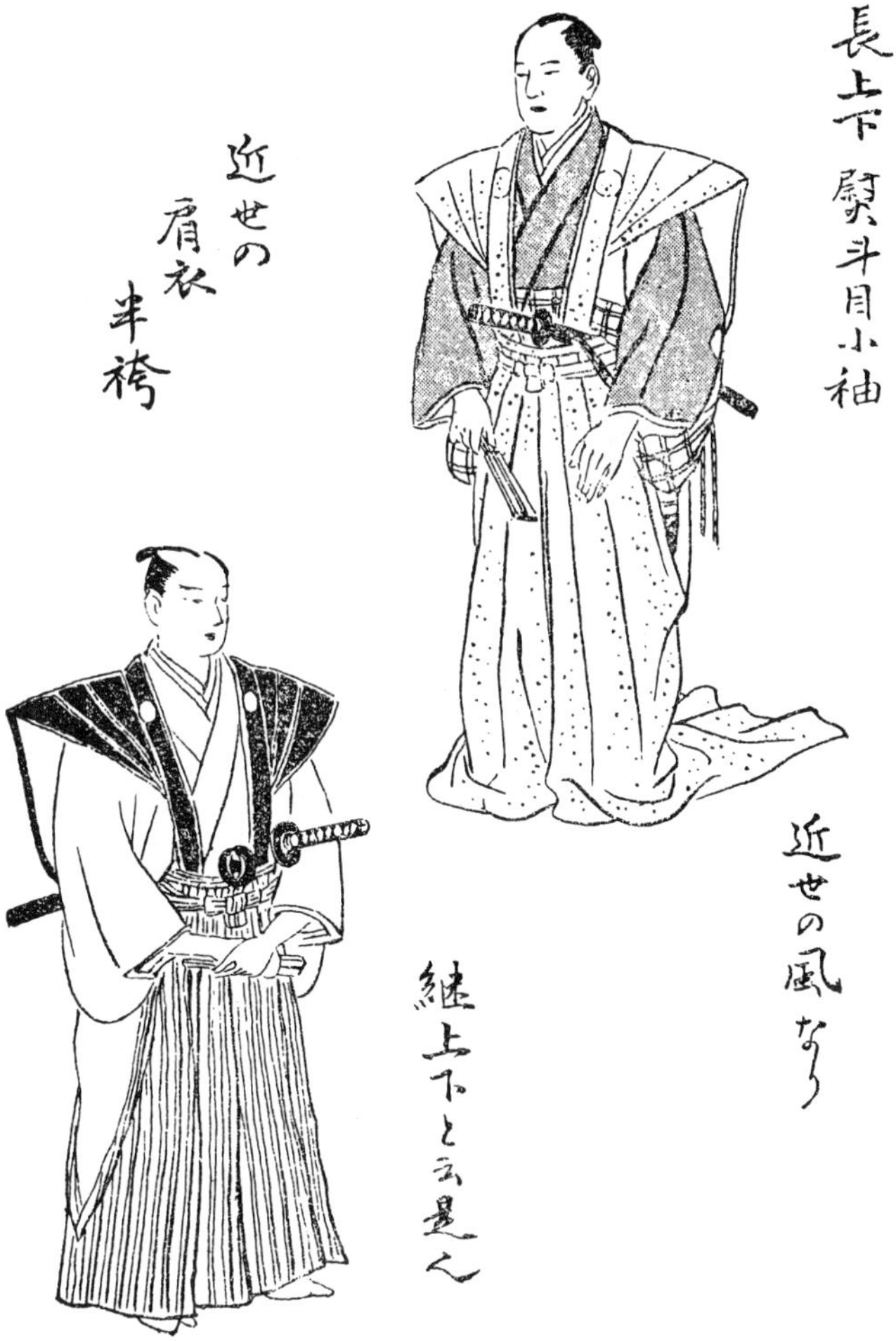
長上下　熨斗目小袖
近世の風なり
近世の肩衣半袴
継上下と云是也

肩衣・半袴を、當時は又繼《ツギ》上下《カミシモ》とも稱したりき。上衣と袴と、色も地質も異なりたるを、繼ぎ合せて著るよりの名なるべし。肩衣の外形は、全く上下《カミシモ》の上衣に似たれど、其の製を異にする點をいはゞ、上下は、共に同色小紋形に染むる定めなるを、これは何色にても無地に染めて、冬は裏をも付けたり、袴は肩衣と全く別の織物にて、且内衣も熨斗目などに及ばず、紋付ならぬを著するも、苦しからざる例なりき。

　麻上下および繼上下の事については、徳川實紀附錄に、其の變化また起原をもほゞ記せる所あれば、玆に抄出すべし。有德院吉宗將軍の謙德を記せる中に「常憲院殿（綱吉）御代の始までは、上下は麻をのみ用ひしときけり。（當時より精好綾文などに成りたるを）今より再び古の風にかへし、裏附けし上下をも禁じ、麻のみを用ひしめば、華美をのぞくの一端ともなるべし。……諸大夫の人々も、平日白小袖を着るに及ばず。

縞または小紋の小袖心のまゝに着すべし。又繼上下といふ事を始め、麻の肩衣に裏附けし袴など、心のまゝに著すべしと許されける。」とありかゝれば繼上下は享保の頃より出來しものにて、上下の略體ともいひつべく、役儀を帶する上士の執務服とし、又內々の訪問接客などにも著せしなれど、農工商人は、いかなる時にも決して服用する事能はざりしなり。

四　旅裝の羽織も役服となる

武士の羽織は、始め鷹狩旅行等に著したるものなるが、文化の頃よりは平時常用の服となりぬ。其の變遷は「青標紙」に、

羽織は足利家の時、道服といふ物あり。此の一名を羽織と云ふ。帶をしめずしてはをり懸けて著する故の名なり。昔は常に著せず旅

行などに風を凌ぐ爲なり。今は羽織といふ物、禮服の様になりぬ。」とあるは簡にして要を得たり。同書に又云く、

御紋付御羽織の事、云々。また役羽織とて、役服となれり。遠御成の節、御《オ》徒《カチ》組頭《クミガシラ》茶縮緬單羽織。御《オ》徒《カチ》は平生共黑縮緬の單に、茶紐也。御《オ》小《コ》人《ビト》目《メ》付《ツケ》、御玄關番、中之口番、黑絹の合せ羽織云々。また阿蘭陀人登城之節、公方様には御麻上下の上に、御羽織を被レ爲レ召御覽なり。と云ふ。扨風割羽織は、騎馬以上著用すべきもの也と云々。

この書は天保十一年の著なれば、其の以前より然りし也。又下士の服に縮緬。今日より見れば甚だ過分の様なれど、當時代には、縮緬を絹羽二重よりは略式の品とせし也。又風割羽織は、略して唯割羽織とも、又馬乘羽織ともいへり。背筋を裾より腰の上まで縫はず、ほころばしたる也。なほ又「我が衣」に、

羽織は絹のひとへを本とせり。下郎より始る物にも非ず、又禮服にてもなし。閑居の、時著る物の上にはおりて、客に對面する時は、取りてわきへおきたり。慶長頃より心安き人には、羽織のまゝにて對面したり。元來塵よけにて、衣類のよごれざるやうに、儉約にて心づきたるもの也。いつの頃よりか、下郎も上にも、禮服のやうに思ひて、後はうすもの〻羽織を仕立て、或は袷・綿入にても著し、袴を著して公儀をも勤むる樣になりたり。」と見ゆるは、文化の頃の事なり。

是れらの說どもを合せ考ふるに、最初全く私服なれば、高祿の人などは、近世までも內々の服とし、下士のみには、之を公服と定めて、謂ゆる羽織袴勤といふ役人の階級もあり、役羽織などいふ稱も起りしならむ。さるからに士以下の農商人等にも移りて、遂には庶民の禮服のやうにもなりけむ。然れども、民間の羽織には、染色紋付は甚稀にて、大かたは縞の羽織にして、且そのたけも短きを常としたりき。さて此の羽織の長短、時代によりさまぐ〳〵變遷のあと、嬉遊笑覧等に委しけれど、それらは風俗志の領分に屬すれば、今いはず。

五　幕府服制の變革

熨斗目・長袴・繼上下の廢止

以上徳川幕府の服制は、ともかくも二百年餘り繼續して移らざりしが、嘉永六年米艦渡來以後、騷劇の時勢につれて、さしもの幕府も次第に服制を改め、上下の長袴等を廢止し、輕便の裝を尙ぶ事となりぬ。

最初將軍の阿蘭陀人を見しには、上下の上に道服をはふりてありしに、安政四年十月、城中に於て始めて米國の使節に對接せし時、主從いかめしき禮裝せしは、威光を示さんの意にや。續泰平年表に、大廣間に出御、御立烏帽子・御小直衣被ㇾ爲ㇾ召、御上段へ、七重の御厚疊、錦を以て包み、四方の角へ紅の大總付飾御刀掛・曲錄置ㇾ之、………此日御譜代大名・高家・御奏者番・布衣以上ノ役人、出仕之面々直垂・狩衣・大紋・布衣・素袍著ㇾ之………

米使は倚子に座したるなれば、これに對する將軍の席は、疊七枚を重ねて、彼の倚子よりは聊か高くしたるもをかし。是れ將軍のみならず、外國方奉行の役人も、後に外人等と談判の時は、肩衣の半袴にて右の樣に疊を重ね、其の上に座したりといふ。

然るに一體に長袴等の不便を感じ、又外人に應接する時の、體裁などをも思ひたるか。文久二年閏八月、「一、熨斗目長袴總而被ㇾ廢候事。一、平服者、以來羽織襠《マチ》高《タカ》袴著用可ㇾ致候事」との觸書を發布せられぬ。その後慶應三年三月朔日よりは、諸役人繼《ツギ》上《カミ》下《シモ》を用ひず、袴羽織著用すべき旨令せられし事、武江年表に記せり。前の文久二年には、大名旗下の士に、平服として羽織袴を著用せしめしを、是に至つて繼上下をも廢止し、羽織袴を以て、役服とせられしなり。是れより高祿上格の奉行、諸役人等、皆羽織袴の行粧になりたるが、其の羽織は大かた黑、或は納戶色等の無地、袴は其の頃まで上士の旅行用たりし、馬乘野袴の制にて、純子・繻子などにて仕立てたるを著用せり。是れ維新後、官員の勤務服を始め、上流の人士まで一般に、羽織袴の式を、公服・禮裝となせる先例たるべし。

因に云、羽織の袖を略せしものを、甚兵衛といひて、一部の民間に行はれたり。こは陣兵羽織の訛りにて、元は陣中戰士の著たる羽織に似たるよりいふ名ならむ。陣羽織は後奈良天皇天文の頃、南蠻人渡來の後、葡牙人の上衣より來りし物ならむと、思はるゝ愚考あれど、服制に關からぬ私服なれば今略す。

六　大小帶刀の制

武士の異名を、世俗に二本差といひたる程にて、武士は常に大小の兩刀を帶する規定なりしが、猶例の大儀式に、束帶以下謂はゆる裝束の場合には、公家の掟に從ひて、一振を佩くに止まれり。それにも段々規則のありし事なるを聊かいふべし。

束帶と衣冠とには、太刀一口を佩く事なりしが、先づ束帶に蒔繪劍。衣冠に四位以上は野劍。五位は糸卷の太刀といふを佩けり。野劍は昔、衞府ノ太刀と稱せしものにして、柄《ツカ》を鮫《サメ》にてつゝめり。糸卷の劍は、柄《ツカ》を糸にて卷き、なほ鞘の方も二の足の所まで、渡り卷とて、柄と同じやうに卷きたる、軍陣にて佩く武用の太刀なり。次に直垂・狩衣・大紋には小刀《チヒサカタナ》とて、鐔《ツバ》入りたる脇差《ワキザシ》(鞘卷より長き刀)に、糸卷の太刀を佩き副へ、布衣・素襖・上下・羽織袴には、打刀《ウチカタナ》の大小を帯する定めなりき。而も此の大小といふは、單に長短の兩刀をいふにあらず。柄鞘《ツカサヤ》の塗り様は勿論、縁《フチ》・頭《カシラ》・鐔《ツバ》の彫刻、悉皆同一の作りなるをいふ。殊に上下以上の式服の時は、卷掛《マキカケ》とて、柄頭に水牛をつけ、其の上より糸を掛けて、卷きたる物に限れり。又刀身も大の方は、二尺八寸以上、小の方も一尺八寸五分以上にする事を得ざりしなり。

前に言ひ洩らしたれば、茲に追記す。束帶の時は武家も笏を把る事いふも更なり。衣冠の節は檜扇なり。（束帶には檜扇を帖紙と共に懷中す）狩衣より素襖までは、蝙蝠《カハホリ》とて、中啓の扇（紙貼）を持ち、上下には白紙竹骨の通例の扇なり。必ず之を手にするを禮としたりき。

七　女裝に伴ふ髮の風

當時代謂はゆる御殿女中の式服を説話する前に、一わたり女子結髮の濫觴を略述せざるを得ず。何如とならば、當期將軍諸侯の夫人を始め、勤仕の高級女中達に至るまで、常には結髮にてあれども、式日祝儀には必ず垂髮する制にて、髮の風と服の式とは、相關聯して離れざる慣例あればなり。

そもそも我が邦の女子は、上古以來貴賤ともに常は垂髮なりし事誰れも知る所なり。然るに髮結ふ風になりし時代について、生川春明の近世女風俗考に、「七十一番職人盡の繪を見るに、商家產業の女も、皆下げ髮なるに、機織る女のみ、肩のわたりに髻《ワゲ》に結へり。是によりて思ふに、下ざまの者は、さげがみにては身持むづかしく、手業なすにも便りあしければ、かりに結《ユ》ひ、又は布めくものにて包みしが、いつとなく頭のうへにて結へる様になりしならむ。」といへるはさることにて、手業などする賤女のみならず、高級の婦女も、道行く時など、最初は右の如くもせしなりけり。その證「事跡合考」に見ゆ。即ち三の巻の始め、神君御放鷹の事とある條に、

神君(家康)御隠居後、御放鷹として御泊りがけに御城へ御入被遊候時、(巻二の末に江戸城築造の記事あれば御城とは江戸城の事なり當時家康駿府に隠棲せし故泊りがけに御入とはいへる也)御自身は淺黄染の紬の御小袖、小倉織の木綿の御袷羽織、………御供の女中は、花色染の立波に汐桶など、裾にかけて白くしたるに茜染の木綿裏付たるを、打掛けに着て、あさぎ布の三尺手拭をいたゞき、あごにまきかへし、餘りをいたゞきにからげて、馬に乗りたるが、同じていにて三人ほど

づつ御供したり。

と記せる、打掛などの質素さは云ふに及ばず、淺葱《アサギ》手拭にて下髮《サゲカミ》をつゝみたるさま、當時の風おもひやるべし。

岩瀨京山の女裝考には「己往物語」を引いて、

昔は正月五節供、惣じて祝ひ日には、何程の小身にても、家の主人麻上下を着し、………五節供は内室髮を下げ、針妙《シンメウ》も髮を下げ、………神佛參詣には髮を下げる云々」とあり。こゝに昔とあるは、萬治寛文あたりの事なるべし。

とて其の髮を結ひ始めし頃は、筋《スヂ》髷《ワゲ》・唐輪《カラワ》などいひて、天文年中の事とし、寛永の頃より唐輪一變して兵庫髷《ワゲ》となり、島田髷などいひし、皆其の地の遊女の結《ユ》ひそめしよりの名とせり。但し是れらは下ざまの女の髮なり。武家高級の婦人の結ひしは、「片はづし」と名づくる髷《ワゲ》にかぎれり。

女裝考に云く、

鬢《ビン》付《ツゲ》油なかりし昔は、かの筋《スヂ》髷《ワゲ》も兵庫も、皆むすび髮なり。片外《カタハツシ》も元來は結び髮なり。そも〳〵髮の油出來し後、髮のゆひぶり書見あまたあれど、……… その中にひとり片外のみは、四百年前京都室町足利家の營中より起りて、今に(天保の末頃をいふ)於て下輩に移らざるは、いみじくめでたき髮の風にぞありける。さて其起りは、足利義政公の北の方妙善院殿の、女中の事をかきたる簾中舊記に、女中衆の髮の事をいふ條に、「宮仕へせぬ時また道行く時、かもじ(下ヶ髮を云)長くてわろき時は、下の結ひたる所を、右のかたにわなのあるやうに髮をわげて、さて下のゆひたる所は、別のひつさき(紙)にてゆひつくる也。寢る時もよし」云々。

是れ垂髮をかりに片外にむすびおくをいへるなり。是れぞ片外のはじめなるべき。かゝれば、常は片外にゆひて、本式の服装には、猶垂髪にしたる事察すべし。

八　御殿女中の本式服

武家の婦女中にて、最高諸家の御《ミ》臺《ダイ》・御《ゴ》簾中《レンチユウ》など言はるゝ人は、式日祝儀の節、下髪《サゲガミ》にて五つ衣・袿・張袴を著用したる例もあれど、そは極めて稀有なる事なり。次に姫君娵《ヨメ》君など若き方は、髪を吹輪《フキワ》にゆひ、總縫模様の打掛・地赤の間著《アヒギ》を、式日の服とし、又侍女も上﨟のお年寄といふ格の者、繻珍織(無地縫模様なし)の打掛着る事ありしは、昔の袿より移りしならむ。此の外、幕府の大奥、大名家に勤仕する謂はゆる御殿女中は、前期足利家の風に基き、上中﨟以下、お小性お側お次等の階級ありて、それぞれの服制定まれる事なれば、今は專らその服制を語らむとす。然る

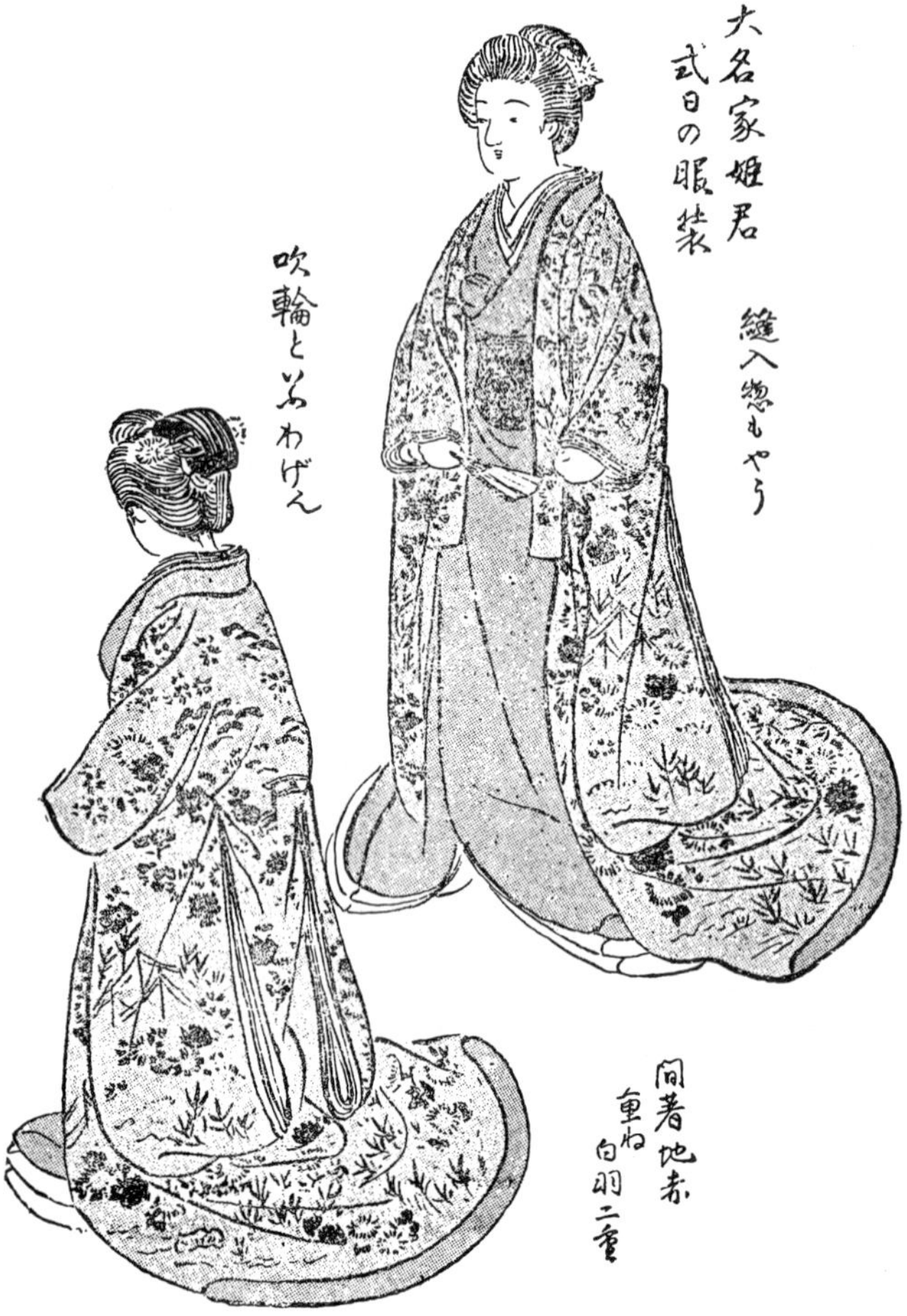
大名家姫君
式日の服装
縫入惣もやう
吹輪と笄わげん
間着地赤
重ね
白羽二重

に是れが系統をたてゝ、解しよく記錄したる書甚だ少し。（却つて市井遊里の婦女の衣裝風俗等を記述したる書は多く見ゆれども）予の管見には、文化三年反故の中より發見せし由の寫本「女中常服略記」安政五年補正の版本「奧女中袖鏡」等に過ぎず。別に予の所藏せる一寫本は、題名を逸すれど、享和三癸亥年寫」之の奧書あり。書中の記事、前の二書中の項目と同一の點多し。彼の袖鏡は安政の上版なれど、それよりは遙か昔よりの例を記せるものと見ゆ。されば以上の三書の中より提要して、大かたの服制を敍述すべし。其の時代は先づ當期の中頃より、以後の事と心得られよ。

一、中臈以上の本式服

打掛（地白（表綸子の類、惣縫模樣金銀色絲鹿の子入、裏紅羽二重）
　　　地黑（表同裏同）

地赤（同前）
地桃色　但し惣縫もやうなし）

間《アヒ》著《ギ》
赤（表緋綸子の類、金絲にて縫模様、裏紅羽二重）
白（表同、　銀絲にて縫もやう、裏同）
黄（表鬱金綸子、以下同前）
白（表白大紋、綸子縫ひなし）

下著　白（表裏共白羽二重）
胴著　白（同前）
肌著　白（同前）
附《ツケ》帶《オビ》　黑（繻子、金絲にて惣縫模様、仕立巾七寸）

以上正月より三月末日まで著用す。さて間《アヒ》著《ギ》とは、打掛を上著とするゆゑ、其の次の小袖を間著とは云ふ也。

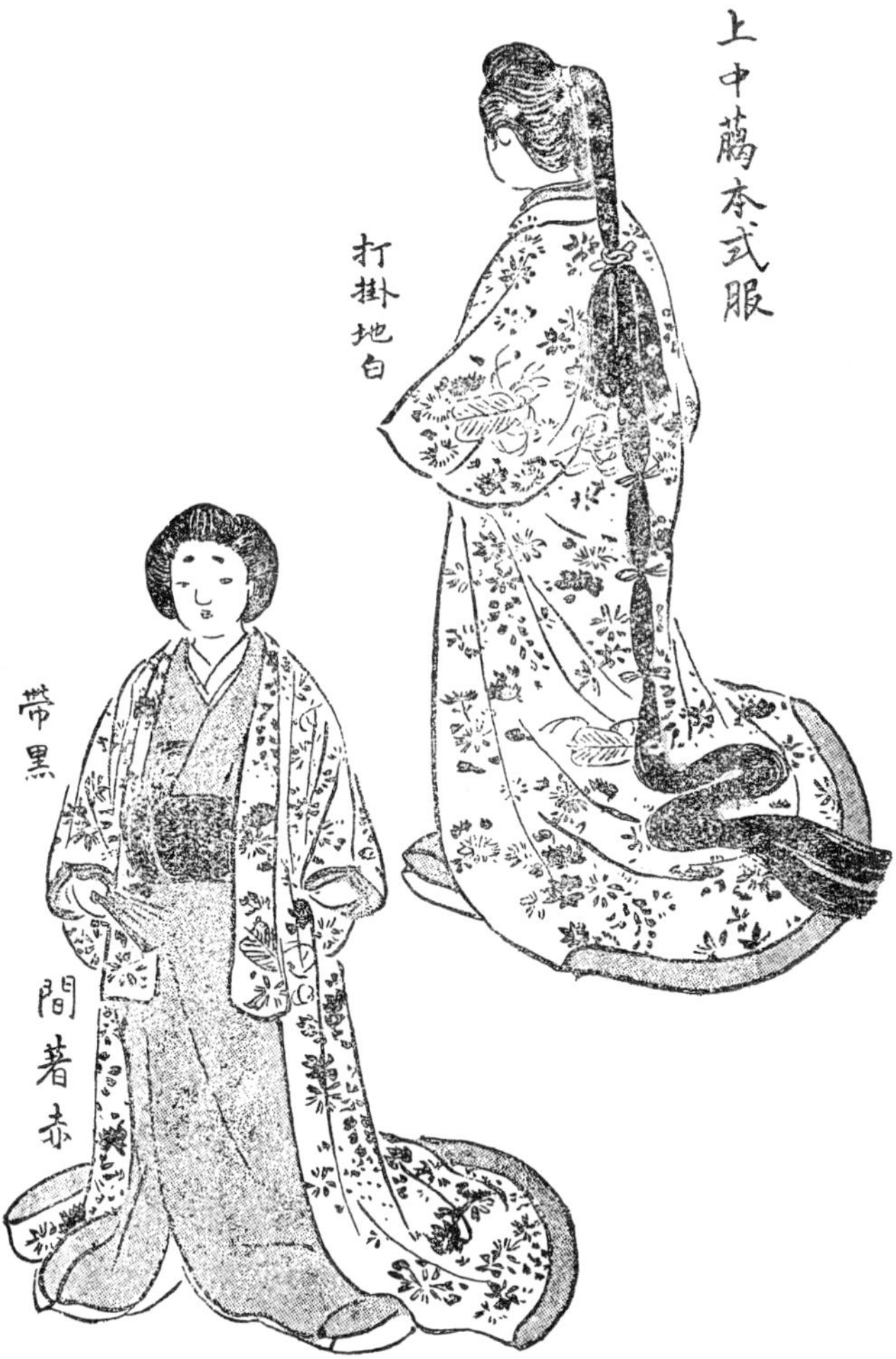
上中﨟本式服
打掛地白
帯黒
間着赤

袷上著｛地白（表白綸子の類、金銀色絲にて惣ぬひもやう、裏紅羽二重）
地黒（同前）

袷下著　白（表裏とも白羽二重）

右は四月一日より五月五日までの料なり。

本《ホン》辻《ツジ》｛地白（表さらし麻、金銀色絲にて惣縫模樣、下重さらし）
地黒（表同、袖口紅羽二重下重袖口白羽二重）

提《サゲ》帶《オビ》（唐織の類、錦をも用ふ。巾始め二寸五分、後世三寸五分、長さ曲尺壹丈二尺）

腰卷（色黒を本式とす。地練《ネリ》貫《ヌキ》、金銀色絲にて惣縫模樣、裏紅練貫、昔は六七月の間生《ス》絹《ズシ》裏を用ひしが、後にはなべて練《ネリ》貫《ヌキ》になるといふ）

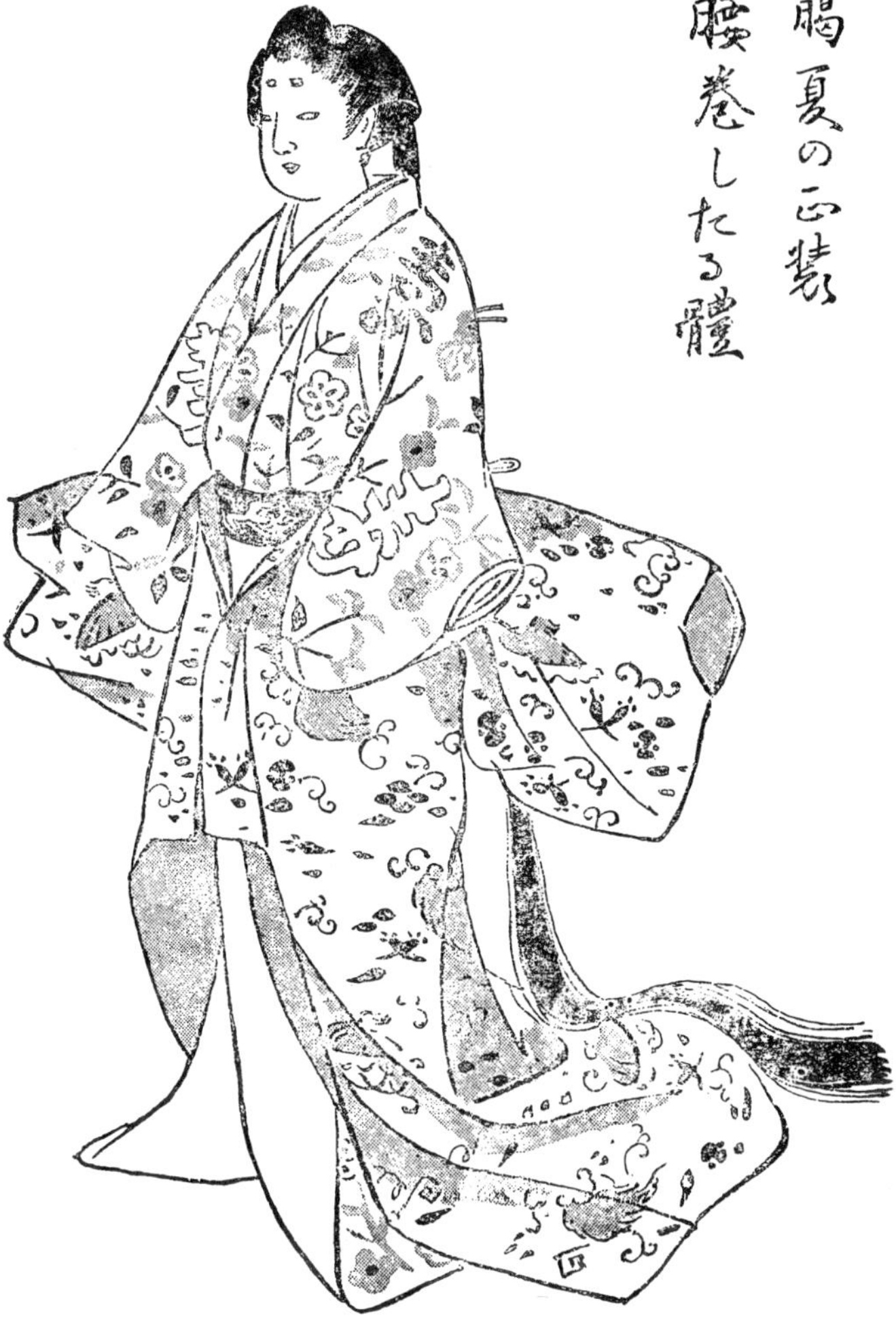

上臈夏の正裝
腰巻したる體

以上は五月五日より九月八日までの著料なり。但し腰巻は四月一日より用ふる定めなりしが、安政の頃は婚禮などの、殊なる式にあらざれば、腰巻を略して用ひざる事になりぬと云ふ。

二、お小性お側女中の本式服

介《カイ》取《ドリ》
- 地白(表縮緬、金銀色絲にて惣縫もやう鹿の子入、裏紅羽二重)
- 地黒(同前)
- 地赤(同前)
- 地桃色(同前、但し惣縫模様を略す)

間著
- 赤(表緋縮緬、金絲にて縫もやう、裏紅羽二重)
- 白(同前、銀絲にて縫)
- 黄(表うこん紋ちりめん、縫なし)

白（表大紋ちりめん、縫なし）

下　著　胴着、袷、肌着

附《ツケ》帶《オビ》（表緋繻子、但お側お次は黄繻子、金銀色絲縫、巾七寸）

袷上着　地白
　　　　地黒（表ちりめん金銀色絲にて縫裏白羽二重）

袷下著（表裏共白羽二重）

茶屋《チヤヤ》辻《ツジ》（表さらし麻、惣もやう、下重さらし、表袖に紅羽二重、下重袖に白羽二重）

提　帶（錦の類）

半肌子（さらし麻、半襟とも）

以上冬夏の服なり。又表使の式服は、中﨟以上のに準ずれども、打《ウチ》掛《カケ》といはずして介《カイ》取《ドリ》と稱す。

中蔦以上の本辻といふもの、及びお小性等の茶屋辻といふ夏服の事につき、一言せんに、辻とは前期の夏服に、辻が花といふものありし、その略語にて、元は帷子《カタビラ》を紅《ベニ》にて、花模様を染め出したるをいへるが、(辻といふ名義の柳亭の説は前にひきおけり)桃山時代以後は、何にても唯、赤く染めたる帷子《カタビラ》を、皆辻が花と呼びたり。松永貞徳の「御傘《オガラカサ》」といふ俳書に、「つじが花も、つゝじが花といふ事を中略したる名なれども、赤き帷子の名になりたれば、春の季にならず、帷子にひかれて、夏の句になるなり。」とある證とすべし。然るに近世は又、あながち赤き色にあらず、既に地白地黒とばかりある如く、地赤の帷子とては無かりしなれば、「つぢ」とは單に、式服帷子の事をさしていふ稱呼となりしなり。

　されば當時本辻といへる帷子は、地白或は地黒の奈良さらし、また越後ちゞみに冬の本式の打掛と同じ模様を、金銀色絲にて惣刺繍にしたるをいふ。

茶屋辻の方は寛永の頃茶屋宗理といふ者の家にて、染め出したるがもとにて、白茶の薄色の帷子(麻ちゞみの類)に、刺繍はなくて、唯染めもやうばかりなるをいふ。 然るを貞丈雑記に、繪もやうを染め出して、文字を刺繍にしたる、昔の葦手模様なる由記せるには從ひがたし。 刺繍のなきが、本辻よりは略式にて、格の劣れる所なり。 此の外、本辻と茶屋辻とを混雑したる、又同一の服のやうにもいへる説あれど、皆わろし。

序に云、式服の時所持の品、中﨟以上は懐中もの箱狭子《ハコセコ》、袖扇は黒塗骨にて、地紙鳥の子、繪もやうあり。 お小性以下は、はな紙入、扇子の骨は蘇芳染、 紙は鳥の子にて繪あり。 昔は六寸七分に定まりたり。 足袋は昔晴れの日だに用ひざりしが、後にはおしなべて用ひしにや。 今も堂上(京都)にては用ひ給はずと、常服略記に見えたり。 此の書は前述の通

り、文化三年に反故の中より見出し由なれば、時代推測るべし。後とい
ひても享和寛政の頃ならむ。

三、御次女中以下の本式服は

介取　半模様綿入（表縮緬類、金銀色絲の縫模様）

間著　赤（表緋縮緬、金絲にて定紋五つ）
　　　白（白ちりめん、銀糸にて定紋五つ）

下著　白（表裏とも白羽二重）

胴着　白（同　前）

肌著　白（同　前）

附帯《ツケオビ》　（表黒繻子、裏黄繻子腹合せ）

袷　半模様（綿入に同じ）

帷子　半模様（表晒麻下重さらし）

半肌子　（さらし麻半襟とも）

提帶　（表繻子のるゐ裏紅絹三寸五分）

四、御三ノ間御乳等本式服

綿入　紋裾　（表縮緬の類、裏紅秩父、定紋三所にて染模様なり

下重白秩父）

袷　紋裾　（同　前）

帷子　紋裾　（さらし麻、下重さらし、染もやう）

幅紗《フクサ》帶　（琥珀の類、縮緬の類、腹合せ）

半模様とは帶より下、腰部前後惣體に縫ひ模様を付くること。裾もやうは裾まはり絁《フキ》より上一尺ほど、模様を染め付くるにて、刺繡を略くだけの差別なり。紋裾《モンスソ》とは、紋付裾模様といふを略せる、一つの名稱なり。

是れより以下の御仲居等に至りては、

紋付綿入、同じき袷とも、紬無地、定紋三所を染め付くるに止り、それより御膳所詰などいふ下の女中は、

縞綿入、縞袷、縞帷子に幅紗帯、すべて地質は太織、小柳織の腹合せ帯に定まれり。倍以上は御奉公人(當時俗にかくいへり)の衣服の規定なり。

旗下の士の妻女も、高祿なるは先づ御小姓御側女中の服制に準すべく、小祿の家又御家人といふ下士にては、御仲居等の紬無地、紋付等を式の衣服としたるなり。

九 略式服と常服

附 禁制服御免服四季の服裝

上中﨟の略式服は左の如し。

綿入 半模様(表縮緬の類、金銀色絲の縫模様)

間著　白又は赤（表縮緬、裏紅羽二重）
袷　　半模様（表縮緬、金銀色絲にて縫もやう）
帷子　半模様（表ちゞみの類其の外以下同前）
次にお小性お側等の略式服には
綿入　裾模様（表縮緬類、金銀色絲の縫もやう）
袷　　裾模様（同前）
帷子　裾模様（表ちゞみの類其の外同前）
御次女中以下は本式服のみ。略式服としてはなかりき。
偖また常服としては、上﨟以上の女性は冬の分、
朝番　縞《シマ》、重付、替り裏、帶付
晝番　打掛（紋付）間著、下重、附帶
夕番　打掛（小紋）間著、下重、附帶

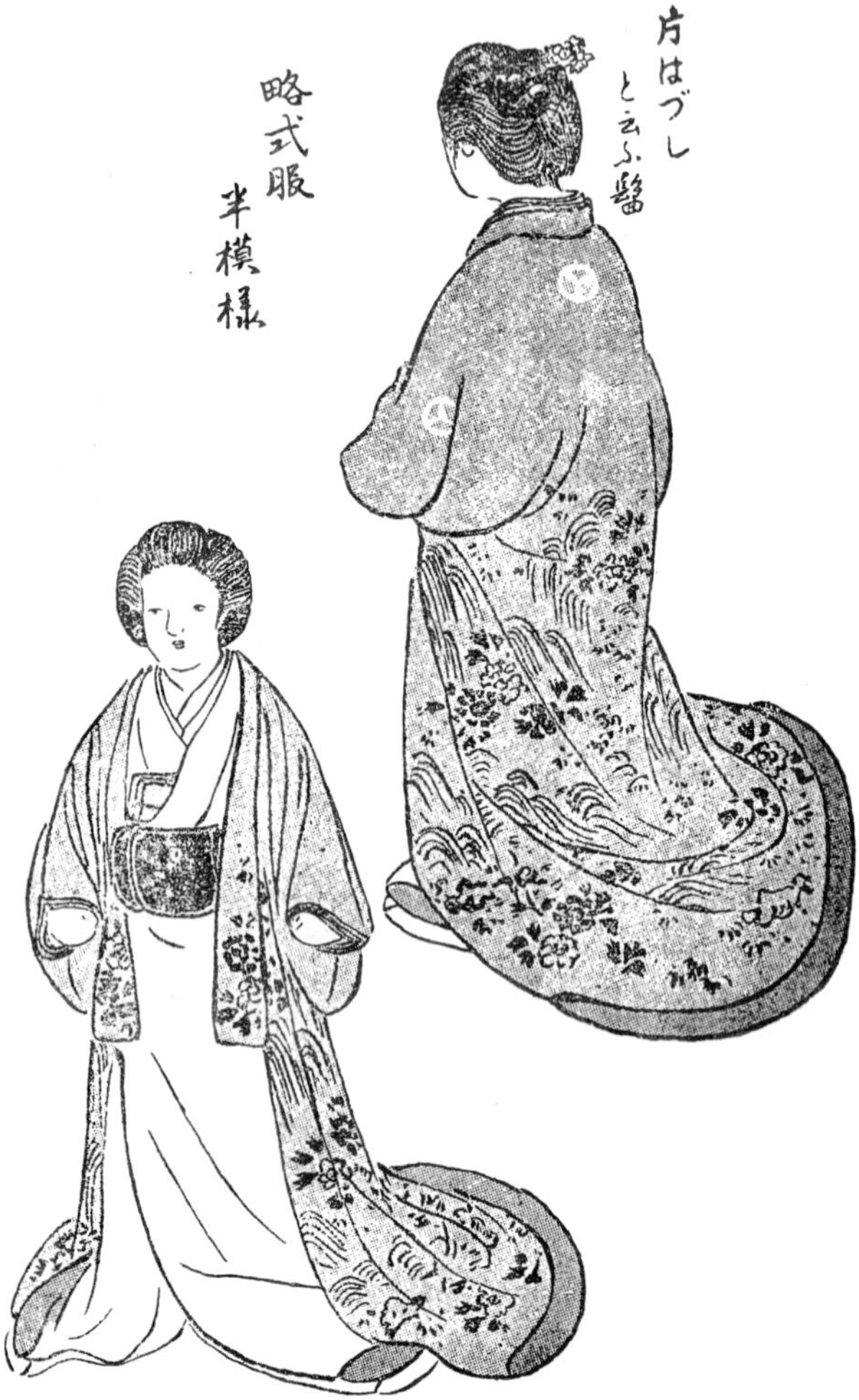
片はづしと云ふ髷
略式服
半模様

夏の分としては
朝　縞、重ね付、帯附
晝　帷子(紋付)重ね付、提帯
夕　小紋、重ね付　提帯
中﨟以下お側お次までの平服
朝　縞、替り裏、帯付
晝　紋付、重ね付、帯付
夕　小紋、重ね替り裏、帯付
お次女中以下は
朝夕番、縞、替り裏、　出番、紋付、重ね付
以下煩はしければ略す。　猶替り裏とは花色裏の事なり。
附けて云ふ、常服の中にも、禁制の色品、また御免服といふものあり。

是れ亦當時の制度を知る一端ともなれば、大略を叙すべし。　禁制の色品にて、惣女中、極禁《ゴクキン》と定まりたるは、

紫色　桔梗《キキヤウ》の紋　菖蒲《アヤメ》の模様

是れ中頃以後のおきてにて、當時の初期には、さる沙汰も聞えざりしなり。　扨紫色は、古來の禁色なりしかば、其のなごりなるべく、高貴の色として憚るにてもあるべきなれど、桔梗・菖蒲は何故ぞ。　當時拘忌の習俗、女中には殊に甚だしくて、「御祝」を假名がきにするに、必ず「いわひ」とかきたるは、「いはひ」は「位牌」と近似するによるといふ類多し。　されば桔梗《キキヤウ》は「吉凶」ときこえ、菖蒲《アヤメ》は善惡の二字を「あやめもわかず」など讀む事あるを、吉凶善惡を一つにしたる紋模様なればとて、忌み避くるなりといふ。

次にお三の間詰以上は、

花やかなる小紋染　端手なる模やう　同じく縞がら

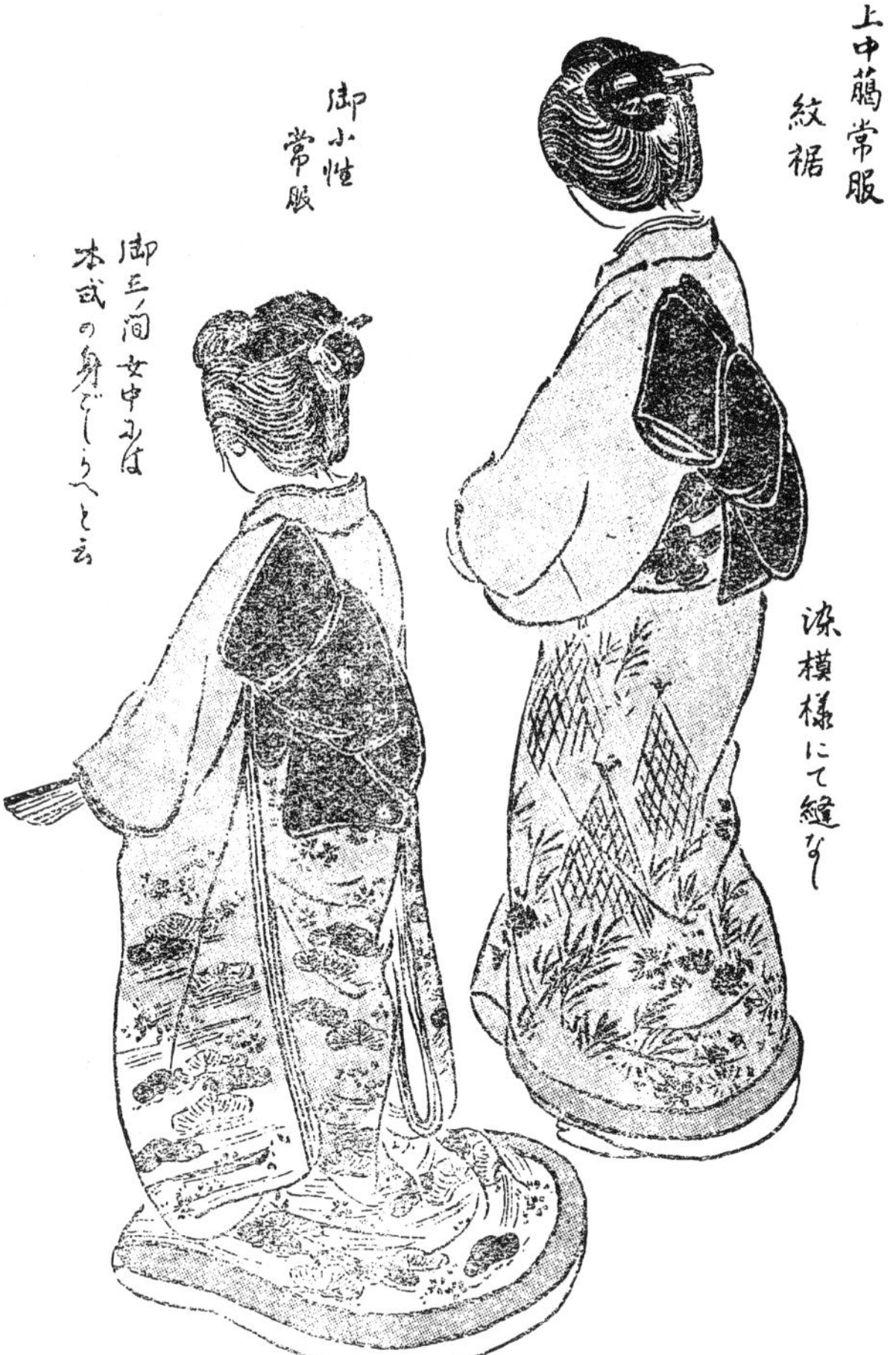
上中﨟常服
紋裾
染模様にて縫なし
御小性
常服
御三ノ間女中には
本式の身ごしらへと云

惣女中制すべき品々は、

羽織、裏表同色同地の服、襦袢に別品の半衿かくる事、　襦袢・長襦袢襌衣・蹴出しの類に緋縮緬を用ふる事。　襌衣は湯具なり。　これは惣女中白地の短きもの。　長きは嚴制なり。

お次以下には、

丸帯を禁じ、又腹合せ帯も二十歳以上はすべて赤地を禁ず。

總じて女中の服色は、お側お次以上夏冬とも、

黒　淺葱　紅《ベニ》掛《カケ》　納《ナン》戸《ド》　利《リ》休《キウ》鼠《ネヅミ》の四色に限り

お側お次より三の間詰までは、

藍小納戸　鳩《ハト》羽《バ》鼠《ネツミ》　の二色

お使番お仲居は

納戸　の一色に限りたり。

たま〳〵御免の服としては、御側・御次以上に限り、道服といふもの。道服は、小紋または無地に染めたる綿入羽織のことなれども、上臈などには道服と號す。元防寒の服として、各自の室内にて、内々着用するを、夜中急御用とて召さるゝ時は、道服のまゝ出仕を免さるとなり。但し羽織の禁制、道服の御免などは、皆徳川末期の制度なり。女子の羽織は下様より、上流にも移りたるなり。

因に當代の女服と四季年中の關係とを知るべく、常服略記の原文のまゝを左に引用せん。多少重複の嫌なきにあらねど、彼れ是れ參照せば了解の便あらむ。

正月　上著、地黒・地赤・地白・りんず、模様定りなし。松竹梅鶴龜など、めでたきもやうにまかすべし。いづれも鹿の子を染入る也。殊なる貴人は素《ス》縫《ヌヒ》を用ひ給ふ事もあり。

間著、紅りんず、略は紗綾《サヤ》、なほ略は縮緬、縫入たるを本式とす。されども平人は縫あるべからず。地赤をきる時は、桃色うこんなど着るべし。紅重は着る可らず。下着白むく、肌着白羽二重、若き人は白ねり紅梅を着るべし。たとへば元日は地黒、二日は地赤、三日地白と、次第をとりて着るべし。

二月　正月に同じ。白むく一つきるなり。式日には正月も一つきべきとぞ。

三月　上着、地黒・地赤前の如し。間著、白綸子ぬひの事前に同じ。之を間白《アヒシロ》といふ。間白には紅糸を入れず、裏紅なり。朔日二日は二月に同じ。三日より間白を着る事家格によるべし。上巳には必ず紅か桃色の綸子を着す。もやうは桃の立木など成べし。白むく一つなり。

四月　地黒・地赤・地白の袷を着すべし。次第前におなじ。下著白袷をかさぬ。降《サゲ》帶《オビ》・腰巻なり。近來多く袷には白を用ゆ。昔牡丹の袷といふもの、則地白なるべし。縫なきを素《ス》ぼうたんと云ふ。

五月　四日まで四月に同じ。五日より單物を用ゆ。地色等は袷に同じ。下着白ひとへを重ぬべし。帶・腰巻四月に同じ。家により端午には紺地、白の帷子とて、さらしを花田に、もやうを白く染めぬき、縫入たるを着し、六日よりひとへ物を用ゆとも云。家風によるべし。

六月　地黒・地赤・地白の帷子、下着白かたびらを重ぬべし。帶・腰巻前に同じ。近世地白のみ用ゆ。たま〳〵地黒も用ゆ。地赤は絶えて用ひず。晴には必ず地黒を用ふべし。

七月　六月に同じ。七夕には白帷子、萩・すゝき・梶の葉の箔模様を着べし。帯・腰巻同前。略儀には七夕にも地白帷子を用ゆといふ。

八月　八朔地白の綸子ひとへ、白かたびらを重ぬ。帯・腰巻同前、當月中ひとへ物を式とす。色の次第袷に同じ。八朔に七夕の如く箔もやうを用ふる事、家風によるべし。

九月　朔日より八日まで四月に同じ。重陽より三月に同じ。重陽には花色りんずの縫もやうを用ふる家もある由なり。

十月　二月に同じ。猪ノ子には紫綸子のもやうを着すといふ。家風によるべし。猪ノ子まで間白を着し。いのこより間紅を着すともいふ。（按ずるに當家紫色を禁せざるか）

十一月　十二月。正月に同じ。

是等に因つて見れば、當時武家に於ける衣服の制度は、隨分に嚴重なりし事知らる。

十　振袖も晴れの式服

「奧女中袖鏡」には、又留袖・打掛の次に、振袖打掛の圖を出だせり。蓋し高家大名に勤仕する女中にて、お小性などの年若きは、式服に振袖を用ふる事、近き世よりの風となりぬ。元來振袖は下ざまより起りて、上ざまに移りしなり。天和の頃より、謂ゆる、かぶきもの、伊達女の着初めしにて、それも最初は一尺五寸乃至七寸ほどより、次第に長くなり、寶曆二年のある書に、三尺に近しとあれば、二尺八九寸あるべし。今の世にくらべては、それすら長きにあらずと、生川の「女風俗考」にいへり。又守貞の「近世風俗志」には、

今世高貴は平日用ﾚ之、京坂の豪富亦平日用ﾚ之、中以下の禮服晴服に用ﾚ之、平日不ﾚ用ﾚ之、下民は禮にも晴にも用ふる者稀なり。江戸大名及び

旗下大祿の息女、禮・褻とも大振袖を用ひ、又大國大名の媵婢も、禮・褻用レ之、(小性と云少女のみ也)……… 又古より三都ともに、婦は振袖を不レ用、少女のみ用レ之、然りと雖も新婦《ヨメ》は用レ之、近年振袖を止むる時「袖留」と號して賀レ之、……… 男子着レ之者、大名旗本の息等、禮晴に著レ之、平日は不レ着、富豪の息も亦同之、………

と見えたるにて大やう察すべし。 猶士家富豪のみならず、大寺院の兒《チゴ》小性といふ美少年、平常にも振袖着たる由なり。 是れ皆江戸末期、淫蕩華奢なりし風俗の瀰漫したるよりの事なりき。

十一 市井婦女の禮服

我が邦古來、政權武力を有する者と、市井の農工等の庶民とは、非常に懸隔せる階級制の下にありし事とて、國家の文化は國民全般の事にあらずして、僅に公武の政治家のみに偏し、被治者たる庶民は常に底級の生活を營み、たまたま富有の者ありと雖も、なほ武力の壓抑に抗する事能はざりしは、室町時代以後の歷史にしばしば見ゆる所なり。かゝれば近古までは、庶民の文化には更に進展の跡なしといふも可なる狀況なりき。然るに慶長偃武の後、德川氏執政の世となりて、さすが二百年の泰平續きより、國富も增進し、市民の生活も向上しければ、商工の婦女にも禮衣式服らしきもの定まり、其の美を競ふ風を生じぬ。之を驕奢なりとは一概の論にして、畢竟は自然の勢ひなるべし。されば近古までは未だ曾て聞かざりし、市井の女子、室家にのみ蟄せし婦女の晴れ著、禮服などいふ語も、當時代の書に始めて見ゆるぞ珍らしき。而も猶此の初期に在りては、上下未だ質素の風を脫せざりしこと、久しき戰亂疲弊の餘後なればなり。是れら風俗の變遷を記せる書も、隨分に少からず、寧ろ煩瑣に過ぐるぐらゐなれど、之を渉獵せんは風俗志の領分に蹈み入る事となれば差控ふべし。今は唯「我が衣」とて、當時中期の風俗を記せる書の一節を紹介せん。

寛永十六年までは、武家は格別、町人百姓ともに、衣服甚麁相なり。女も町人百姓の妻なれば順レ之、正保慶安頃迄、年々に輕き貧家の妻・娘、武家へ奉公に出る。次第々々に立身し、上つがたの御服をも拜領して、我が家に歸り、嫁するも右の拜領物を着し、見物遊山祝儀にも一つ二つある物を着したり。故に世上の女子目を奢らせ、有德家の妻子等は、手前金にて拜領物の如くこしらへ著し、古の麁服を忘れたり。然れども數多くはなし。良き所なれども下女は夏冬とも木綿の晴着なり。………寛文年中より、男女の衣服そろ〳〵をごる。歌に

馬ならばいくつかはねん丑の年偖もはねたり寛文元年
寛文年中に至ては、惣鹿の子の小袖を著す。 地白綸子、或は紺・緋・紫の結鹿の子を惣地にせり。 小舟町一丁目石川六兵衛妻、甚奢りたり。 此女常に紗綾・縮緬・綸子の類を著し、晴れがましき所へは、純子・綸子・金入等を著す。 常憲院殿(五代將軍綱吉)上野へ始めて御成の時、彼の六兵衛妻御成を拜すに、黑門前へ棧敷をかけさせ、幕をうたせ、左右に女の切禿兩人、緋縮緬の大振袖を着せ、眞中に座す。 御通行の時、御簾を卷かせて拜す。……… 其時の上意に、是は何れの大名の奧方ぞや、あまり結構なる樣子なり、あれ尋ねよ。 との嚴命にて、則ち町人の妻なる由申し上る。 是よりして……… 石川夫婦遠島被仰付。
右の文によれば、最初は町人も武家にならひて、衣服の美なるを調製

しつらむ。されば禮服の如き、猶更武家と市井と異なる所なかりしなり。「近世風俗志」に、

當時(萬治年間を云)武家市中とも、婦女の風姿異なることなし。其の古風、今(天保年間)も武家に遺れり。(本注、御殿女中に遺る也、小臣武士の婦女は、更に古風を失して、坊間と共に、時様に押しうつれり。)民間は古風更に失せて、時々の流行に走り、今は御殿女中と坊間の婦女と、其の風姿千里の差となる也。蓋し京阪も、市民時々の流行變革ありと雖も、自づから又古風存するあること江戸に勝れり。江戸は八九十年來、特に古風を失却す。

とあり。俗婦女の禮服に就いて、同書に、

今世三都とも婦女の禮服、黑定紋付を專とし、又裾模樣を專とす。模樣は細密を專とし、裾周りに描く。大略高さ三寸、是れ昔の三寸

もやう也。褄は模様を高くす。又禮服定紋付の如きは、三都ともに引返し同裏なり。裏にも同もやう染る。江戸も如ㇾ此。かはり裏を用ひず、唯御殿女中は、模様服にも必ず紅《モミ》裏《ウラ》を用ふ。京阪處女は五寸七寸の物もあり。蓋し專ら白く細密に染め除くのみ。……御殿女中はこれと同じからざる大もやう多く、京阪の娼妓も大模様なりと雖も、自づから御殿女中と異なり。今は坊間と、武家媵と、娼妓と大に異なり、昔は大同小異のみ。又處女より婦は細に、婦より老女は密微に、或は裏もやうと云て、裏のみにありて、表は定紋のみ、裾無地、或は表裏無地にて、定紋のみもあり。年齢と時と用と好みとに據て、差別あれど大略如ㇾ此。

中以下は紬紋付、黑紺等なり。紋五所のみ、紬には模様を付けず、處女は紬にも裾もやうなきにあらず。京阪市中の婢も、式正の時、或は式正の時主人の供する等、紬紋付専用とす。江戸の婢、紋付を著する者、稀にして、縞物を専とす。京阪晴服、小紋縞ともに用レ之。禮服にも小紋は用ふる也。小紋定紋付なり。縞は禮服に不レ用。三都同制。

帷子今は麻布衣の名とす。禮服には奈良晒布《サラシ》を本とすれども、今は越後縮み或は數奇屋縮等を専用す。夏の定紋付は黒・紺等に染めず、淺葱・水あさぎ等の淡色とす。黒は更に不レ用。紺はなきに非ず。縹・空色もあれど、先は淡色多し。處女は裾模様、新婦も同様、年長は定紋のみを専とす。禮服は必ず白絽白晒布の下襲を用ふ。

襦袢とも三衿なり。絽の帷子すべて同前。

この文市井婦女禮服の事ども簡にして盡せど、帯の沙汰を洩らせり。

大かた紋付には丸帯の定めにて、腹合せ、服紗帯を非禮とせし事、今に同じ。偖この帶、武家殿中にての事は上にあり。市井に於ては、帶の幅の廣くなりし事、嬉遊笑覽その外の書に見えたり。大かた昔は二寸五分、男女の別なきが如くなりしに、三寸となり四寸となり、次第に廣くなりて、六七寸までに成れりといふ。

市井の婦女、紋付の羽織を禮服のごと心得て、着初めしも至て近き頃なりなり。當時代の中期までは、女子の羽織とてはなかりしに、元文の始め、豐後節といふ淨瑠璃歌を語る遊女、京より江戸吉原に下り、その曲市内に流行し、之を語る藝人より始れりといふ。嬉遊笑覽に、

下手談義豐後ぶし語りの事をいふ處、あまつさへ女があられもない、羽織を着て、脇差(刀)までさした奴も、折ふし見ゆるぞかし。と云々、

昔女郎にも、男に作りたるあり。其の餘風なり。

とあれば、最初は男子の裝ひして、羽織を着初めたるならむか。予が幼

き時にも、寄《ヨセ》席《セキ》にて常盤津浄るりを語る女藝人、和佐之助・金之助などいひたる、男名の者、男子の如き髷に結ひて、幅狭き男帯をしめ、羽織着て高座に上れり。是れ亦かの餘風の餘風ならむ。最初豊後節語りの女、それより深川の藝妓、女藝人に移り、終《ハテ》は商家の妻女にも及びしものか。

「近世風俗志」に、

女羽織及び袢天、三都とも昔は婦女更に不レ着レ之。予天保中出府の頃は、剃髪の老婦のみ、黒ちりめん紋付等の羽織を着せり。京阪も文政末天保頃より、賤業の婦往々着レ之。故に大阪天保中府命の條中に、男子の日傘婦女の羽織禁止の言あり。近年江戸は老若を論ぜず、羽織及び袢天を用ふ。縞御召縮緬・南部ちりめん其他も用レ之。老婦尼《アマ》形《スガタ》の人は黒を専用とす。

斯くあれば、明治以前は婦人公席に、羽織を着るを憚りたる也。老婦人法體は、例の男姿に準ずるなれば別なり。

十二　男女の足袋下輩には禁制

最後に男女足袋の事を附言すべし。今日にては珍らしき事に思ふ人もあるべけれど、近世のはじめ迄は、大かた足袋を用ひざりき。壺井鶴翁の門人にて、聊か有職の事も心得たる多田秋齋の說に、「襪の事、束帶の時はき、衣冠の時はかず。是れは應仁の亂の時よりの例にか。今の足袋、元來襪なり。今堂上に用ふる襪の製、大指のわれめなし。それにては用方あしき故、武家にて大指のわれめを拵へ、足袋と名つけて今に用ゆ。」とある。今とは寶曆の頃をいふ也。單皮は元旅具なれば皮製なり。襪は絹帛にて製して皮なるはなし。室町時代、武家にて單皮を殿中にも用ふる事とはなりけめども、襪を變じて、皮製の足袋を作り出でしにはあらず。此の說は誤なれど、寳曆明和の頃までも、衣冠の禮裝に襪も足袋もはかず、素足にてありしは事實なるべし。大名の家にては、足輕などの下輩に、足袋はくを許されざりしもありしなり。

偖當時代初期の男女の足袋は、室町時代以來の風をつぎて、皆革製を用ひたりき。「我が衣」にその沿革を盡せり云く、

寬文の頃、女は紫革などにて拵へ、筒長し。白革・淺葱革あり。紐白繻子に致す。天和の頃より木綿のうねざしの足袋はやる。男は革足袋にて公儀を勤む。十一月より二月頃まで、節あつて止む。(寒中だけ足袋を用ひし也)貞享に至つて、白さらし木綿にて、女は足袋を拵へたり。元祿ごろより、かなきん又は絹たびをはく女まゝあり。男は薄柿木綿なり。

享保の頃、將軍吉宗公御鷹野被遊。うのめ返しの御股引、紺のさし

足袋を召たり。依レ之其頃より、裏附上下(繼上下也)に紺のさし足袋はく人もあり。されど目立ちて見ゆることもなかりけり。平人若手尤も之をよしとす。寶永頃より夏足袋をはく。尤も好色の人にあり。享保より大かたはく。寶永ごろ御旗下の諸役人、歩行にて御城へ通はるゝ衆中、冬木綿足袋をはき、足袋のよごれざる様に、又其の上へ革のくつ足袋をはく。御城にて上の革足袋をとり、木綿足袋ばかりにて上る。是れ二足はくの始なり云々。

かくの如く最初革足袋の時は、色々に染めたるを用ひしかど、近年木綿足袋のみに成りては、白と紺とに限り、式日は男女とも白足袋に定まりたり。

現代

一　大禮服大儀服の新定

掛けまくも畏き明治天皇御世の始は、時恰も王政復古の大號令を煥發せられ、百事神武天皇の御創業に則り、舊弊を一新すべしとの御旨意にて、御卽位の大典にも、上古以來の唐風の流例を改め給ひぬ。卽ち明治元年八月二十三日、太政官より左の布達文を發せられたり。

此度御卽位之大體其式古禮ニ基キ大旌始製作被ㇾ爲ㇾ改……中古ヨリ被ㇾ爲ㇾ用候禮服被ㇾ止候事

斯くありて、彼の袞冕・玉珮等を始め、臣下の玉冠・大袖・武禮冠・裲襠等、一切を廢止し、主上は黃櫨染の御袍に、立纓の御冠をめされ、親王以下公卿はいづれも本位の色袍(四位以上黑色五位緋色)の束帶にして、舊大名諸侯の従四位・少將・侍從格以上も、同じく束帶、それより以下諸大夫・舊武家陪臣の徽士等は、烏帽子・狩衣・乃至直垂にて參列したり。是に於て、奈良朝時代以後の流例なりし唐風の禮服は、永久に廢絶して、上下束帶の正服を以て、禮服に改替せられ、つゞきて明治五年に至つて、大禮服を西洋風に御改定ありしは、服制史上の一大變革といふべし。卽ち十一月十二日、太政官達第三百三十九號を以て、左の如く布告せられたり。

今般勅奏判官員及非役有位大禮服並上下一般通常ノ禮服別冊服章圖式ノ通被相定從前ノ衣冠ヲ以テ祭服ト爲シ直垂狩衣上下等ハ總テ廢止被仰出候事

但新製ノ禮服所持無之內ハ禮服着用ノ節當分是迄ノ通直垂上下相用不苦候事

是れを又明治十九年十二月四日の宮內省達第十五號を以て改められ

たるもの、卽ち現行の大禮服なり。

斯くて明治四十二年には、登極令並に同附式の御發敷あり、此の時新に「卽位禮及大嘗祭ノ式」定りたるが、「御卽位當日賢所大前ノ儀」と申す御式には、天皇帛の御袍をめし給ひ、又「紫宸殿ノ儀」に於ては、黃櫨染の御袍を奉る事となれり。神事に帛の御袍を供するは、遠く嵯峨天皇の御時に定りし事上にいへり。又紫宸殿に於て卽位の御旨意を宣じ給ふ儀に、黃櫨染の御袍を奉る事は、全く明治天皇御卽位の御時に御創定ありしにて、永久に御佳例となりしこそめでたけれ。

親王以下大臣乃至側近の臣等も、御卽位大禮にはなほ黑・緋の袍の束帶なり。又大嘗祭に供奉する式部の掌典たちも、靑摺の小忌を著するること、中古の風に異ならず。但し每年の新嘗祭には、衣冠を著用する定めなれば、要するに束帶と衣冠の裝とは、現今も大禮大祀に著用すべく定まりて、之を儀服とは稱するなり。

女官の禮服にありては、なほ近古の如く、平額に釵子を戴き、唐衣に裳を引きたる正装を以て、明治の御卽位式には參列せられたり。其の後服裝御簡易にとの御内議やありけむ、皇后宮の御服も、御袿・御五衣・御單に緋の御袴をめされ、平額・釵子を奉りたるを、御禮裝と遊ばされしやに拜察すべき證あり。臣下にありても亦唐衣・裳を著くる事を止められたるが如し。明治十三年十二月の公達に「來ル十四年以後勅任官ノ夫人新年朝拜可レ被二仰出一ニ付服飾別紙ノ通」として

一、袿（地織物、色、黑ノ外何ニテモ不レ苦、地文勝手十六歳未滿ハ長袖。）
一、切袴（地、精好鹽瀨或ハ生絹、色、緋、十六歳未滿ハ濃《コキ》ヲ用）
一、小袖（地綾、羽二重、色白、十六歳未滿ハ長袖）
一、髻（トキサゲ白紙ヲ以テ中程ヲ結フ十六歳未滿ハ紅薄様ヲ用）

一、扇（中啓）

一、履（勝手）

宮中奉仕の女官の服制も、亦之に准じて心得べきか。

後十七年再び勅奏任官の服制を、禮服・通常禮服・通常服の三種に區別し、其の品目をも定められ、越えて十九年六月以後は、洋服の御採用ありき。

然れども皇室典範登極令の御發布あるや、御卽位禮の當日、賢所大前の儀幷に紫宸殿の御儀に、參列する婦人は、唐衣・裳等の中古の正裝に據らせ給へり。而して大正四年七月には、去る明治十七年に公達せられたる勅奏任官の服裝に准據し、更に禮服と通常服との二樣として、宮中席次第三階以上の者、及び其の妻の服制を定めて公布せられき。禮服の品目左の如し。

一、袿（地質唐織、夏ハ紗二重織、文樣、鳳凰小葵ニ藍三重襷深紫雲鶴ノ

外適宜。　色目、黄櫨染黄丹忌色ノ外適宜。）

一、單　（地質、固地綾織、文様千劒菱、色目、黄櫨染黄丹忌色ヲ除クノ外適宜）

一、服　（地質、白練絹夏ハ地晒布）

一、袴　（地質、精好、色目緋、切袴トス）

一、髮　（垂《トキ》髮《サゲ》、但シ前髮ヲ取ル仕樣ハ適宜トス）

一、扇　（檜扇）

一、履　（袴ト同色ノ絹ヲ用フ）

同時定められたる通常服の皆具は、次條に記すべし。

二　通常禮服と通常服

通常禮服といふ名稱、明治以前見聞かねども、中古公卿の朝服、また近世幕府の士格以上の者に於ける、上下乃至肩衣半袴（繼上下とも云）などにや相當すべき。明治の初年には、舊堂上家公卿の要路に出仕せられしは、小直衣に立烏帽子。武家より出でし高官の者は、直垂乃至羽織袴を公服としたりき。其の後明治五年十一月、大禮服を西洋風に定められ、直垂・上下等を廢止し、一般洋裝に改められたるが、同十年九月、更に太政官より左の如く達せられだり。

一、官吏通常禮服著用ノ場合ハ黑若クハ紺色ノ上衣（フロックコート）ヲ以テ換用スルヲ得ベシ

但シ判任以下ハ各廳長官ノ見込ニヨリ羽織袴ヲ以テ代用爲致不苦候事

茲に通常禮服といへるは、燕尾服の事にて、高等官は其の代用として、フロックコートを著するも差支なく、又判任官以下は、羽織袴を以て、燕

尾服の代用として苦しからずとなり。かゝれば高等官平時の通常服は、フロックコート又は羽織袴。判任官以下は、通常服の羽織袴を、通常禮服にも代用せしめられたりと知るべし。

婦人の高等官、又は高等官吏の夫人には、明治十七年に禮服及び通常服の二樣式を定めて、發布せられたるが、禮服の品目は上にいへり。通常服は、

一、袿　地質繻珍純子ノ類夏ハ紗
一、服　地質白羽二重夏ハ晒布
一、袴　禮服ニ准ズ但シ地質適宜
一、髮　禮服ノ時ニ准ズ
一、扇　ボンボリ(中浮ノ扇ノ俗稱ナリ)
一、履　禮服ニ准ズ但シ地質ハ適宜トス

奏任同相當の服制は、勅任官以上の通常服の制と同様たるべしとなり。是れ現今の御規定なり。

三　軍服の制

武官の服制は、陸軍と海軍とにより各其の制を異にす。明治の始め陸軍は先づ佛蘭西の式に倣ひしが、後に獨逸式を採用せられ、海軍は始中終英國式に據りたる由なるが、陸海兩軍各軍服の制の一定せしは、去る明治十九年の事なりといふ。其の後幾多少部分の改正を經て今日に至れり。

陸軍最近の制は、明治三十九年の服裝規則に由るものにして、大要正裝・禮裝・軍裝・略裝の四種に分ち、海軍の服制は廿九年の勅令を、三十九年に改正せられ、是れ亦正服・禮服・通常禮服・軍服に大別す。兩軍いづれも精細の規定あれど略す。百科大辭典軍服の部を見て心得べし。

服制の研究終

大正十四年六月二十日印刷
大正十四年六月二十三日發行

服制の研究
定價貳圓貳拾錢

著者　關根正直

東京市外西大久保四五九番地
發行者　橋本福松

東京市本郷區眞砂町三六番地
印刷者　武居菊藏

東京　日東印刷湯島工場　印行

發兌元　東京市外西大久保四百五十九番地
古今書院
振替東京三五三四〇番

日本縫針考

日本縫針考

渡邊 滋 著

日本縫針考

渡邊滋 著

[illegible]發行

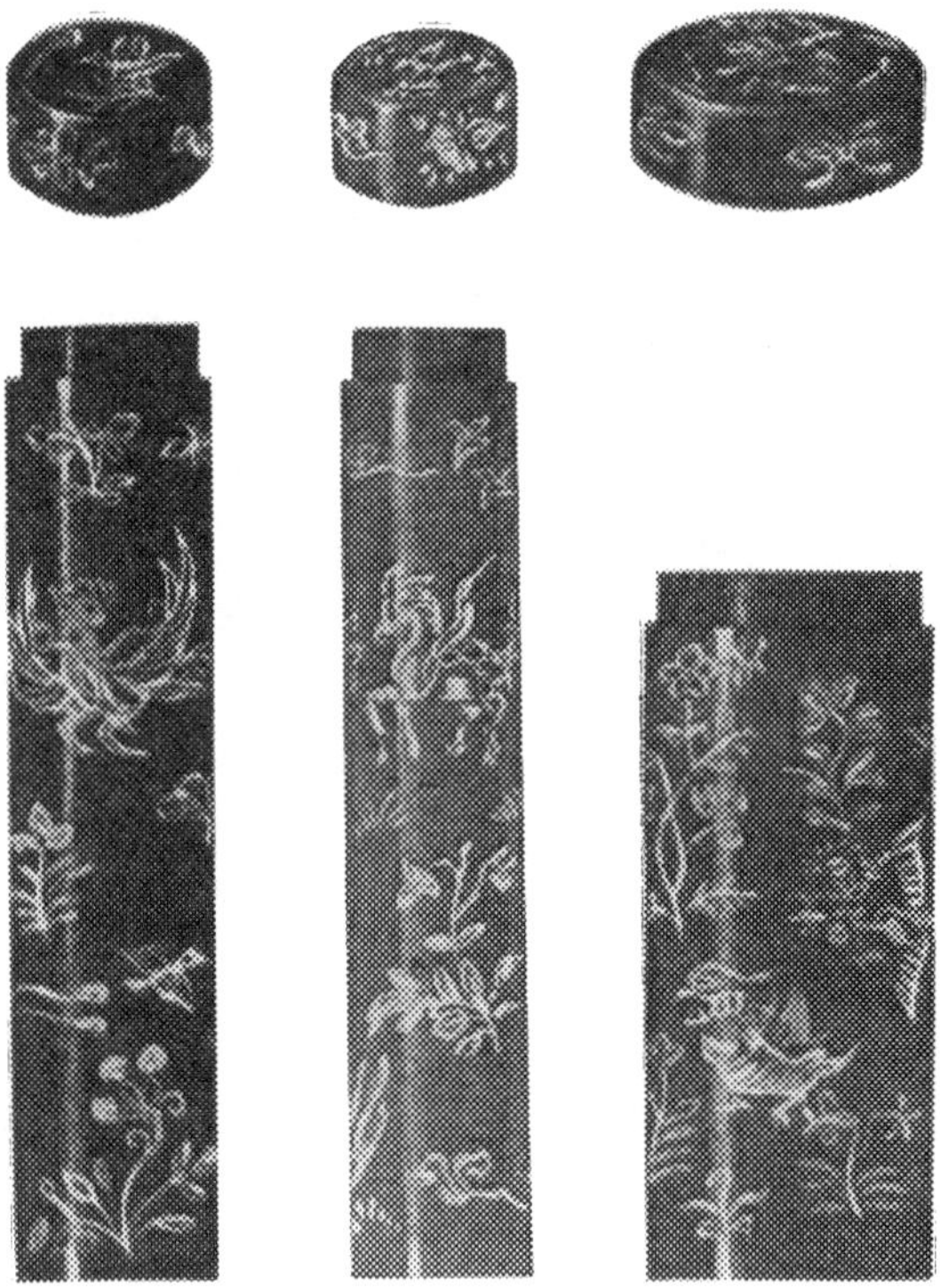

聖徳太子御所用

帝室御物　撥鏤針筒

（緑）　徑七分二厘　　長サ一寸九分（曲尺）

（赤）　徑五分　　長サ二寸五分（〃）

（紫）　徑五分一厘　　長サ二寸五分（〃）

揆鏤《バチル》と訓む、象牙を緑、赤、紫等の色に染め、花鳥などを刻むと象牙の白線が表はれる、之を撥鏤と云ふ。

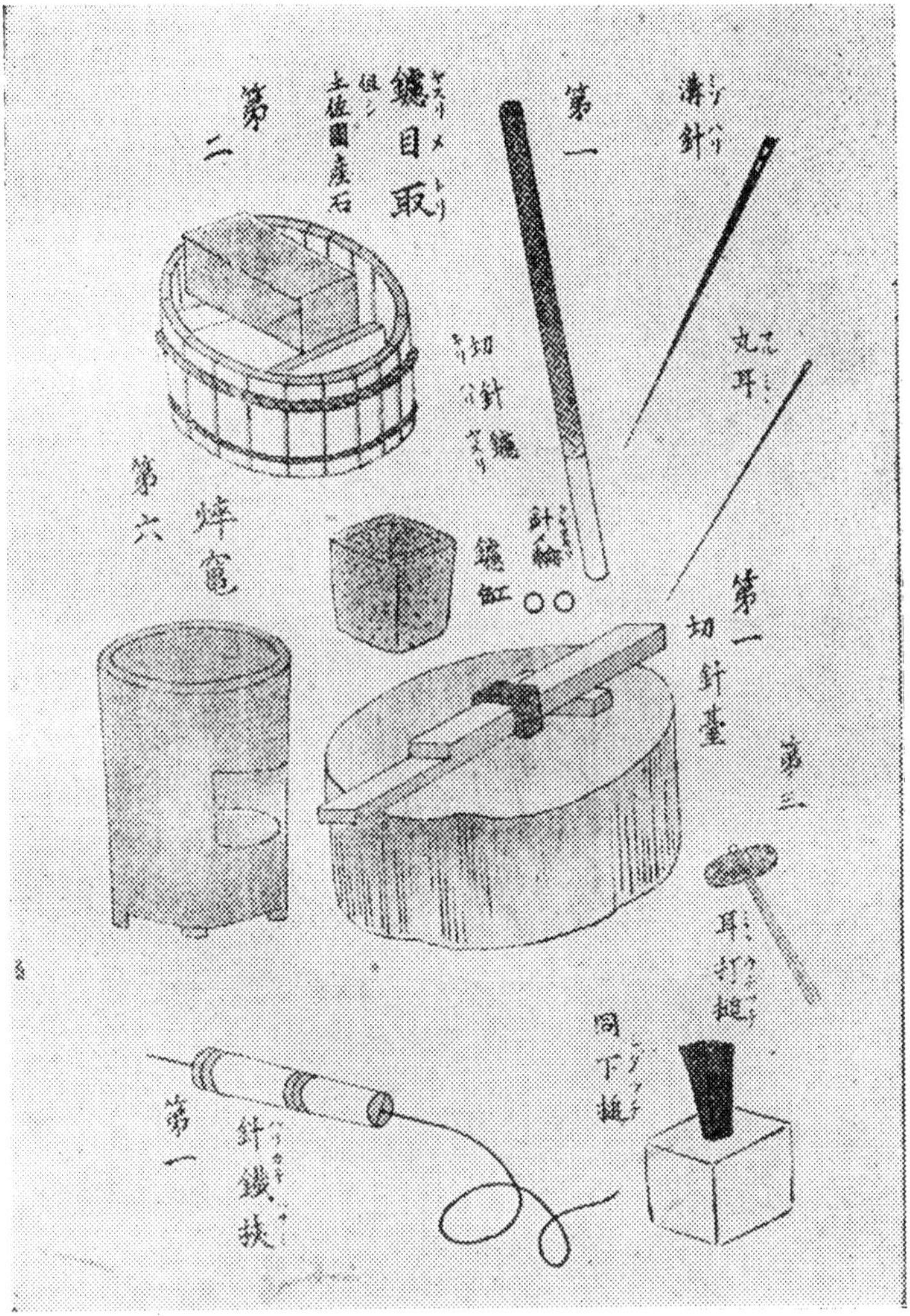

第一
溝針
丸耳
第二
鑢目取
土佐國産石
切針鑢
針輪
鑢缸
第六
焠竈
第一
切針臺
第三
耳打鎚
同下鎚
第一
針鐵扶

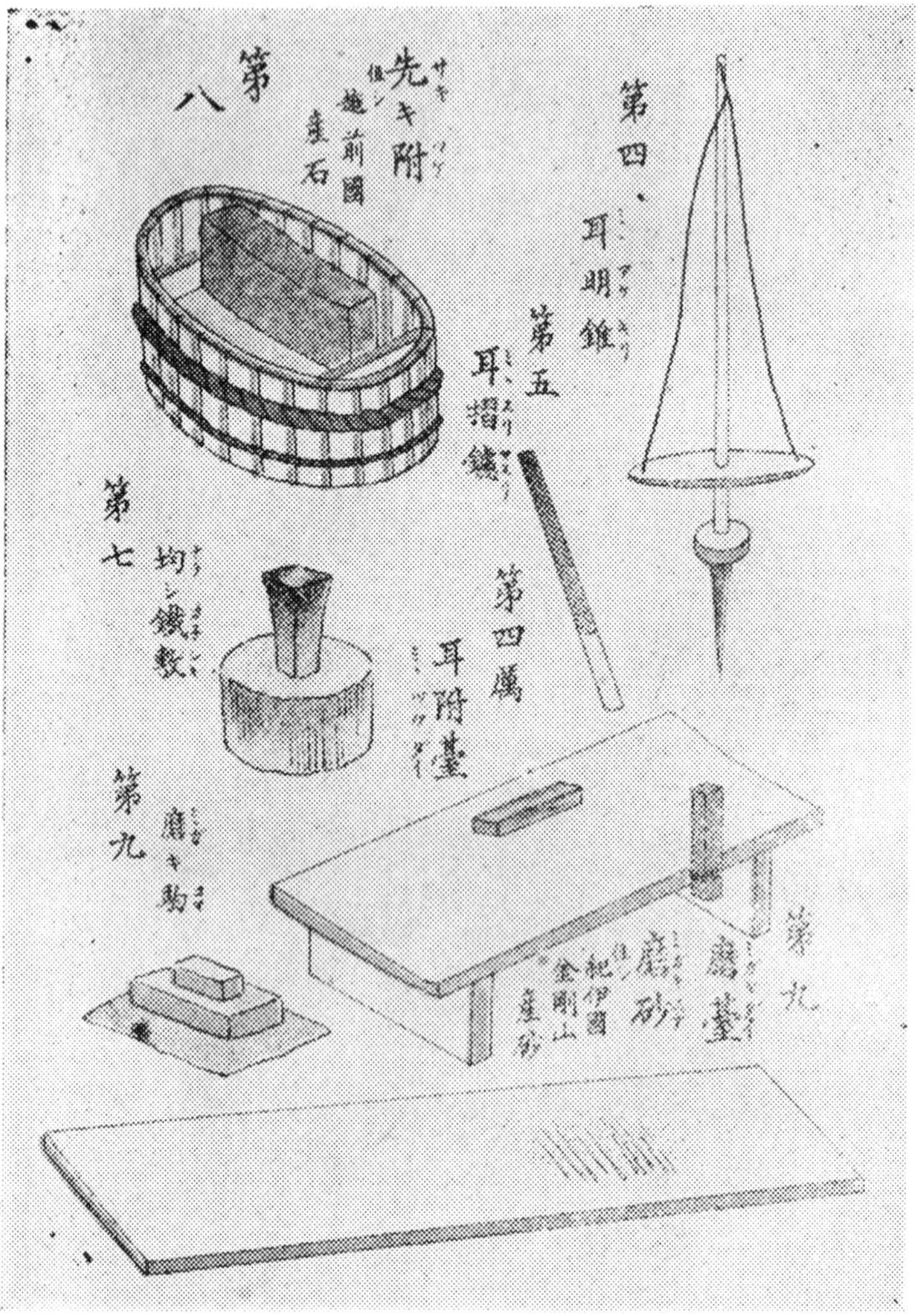
第八
先キ附《サキツケ》
但シ越前國產石
第四
耳明錐《ミミアケキリ》
第五
耳摺鑢《ミミスリヤスリ》
第七
均シ鐵敷
第四屬
耳附臺《ミミツケダイ》
第九
磨キ駒
第九
磨臺
磨砂
但シ紀伊國金剛山產砂

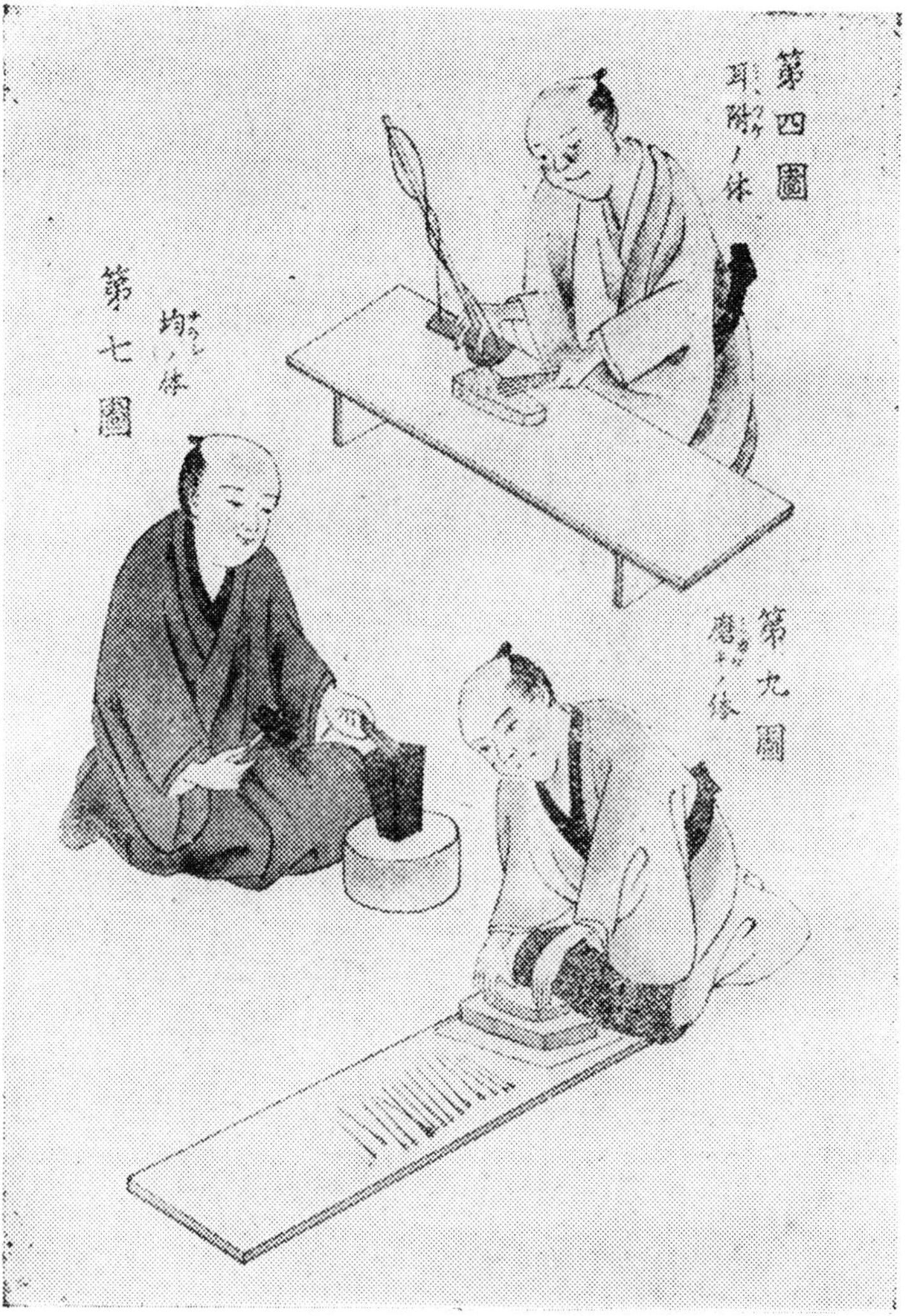
第四圖
耳《ミヽ》附《ツケ》ノ体
第七圖
均《ナラシ》ノ体
第九圖
磨《ミガキ》ノ体

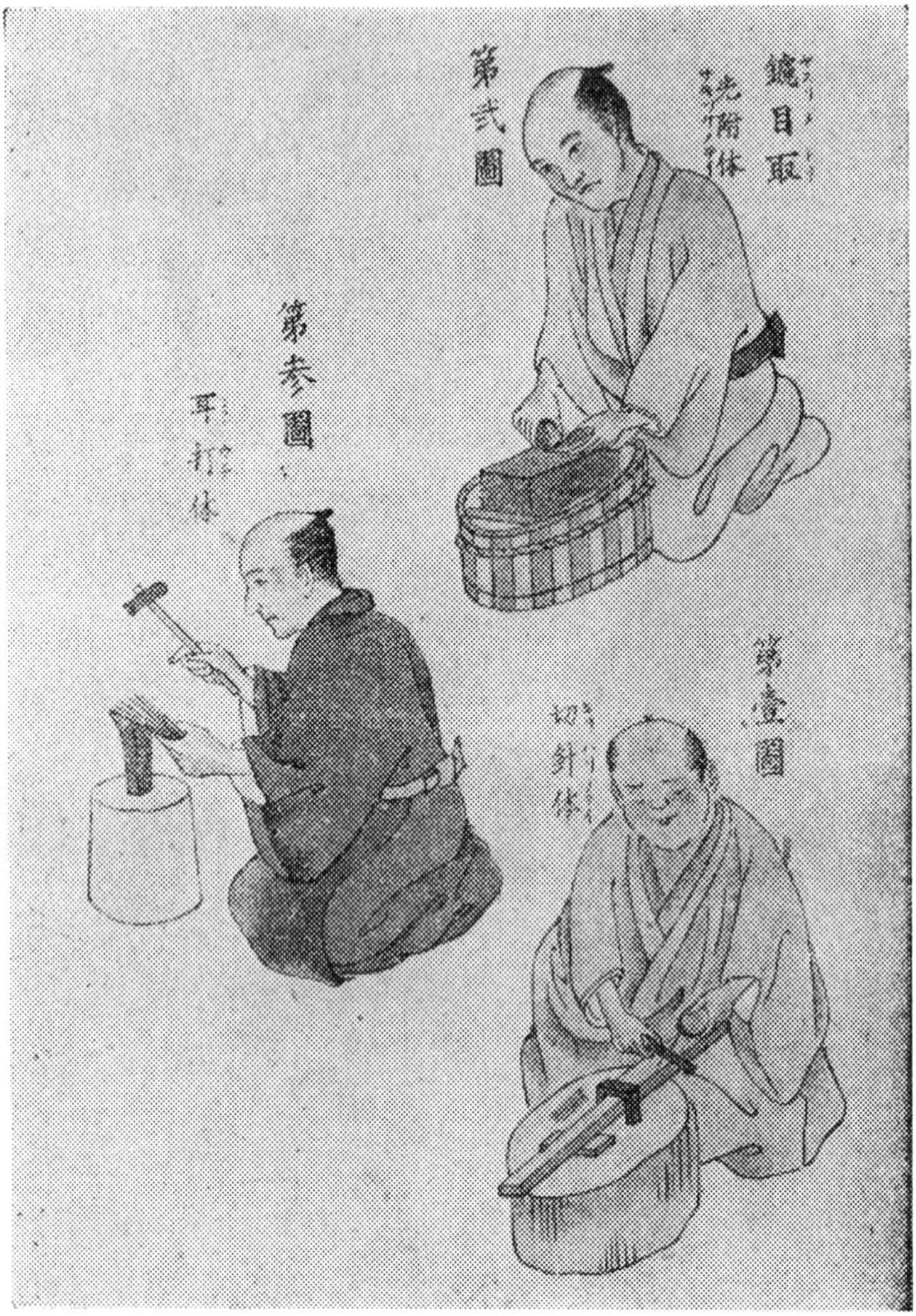

第弐圖
鑢目取
先附体
第参圖
平打体
第壱圖
切針体

自序

日本縫針考は私の一生涯を通じて最も記念すべきもの、是が姉妹篇として度（物差）に關するものをも後世に殘したいと思ひ明治四十年頃から針と尺度の研究を始めた。針は實物が甚だ少く、主として文献に依るのほかない爲、其の研究は割合に早く進んで大正十年にはその大部分を終へるやうになつた。折しも東京敎育博物館（現今の科學博物館の前身）で鑛物文明展覽會が開かれると云ふので、時の館長棚橋源太郎君から、是非出版して出陳せよとの勸誘あり、まだ不十分ではあつたが、訂正增補は將來のこととして同展覽會には「針の研究」と題して出陳し、各宮家にも献上したが、別に廣く頒たうと云ふ目的からでは無く、自分が研究に可なりの苦心をしたから、後世若し同好の人士があつたら、多少の參考になればよいと云ふので刊行したのである。從つて當時購入されたのは七八名で、寄贈したのが二十部ばかりに過ぎなかつた。然るに大正十二年九月一日の關東大震災に遇ひ、紙型も殘本も悉く烏有に歸し今日に到つたのである。昨秋山雅房の小嶺嘉太郎氏の要請に依り、多少の増補訂正を加へて書名も「日本縫針考」と改題發行することとせるも、未だ完璧を期することの出來ぬのは勿論であるから、今後も尙研究を續け、次の機會に增補するつもりである。私の此の研究に當つて佐藤球君、松本順三君は古書の調査に、又針問屋榾山仙右衞門君、同上田眞三郎君、針商押田鶴次郎君、森本製針工場主森本巳之助君、技工谷村貞次郎君、京橋みすや店主中村利吉君等から援助を受けたこと多大である。殊に當時吾校の幹事であつた韜堂新治吉太郎君が自分の研究の如く私に助勢してくれた事は感謝に辭がない。

本書の姉妹篇とも云ふべき尺度に就いては、大震火災當時、標本二百十數種原稿一千餘枚に及んで居たが、是亦灰燼に歸し、再度研究の材料が完全には得られないので研究を中止することとした。誠に遺憾千萬で、恰も一兒を失つた思ひがある。

昭和十九年元旦　　六十八歲を迎へて

渡邊滋

目次

第五篇　特殊の針……一二八

装幀　笹川喜久子

日本縫針考

第一篇　總論及び歷史

第一章　總　　論

裁縫といへば針と絲とは離れる事の出來ないもので、裁縫の事を絲針の道といひ、或はお針と稱へるのを見ても、如何に針の重要なものであるかが知れる。然るに其の形體の餘りに小さい爲に、比較的世に重んぜられない。從つて昔よりこれに關して研究するものが無かつた。況してこれに就いての著述の如きは、曾て見る所が無い。然し裁縫に從事するものは、實益の爲にも、又趣味の上からも、これを研究する必要がある。

この針といふものは、我々人生の生活の資料として、最も微小なものではあるが、人間が衣服を着る以上は、又是非とも無くてはならぬもので、上古蒙昧の世から最も早く世に用ひられ、且つ又最も廣く世の用をなしたもので、この位人生の文明に功勞のあつたものは少いであらう。而して尙今後如何に世が變遷して行くとも、人間が衣服を着る事を止めない以上は、これを縫ふ針も、決して無くする事の出來ぬのみならず、益々改良發達せしめねばならぬ。卽ち最も便利な、最も優良な針を作り、人生に貢獻せねばならぬのである。今後機械工業の力に依り、科學上の力に依り、大なる改良進歩を見んことを要する。

然しながら新しきを知るには、故《ふる》きを溫《たづ》ねざるべからず。故に此の意味に於て、本邦に於ける古今の記錄中、吾人の力で知り得る限りを涉獵して、これに關する知識を集め、又現今の針の製造に關して知り得る限りを錄し、倂せて改良の意見をも加へて、これを同好の方々に頒たうとして、先づその語義、語原、字義、用例、歷史より筆を起すこととした。

第二章　ハリの語義及び語原

大槻博士の言海に「針*は布帛を縫ふに用ゐる小き具、鋼にて作る、釘に似て圓く細長く、一端は尖りて、一端に小孔あり、孔をミミ、ミゾ、メド、などいふ、これに糸を貫きて、刺し縫ひもて行く、或は孔なき止針などもあり」とある。其の他の辭書も、殆ど大同少異である。西洋の辭書には織物、紙、革、粗毛氈《ふゑると上》及び他の材料を透して、絲を送つて行く眞直ぐ又は曲つた、小さな尖つた器具であつて、(一)鈍端(二)銳端、又は、(三)中央に於て絲を透す爲の孔が穿たれた、銳く尖つた微細な棒である。(一)の形は普通の縫ひ針である。(二) は尖端に於て孔を有する大針で、裁縫用ミシンの針である。而して、(三) は兩端の尖つたもので、或る刺繡機械に用ひられてある」として、西洋の針の意義を簡明に說明してある。

ハリの語原に就いては*和訓栞《わくんのしをり》に「はり、針をいふ、鍼《はり》も同じ、穿の轉なり」といへり。*名義集に「曲《きよく》鉤《こう》を飜《ほん》して婆利《はり》といふ」とも見えたり。「砭針《へんしん》をいふも棘針《きよくしん》をいふも義同じ」と見え、新井白石の*東雅には「ハリと云ふ義不《ズ》レ詳《カナラ》」とあつて、是れまで餘り明瞭な說がない。

予の考へでは、何國も同じ事、上古蒙昧の世には、言語の數が極めて少く、其の意味も、今日の樣に確然と判明せず、內容の豐富なものでは無かつたが、言語も一つの生物であるから、時代を經るに從ひ意義が判明になり、且つ內容が豐富になつて來、同一語でも、段々少しづゝ違つた意味を生じ、遂には相互の間に、餘程掛け離れた意味の語となり、これを後世より見る時は、始より別々の語が、幾つも存在したかのやうに見えることもあり、或は其の內の一つか、又は全部が死滅して、無くなる事もあるものである。ハリの場合も矢張りさうではないかと思はれる。

卽ちハラン、ハリ、ハル、ハレと、ハ行四段に活く意味の單純な動詞が、古い時代に、只一つあつたのが、現今では、言海に示す如く、

(1) **ハル** (張)(一) 廣く開く、ひろがり延ぶ、開張 (二) 一面に閉ぢ結ぶ「氷張る」凍結(三)

ハル

内より脹れあがる、聳え立つ「乳房張る」「腹張る」「肩張る」脹起聳起（四）芽出づ「（春の日に、張流《はれる》柳を、取り持ちて」發芽（五）增す、分に過ぐ、殖《ふ》ゆ、進む「價張る」仕事張る」「氣張る」意地張る」欲張る」昂。

(2) ハル（張）（一）廣く開き延ぶる、ひろぐ「幕を張る」網を張る」（二）引き延べ亘す「弦を張る」綱を張る」（三）進むる、奮ひ起す、突き出す「論を張る」氣を張る」意地を張る」欲を張る」臂を張る」張り出す」皇張。

(3) ハル（張）（張りて付くる意か）（一）粘《ねば》し著く「糊にて紙を張る」札を張る」障子を張る」傘を張る」貼（二）張拔の細工をなす（三）押し延べて打ち著く『天井を張る」羽目を張る」太鼓を張る」（四）鐵砲、烟管など、內の空なる器を造る（銅鐵板を卷きて貼りて繼げるをいふ）。

(4) ハル（墾、治）（張り拓《ひら》く意か）新に地を掘りかへして田、畠、路、池などとす、開發《かいはつ》す、云々（この項は、後に詳說するから、引例を略す）

(5) ハル（批、拊）掌にて擊つ、「憎き法師の言ひごと哉とて、頰骨《かまち》をハリてけり」天窓《あたま》をハル」

五通りに開展分化して、極めて複雜に成つて來た。而して右の內でも(4)のハル（墾、治）に就いて、

尙詳說して見ると、

(1) **ハル**（墾田）開墾して田を作る意。雅言集覽*には「はる、墾。字書に耕也、治也とあり、新に土を掘りうがちて、田にも池にも作るをいふ」とあるが、この田と、池とは、似ては居るが、細かく分つときは別種のもの、卽ち田は耕作の用、池は貯水の用であるから、玆には之を區別する。

萬葉集*十下「住吉之《すみのえの》、岸乎《きしを》田爾《たに》墾《はり》、蒔稻《まきしいね》」（住吉の岸を新に開き作り、蒔いた稻の義）。

ハル

(2) **ハル**（作道）道路を開き作る意。

萬葉集十二上「新治今作路《にひはりのいまつくるみち》、淸《さやかにも》」（今作りたての新道の淸淨なる義）。

同十四上「信濃道者《しなぬぢは》、伊麻能波里美知《いまのはりみち》」（前と同義にて信濃路は今作つた新道と云ふ義）。

同上十四「久佐可氣乃安弩奈由可武等《くさかげのあぬなゆかむと》、波里氏美知《はりしみち》」（草影のは枕詞、安弩奈《おぬな》は地名にて、安弩野《もぬの》なるべく、安弩野を行かんとて、新に作りたる、道路なるの義）。

(3) **ハル**（掘井）池を掘り作る意。

拾遺集*、物名、輔相の歌に「池をハリこめたる水のおほかれば」（池を新に作り、籠めたる水の多かればの義）。

等の意義がある。

然るに、其の何れを見ても、張り開く、新に作る、或は單に作る等の義を含む。依つて考へると、このハルの語の文献に見えたのは、以上の如き用例に止まるが、尙古くは、この外にも、新に作るものには、ハルの語が用ひられたものと推し測られる。卽ち衣服なども、新に作られる場合、又は單に作ると云ふ時には、ハルと唱へられたものであらう。而してそれをハル（作る）爲に用ひた道具の一つは、則ちハリ（針）であつたと思はれる。

尙このハルと云ふ語は、衣服を作る場合、則ち縫ひ合せて作る事のみでは無く、染めて作る、染めると云ふ時にも、用ひられたかと思はれる。何となれば、木の名にハリノキと云ふのがある。俗にハンノキと云ひ、榛《はり》の字を用ひる（赤楊の字よく當る）古くは萩《はり》、蓁《はり》等の字も用ひた。山中にも生ずるが、よく田畝の間にある木で、高いものは二三丈にもなり、皮は染料にする（實をも染料《そめくさ》に用ひると云ふ）古は衣を摺るにも用ひ、日本書紀にも蓁摺衣《はりすりの》の字も見える。鹿《か》持《もち》氏萬葉集品物解には「名義は未群ならず」としてあるが、古へはこの木で衣服を摺り、又は染めたから、その事をハル（染《は》る）といひ、其の染《は》る材料の木をハリ（染り）の木と唱へたものであらう。其の證據には、萬葉集卷七に「不時《ときじくに》《ときならず》斑衣《まだらのころも》、服欲《きほしき》香《か》、衣服《ころも》針原《はりはら》（島針原《しまのはりはら》に作る本もある）時二《ときに》不有《あらね》鞆《ども》」とある。是を衣服を張るとかけたものと、解釋してしまへば、それまでであるが、衣服を染める榛の木の原とも、解けば解かれるのである。否、古へ衣を染める事をハルと云つた名殘りが、衣服《ころも》針原《はり》と云ふ一つの言に、僅かに殘存したものと見られる。（島の針原としては、勿論此の說は立たぬ）又四季の春を解釋して、木の芽が張るから春の時であると云ふ說も、今までの枯葉の野山を、綠の草が萠え出でて、染めるからハル（染《は》る）の時だとも解かれる。小さな木の芽が張り出すを、時の名とするよりも、一面の野山を染めるからハル（染る卽ち春《はる》）であると云ふ方が、よく聞えるやうである。

要するにハルの語は、前述の如くであるが、更に左の二つの義を持つ。

ハル｛衣を縫ふ………これより縫ふ具をハリ（針）と云ふ。
　　　衣を染める……これより染める木をハリ（榛）と云ふ。

所が、衣を縫ふ、衣を染めるの義が、早く死語となつて用ひられず、針《はり》、榛《はり》のみが殘つたので、語原が分らなくなり、張り開く、墾《は》り拓《ひら》くなどとは、全く緣の無いもののやうに成つた事と推測せられる。

又、榛の木は、よく開墾したる地などに多くあるから、墾《はり》の木だとも、解釋せられる。榛原《はり》は卽ち開墾地に榛が多く生じた地である。

又、墾《は》らん、墾り、と用ひるハリも、掘《ほ》らん、掘りと用ひるホリも、原は同一語で、墾も矢張り掘りて作るので、田も、道も、池も……而して針も穿りである。又墾《は》りと同原であるとも云へば云はれる。記して一考に供へる。最初に引いた和訓栞の內に、翻譯名義集を引いて、曲鉤を婆利と翻する事が書いてあつたが、婆利が梵語だとは、勿論斷ぜられぬ。本居氏の古事記傳*十七之卷、海佐知《うみさち》山佐知《やまさち》の段にも、「波理《はり》と云は、もと物縫針《ものぬふはり》の名にて、其《そ》を曲《まげ》て、釣《つり》に用ふるを釣針《つりばり》と云なり（書紀神功巻に勾《ヤゲチ》レ針《ハリヲナス》爲レ鉤《ツリバリト》とあるが如し、或人、翻譯名義集に、婆利翻二曲鉤一《ス》と云るを引て、波理《はり》は梵語なりと云るは、本末を辨へざるひが說《こと》なり、曲鉤は、波理《はり》の本義《こゝろ》に非れば、末の自似《ね》たるにこそあれ）」とあつて本末顚倒の說としたのは、尤もな考へである。

又、ハリはマリ、バリにも通ずる。ハリは、前掲の萬葉にも、古事記にも、新墾《にひぼり》（治）と濁つて讀んでもあつて、バは唇音で、マに最も近い。マリは今日、鞠《まり》、鋺《まり》等の名詞、即ち圓形の物の名となり、（動詞のマルは大小便をなすことと成つて、鞠、鋺に縁は無いが）動詞として、圓くするとか、圓く作るとかの意味を持つた詞が無いが、極古くは矢張り其れが有つて、マラン、マリ、マル、マレと活いたものらしい。而して圓く作つたものは、木や金で圓く刳《く》つた鋺《まり》、椀《まり》もあれば、皮で圓くし、又は綿を丸めて絲で縢《かが》つた毬《まり》もあつて、それをマリと稱したのでもあらう。この場合毬には矢張り針の關係を持つ。即ち針でマリを作つたものとも見られる。然し是等は何れも定說では無い。尚後の考へを待つ。

※我が邦の在來の針は鋼では作らぬ。ミミ、ミゾ、メドの說明は後に詳しくあげる。

＊和訓栞　八十六巻、谷川士淸著、文化二年乙丑（紀元二四六五）出版。

＊名義集　翻譯名義集の略、宋の姑蘇景德寺普潤大師法雲編、元の大德五年辛丑（紀元一九六一）の序がある。

同書第三卷什物第三十七に「婆利」或盎句砮、翻二曲鈎一」とある。

＊新井白石　江戸の碩學、將軍家宣に仕ふ。享保十年乙巳（紀元二三八五）六十九歲にて歿した人。

＊東雅　二十卷、本邦の物名を釋す。享保二年丁酉（紀元二三七七）の撰。

＊雅言集覽　四十四卷、石川雅望撰、文政九年丙戌（紀元二四八六）刊行。

＊萬葉集　二十卷、我が邦最古の歌集、　仁德の朝より　淳仁天皇の天平寶字三年巳亥（紀元一四一九）までの歌を集めたもの。

＊拾遺和歌集　二十卷、撰者は藤原公任、或は　花山法皇とも云ふ。

＊日本書紀　三十卷、舍人親王に勅して、　元正天皇養老四年庚申（紀元一三八〇）に撰ばしめ給うた編年史。

＊鹿持雅澄　土佐の和學者、　光格天皇の寬政三年辛亥（紀元二四五一）生れ、　仁孝天皇安政五年戊午（紀元二五一八）歿した。萬葉集古義百二十五卷を著す。品物解は其の內にある。

＊古事記傳　四十八卷、本居宣長の著、明和元年甲申（紀元二四二四）起稿し、寬政十年戊午（紀元二四五八）に成る。其の間實に三十五年、畢生苦心の書である。

第三章　針の字義

針は鍼の俗字にして、衣を縫ふ所以のものである。

※説文《せつもん》に「以レ鍼紩レ衣曰レ縫、所二以其縫一者曰レ鍼、俗作レ針也」とあり、

針の字は説文、徐鍇の註に「俗鍼字、所二以縫一也」とあり、

鍼の字は、説文に「所三以縫二布帛一之錐也」とある。

箋註倭名類聚抄《せんちうわみやうるゐじゆせう》、巻六、裁縫具「鍼、陸詞切韻云※、鍼、職深反、字亦作レ針、波利〇昌平本、下總本、有二和名二字一、玉篇、鍼針同上、廣本職作レ織、字異音同、然職深與二廣韻一合、作レ職似レ勝縫レ衣具也〇説文、鍼、所二以縫一也、急就篇注、鍼、所二以縫レ衣也、即此義一」

和漢《わかん》※三才圖《さいづ》會、巻三十六、女工具「縫鍼《ものぬひばり》、縫針、毛乃奴伊波利《ものぬいはり》」等とあるのを見ると、卽ち鍼は本字で、針は俗字なる事が、明かである。然るに現今にては、裁縫に使ふハリには、多く「針」の字を用ひ、醫術に使ふハリには「鍼」の字を用ひる。

倭名類聚抄は、源順《ノシタガフ》朝臣が醍醐天皇の延長（紀元一五八三—一五九〇）年中に選録したもので、随分古い本である。文化年中（紀元二四六四—二四七八）に有名なる考證學者※狩谷棭齋《かりやえきさい》が註釋を加へたのが箋註倭名類聚抄である。

和漢三才圖會は、支那の明の三才圖會に倣ひて、寺島良安が我が邦の事實を加へ編輯したもの、百〇五巻の一大雜書である。良安は大阪の醫師、博覧強記、和漢の學に通じた人で、此の書には正德三年癸丑（紀元二三七三）林大學頭《だいがくのかみ》の序がある。

ハリの字に「箴」の字も用ひられてある。箴の字に就いては説文に「綴レ衣箴也」。※禮記内則《らいきのだいそく》に「舅姑衣裳綻裂、紉レ箴請二補綴一」などとある。又※韻會補に「與レ鍼同、諸韻別出レ箴、爲二箴鍼字一、又通作レ針」と

康熙字典に引いてゐる。

是等に依つて考へると、箴の本義は衣を綴るハリのことで、夫が人を誡める意味に轉用せられたのであらう。竹冠《たけかむり》である所を見ると、ハリも元竹で作つた事のあるを證する。金屬の使用少き時には、竹のある東洋で、これを用ひてハリを作つた事は勿論疑ふべき餘地は無い。文字も、竹冠の字が元で、金偏の字が後に出來たのであらう。

爾雅釋器に「羽《ノ》本謂《フ》二之《ヲ》翮《ト》一註《ニ》、鳥羽《ノ》根也、一羽謂《フ》二之《ヲ》箴《ト》一」とあつて、鳥の羽の翮《かく》壹本を箴と云つたのは、其の形狀が、針卽ち箴に似て居るから起つた事と思はれる。

（ハリに石で作つた砭《いしばり》と云ふのがあるが、夫は醫療に用ひたものであるから、玆には、これを論ぜぬ）。

針※の字も、もとは偏《へん》なく、旁《つくり》のみで、而も現今の形の數字の十の字では無く、象形文字の 或は  であつたのが、段々と形が變つて十字になり、後に針は金で作るから、金偏《かねへん》を加へたのであらうと、推測せられる（數字の十の字にも、古文には  から書いたものがある）。

咸の字は竹冠をつけると箴《しん》、金偏をつけると鍼《しん》となつて、衣を縫ふ針のことになり、糸偏をつけると緘《かん》となつて綴る意味となる。又咸の字は糸をつけなくとも、緘《かん》にも通ずる字である。

*類聚名義抄（帝國圖書館本）僧上の巻金の部に「鍼針葴三正一 斟ハリ」として葴の字を擧げてあるが、葴は馬藍《おほあゐ》、寒漿《かがち》、※今の酸漿草《ほほづき》などの事で、ハリの義は無い。恐らくは箴の誤寫であらう。又、※愈愚隨筆巻の八に劉氏鴻書より引いて

「[illegible]杵《ツ》作《ス》レ碱《ハリト》」の項がある（全文は後に引く）而して碱の字は、字書に見當らぬ。是も恐らくは誤寫であらう。

＊說文解字　略して說文、漢の許愼撰、三十卷、南唐の徐鍇說文繫傳を作りて、之を解說した。これが此の書の最も古い註解である。

＊切韻　隋の陸詞法言撰、五卷、文帝仁壽元年（紀元一二六一、　推古天皇九年）成つた。唐に增補して唐韻、後又重修して廣韻と云ふ。

＊玉篇　三十卷、梁の顧野王撰、大同九年に成る。陳の宣帝大建十三年（紀元一二四一）六十三にて歿した人。

＊急就篇　四卷、漢の元帝の時、史游撰、物名、姓字の註解書。

＊狩谷棭齋　天保六年乙未（紀元二四九五）六十一にて歿した。

＊三才圖會　百〇六卷、明の王圻撰、萬曆三十五年（紀元二二六七、　後陽成天皇慶長十二年）の序がある。

＊禮記　周末秦漢の諸儒の古禮に關する說を輯めたる雜記である。編者は戴聖、漢宣帝の時（紀元五八七―六一二）の人。內則は一家の禮則を記したもの。

＊韻會補　韻補か。五卷、宋の吳棫撰。吳棫は紹興中（紀元一七九一―一八二二）大常丞と成つた人。

＊康熙字典　四十二卷、淸の聖祖康熙四十九年、張玉書、陳廷敬に勅して撰せしめたる字書。康熙五十五年（紀元二三七六）刊行す。

＊針の研究家藤井善繼氏も、針の字が象形文字から出たらしいと云ふ事に就いて、同論を唱へられて居る。

＊類聚名義抄　寫本十册、菅原是善撰。是善は元慶四年（紀元一五四〇）に六十九歳にて歿した人。

＊愈愚隨筆　寬文十二年壬子（紀元二三三二）伊勢桑名伊氏玄節の序がある。

第四章　鍼、針の字の用例

支那で針、鍼の字を、如何に用ひて居るかの例を、左に擧げる。

○針女《しんぢよ》とは衣類を縫ふ女にして、唐の＊白居易《はくきよゐ》の詩に「因《チ》命《シテ》三染《セン》人《ジン》與《ト》二針女《トニ》一」とある○鍼神《しんしん》は裁縫に熟達せる者○鍼工《しんこう》は裁縫すること。＊拾遺記《しふゐき》に「夜來妙《ナリ》二于鍼工《ニ》一」又裁縫師の事にも用ひる○針黹《しんち》とは衣服を縫ふこと、＊爾雅《じが》の註に「今人呼《ンデ》レ縫《ホウ》二紩衣《チツスルヲ》一爲《ス》レ黹《チト》」とある○針線とは縫針と絲との事で、裁縫の義に用ひらる。＊芥隱筆記《かいいんひつき》に「周美成、社日停《ム》二針線《ヲ》一」とあつて、我が邦の針供養の日のやうに、裁縫を休むことである。社日とは立春、立秋後、第五の戊《つちのえ》の日、春は春社（種をまく）秋は秋社（禾をかる）といひ、社神を祭るのである。我が邦の針供養も、これ等に根ざしたのではないかと思はれる。又杜甫《とほ》の詩に「裁縫《ハ》滅二盡《ス》鍼線《ノ》跡《ヲ》一」とある○鍼末は鍼の尖端《さき》のこと。＊淮南子に「察《ス》二鍼末《シンバツヲ》於百步之外《ニ》一」とある○鍼芒は鍼末に同じく、鍼の尖端の事で、＊唐書に「鍼芒木葉無《シ》レ不《ルハ》レ中《ラ》」とある。甚だ微細なる譬喩である○鍼鋒は鍼末と同じ。＊涅槃經《ねはんぎやう》に「尖頭鍼鋒」とある○鍼縷《しんる》は鍼と絲筋とである。＊說苑《ぜいえん》に「順《フ》二鍼縷《ニ》一者成《ハ》二帷幕《スヲ》一」とある○

鍼《しん》紉とは、鍼と、より絲とである。鍼縷、鍼線などと同じ○鍼功《しんこう》は針仕事である○鍼匠《しんしやう》は針を製造する人のこと、又裁縫師の事をも云ふ。

尙支那の古書に用例の出て居るものを、第八篇に詳しく擧げるから、玆には略する。

*白居易　字は樂天、有名なる詩人、大中元年（紀元一五〇七　仁明天皇承和十四年）七十五で歿した。

*拾遺記　十卷、秦の王嘉撰す。嘉は方士である。本書は伏犧氏より晋代までの遺事を拾ひ記したもの。夜來は人名。

*爾雅　三卷、言語、器具、天地、山川、草木、禽獸等を解釋したる支那の古書。周公の作とすれども明證がない。

*芥隱筆記　宋の龔頤正の著、後に出づ。

*杜甫　唐の有名なる詩人、大曆五年（紀元一四三〇）年五十九にて歿した。

*淮南子　廿一卷、漢の淮南王劉安撰、道德を論じ、仁義を總說して之を成すと云ふ。

*唐書　二百二十五卷、宋の歐陽修、宋祁の撰、別に舊唐書あれば、本書を新唐書とも云ふ。

*涅槃經　涅槃宗所依經典大乘涅槃經三十六卷、別に小乘涅槃經がある。

*說苑　二十卷、漢の劉向の撰、各篇の初めに序說をなし、後に逸話を列擧してある。

第五章　古代の針の歷史

本邦太古の代に於て、既に衣服を有したる以上は、(古事記、神代卷、伊邪那岐《いざなぎ》大神の御冠にたぐひて、御衣《みぞ》みはかまの事がある) それを縫ふための針のあつた事は、想像される。然し未だ針に關する記事は無い。

*古事記、神代卷、海佐知《うみさち》、山佐知《やまさち》の段に鉤《つりばり》の事があつて、澤山にそれを作つた事が載せてあるのを見ると、一般の縫ひ針も、其の頃には、比較的自由に作られた事が想像される。而して鉤を作るに御佩《みはかし》の十拳劒《とつかつるぎ》を破つて夫で作つたとあるから、勿論鐵針であつた事も、推知するに難くは無い。縫衣の針の、書に見えたのは、古事記、崇神《すじん》天皇の條にある、左の文が、其の始めであらう。

「此謂《コノオホタタネコトイフ》二意富多々泥古一人《ヒトヲ》、所以知二神子一者《カミノコトシレルユエハ》、上所レ云活玉依毘賣《カミニイヘルイクタマヨリヒメ》、其容姿端正《ソレカホヨカリキ》、於レ是有二神壯夫一《ココニカミヲトコアリテ》、其形《ソノカ》姿威儀《ホスガタ》、於レ時無レ比《ヨニタグヒナキガ》、夜半之時《サヨナカニ》倏忽到來《タチマチキツ》、故相感《カレアヒメデテ》、共婚供住之間《スメルホドニ》、未經幾時《イクダモアラネバ》、其美人妊身《ソノヲトメハラミヌ》、爾父母怪《ココニチチハハソノ》二其妊身之事一《ハラメルコトヲアヤシミテ》、問二其女一曰《ソノムスメニ》、汝者自妊《イマシハオノヅカラハラメリ》、無レ夫何由妊身乎《ナキニイカニシテカモハラメルトイヘバ》、答曰《コタヘテイハク》、有二麗美壯夫一《ウルハシキヲトコノ》、不レ知二其姓名一《ソノナモシラヌガ》、毎夕到來《ヨゴトニキツ》、供住之間《スメルホドニ》、自然懷妊《オノヅカラハラミヌトイフ》、是以其父母《ココヲモテソノチチハハ》、欲レ知二其人一《ソノヒトヲシラマクホリテ》、誨二其女一曰《ムスメニヲシヘツラクハ》、以二赤土一散二床前一《ハニヲトコノベニチラシ》、以二閇《ヘソヲ》蘇紡麻一貫レ針《ヲハリニヌキテ》、刺二其衣襴一《ソノキヌノスソニサセトヲシフ》、故如敎而《カレヲシヘシゴトシテ》、旦時見者《アシタニミレバ》、所レ着レ針麻者《ハリツケタリシヲハ》、自二戸之鈎穴一《トノカギアナヨリ》控通而出《ヒキトホリテ》、唯遺麻《タダノコレルハ》

者《ハ》、三勾耳《ミワノミナリキ》、爾即知《カレコヽニ》下自二鉤穴一《カギアナヨリ》出之状《イヂシサマ》上而《ヲシリテ》、従レ糸《イトノマニ〳〵》尋行者《タヅネユキシカバ》、至二美和《ミワ》山一《ヤマ》而《ニイタリテ》、留二神社一《カミノヤシロニトドマリキ》、故知二其神《カレソノカミノミコナリト》子一《ハシリヌ》

と見え、故文學博士黒川眞頼氏は「是は唯衣の襴に針に絲を通したりといふことにて、裁縫に用ゐたりといふにはあらねど、紡績せる細き麻糸を通して用ゐたるを見れば、自ら裁縫に用ゐしものなること知られ、又其の形狀も、大略推知せらるゝなり、而して其の質は鐵なるべし、此の鐵針は、當時人民一般これを用ゐしにはあらずして、上等社會の人々之を用ゐ、下等社會の人々は、多く魚骨竹木獸角等を用ゐたり、但魚骨針角針は、後世往々土中より發掘すれども、其他はいまだ之を見ず、扨本文の記事は、崇神天皇の御卷に收めたれども、其の事實は、是より以前にあり、活玉依姫《いくたまより》は陶津《すゑつ》耳命《みゝの》の子にして、意《お》富多々泥古《ほたゝねこ》の五代の祖母なり。然れば鐵針は遠く太古より用ゐ來りしを知るべし。

因にいふ、鐵針は、大小形狀は固より、其の物の存在せるを見ざれば、委曲に知られざるは勿論のことなれども、上古に至りて用ゐし針筒、並に角針に據りて考ふれば、其の大小形狀も推知せらるれば、左に其の圖を掲げて參考に供し、併せて鐵針の形狀を擬作して示すべし。

針筒

此の針筒の圖は、法隆寺所傳の針筒に據りて、其の形狀を示せるなり、法隆寺所傳の針筒は其の長さ蓋《ふた》共二寸三分五厘、徑五分のものと、同じく二寸二分五厘のものと、蓋無し徑六分長さ一寸

六分のものとの三種あり、又下總國千葉郡平山村貝塚より發掘せる角針は上圖(右)のごとし、此に掲げたる針筒並に角針の圖に依りて、鐵針を擬作すれば上圖(左)のごとし。」

とある。これに依つて見ると、古事記の文に、衣を縫つたとは書いて無いが、絲を通して襴《すそ》に刺した有様からして、全く縫衣の針たる事が分る。

*日本書紀神功卷に「勾《マゲテ》レ針《ハリヲ》爲《ナス》レ鈎《ツリバリト》」と見えたが、これに依ると、普通の縫ひ針を勾《ま》げて鈎《つりばり》としたので、原始的製造の順序が、稍々これで窺はれる。

本邦の太古に於ては、如何か知る能はざれども、支那に於ては、古へ獸皮を著たやうであるから、これを縫ふには、或は鐵の外に石針、寧ろ石錐をも用ひた事もあるべく想像される。後世に「砭」といふ字があつて、イシバリと訓じ、醫療に用ひられたのを見ても、推知せられる。夫から支那の古代には「箴」の字が、鍼と同様に、ハリと訓まれて居たのを見ると、前にも言つた通り、竹を以てハリを作つた事も事實であらう。是等の事は、自然と我が邦にも用ひられたであらうが、現今これを證すべきものが無い。

予が曾て文部省より裁縫教授事項に關する調査囑託の用務を帶びて、長野縣に出張せし際、石針なるものがあると聞いたので、東京帝國大學人類教室に就いて、尋ねた所の説に依つて考へると、夫は石器時代に於ての石錐なるべく、唯時に毛皮の如きものに、孔を穿ち、綴り合せるなどに用ひられたのでは無いかと云ふ。又支那に古く醫療に用ひられた「砭《いしばり》」の類ではないかとも思はれるが、實物を見ないからよくは分らぬ。

又本邦の古代に、魚骨針が用ひられたと云ふ說もあるが、未だこれを確かむべき文献、又は遺物等も見當らぬ。

日本書紀（十卷）に從へば、

「應神天皇、十四年二月、百濟《クダラ》王貢《タテマツル》二縫衣女《キヌヌヒヲミナラ》一、曰《フ》二眞毛津《マケツト》一、是《ノ》今來目衣縫之《クメノキヌヌヒノ》始祖也」

とあり、又　同天皇三十七年二月、四十一年二月にも、縫工を求むる事、呉衣縫蚊屋衣縫《くれのきぬぬひかやのきぬぬひ》等の祖先來朝の事がある。

又同書十四卷に

「雄略天皇、十四年正月、……衣縫兄媛《きぬぬひえひめ》、弟媛《おとひめ》等……以二衣縫兄媛《キヌヌヒエヒノヲ》一奉二大三輪神《ルオホミワノカミニ》一、以二弟媛《ヲオトヒメヲ》一爲二漢衣縫《スノキヌヌヒ》部《ベト》一也……。」

等の記事がある。

又古事記、中、應神天皇の卷に、

「科《タダ》二賜百濟國《ラノクニ》若有《ニモシ》二賢人《サカシヒトアラバ》一者貢上《タテマツレトオホセタマフ》……貢《テ》二上手人《ビト》韓鍛《カラカヌチ》名卓素《ハタクソ》、亦呉服西素《マタクレハトリサイソ》二人一也《フタリヲタテマツリキ》」

とあつて傳には記紀兩書の衣縫渡來の說につき、色々論ずる處があるが、要するに、此の年代に、彼の韓呉等の織縫の術を傳へたからには、勿論それを縫ふ針をも傳來し、又其の製法をも傳へたであらうが、今其の確たる記事の無いのは、甚だ遺憾な事である。

續日本後紀十二卷、　仁明天皇承和九年十月庚辰の條に、

「西市司言《ス》、依《ルニ》二承和二年九月符旨一《ニ》、錦、綾、絹、……針……等類、興二販西市一《セシムニ》、而《シテ》東市司論云《ジテ》……」

とあつて、針などの類を、西市にのみ興販せしめたので、東市司から、抗議を提出した譯である。

次に延喜式*四十二には、西市卅三廛中針廛あり、東市五十一廛中にも針廛があるから、東西の兩市並びに販賣したものと見える。(この事は京都の針の部參照)。古い所では先づこの位である。

＊古事記　三卷、太安萬侶撰、　元明天皇の朝（紀元一三六〇年代）安萬侶に命じて稗田の阿禮の口誦を筆記させたもの。和銅五年壬子（紀元一三七二）の序があ　。

＊黑川眞賴　國學の大家、明治三十九年歿す、年七十八歲。

＊法隆寺　大和國生駒郡法隆寺村にあり。　推古天皇十五年建立。

法隆寺の針筒　明治十二年宮内省へ献納、東京博物館に現品がある。但し針は昔から無かつたと云ふ。

＊日本書紀　三十卷、　元正天皇の養老四年庚申（紀元一三八〇）舍人親王勅を奉じて撰ぶ。

＊續日本後紀　二十卷、藤原良房撰、貞觀十一年巳丑（紀元一五二九）成る。

＊延喜式　五十卷、　醍醐天皇の時藤原時平撰。延喜は元年辛酉（紀元一五六一）より二十二年壬午（紀元一五

八二）まで。

第六章　朝鮮古代の針

朝鮮に於て、開城附近の六七百年前のものと推定せられる墓の中より、針管を得た（別項針管の條に圖を擧げてある）。其の中に縫ひ針があつたが、腐朽したものが多く、見るべきものは、僅かに左記の二本に過ぎぬ（恐らくは東洋に現存せる最古の針であらう）。

（甲）長さ一寸九分八厘、孔の部分は銹びて缺けて居る。それが完全に附いて居るものと見ると、二寸位であつたらうと思はれる。太さはワイヤーゲーヂ*にて廿番である。

（乙）これは細く短く、一寸三分四厘、孔も存し、極めて完全なものである。現在普通にある本邦の針よりも、孔の部分小さく、丸孔にて、孔の形も、よく出來て居る。太さはゲーヂにて二十四番である。

二者共、尖端急に細くならず、自然と尖りて、誠に通りのよい出來である。要するに、孔の部も、尖端も今日の針よりも、寧ろよく出來て居る。

＊ゲーヂの説明は後にある。

＊孔は矢張り現今の轆轤錐で穿つたものらしく、尖端から察すると、絹物に用ひたものらしい。

第七章　支那古代の針

支那[*]に於ては別項にも擧げたやうに、禮記の内則などにも「紉《シ》レ箴《ハリニ》云々」などとあつて、此の頃は、立派に衣服もあり、箴もあつたので、夫より餘程以前に、衣服も針も出來たのであらう。

宋の高承の撰、明の李杲の訂、事物紀原、技術醫卜部第三十九、九鍼の條に

「帝王世紀《ニ》曰《ク》、太昊云々、乃《チ》制《ス》二九鍼《ヲ》一、又曰《ク》、黄帝命《ジ》二雷公岐伯《ニ》一敎《シム》レ制《セ》二九鍼《ヲ》一蓋《シ》鍼灸之始也」

としてあつて、こゝには醫術の事としてあるが、同書布帛雜事部第五十三には、

「針、禮記《ノ》内則《ニ》有《リ》二紉《シテ》レ針請《ニ》レ縫《ヲ》之事一、由《リ》レ此《ニ》考《フルニ》レ之《ヲ》當《サニ》是《レ》自《リ》三始《メテ》制《シ》二衣裳《ヲ》一、則《チ》宜《シク》有《ル》二針線一矣、帝王世紀《ニ》曰《ク》、太昊制《スレバ》二九針《ヲ》一由《リ》レ此始《メシナラン》。」

などとあるが、九針はどうも醫療のものを指すので、衣服の關係ではない。その九針も太昊が始めたのかどうか、恐らくは後より附會したものであらうが、今日尙未だ徵すべき文書を見ないので、的確な說を立て難いのは甚だ遺憾である。

＊支那の針の歷史に就いては、他日研究の上詳記するつもりであるが、其の現況の大略は、藤井善織氏の說に現

今支那に輸入される針は、年々三十億本内約六割は揚子江一帶の中部地方、約三割は北支那及び滿洲、殘り一割が南支那に分布されるとの事。

第八章　歐洲の針

針の研究家たる藤井善織氏の説に依れば「今より三十年前獨逸のシュワイツエルビルド（Cchweizer bird）で發掘した、石器時代の遺物中に、骨製の有孔及び無孔の針が有つた。その中で太い針は、馬や馴鹿の骨で、細い針はアルプス（Alps）兎の骨で作つてあつた。これ石器時代に、針の使用された證據である。青銅器時代には、青銅で作られた。その針は軸の中央に孔があつて、鐵器時代になつてから、針も鐵製と成り、孔が軸の一端に穿たれた。この事實は、羅馬時代から、婦人の墓地の發掘物中にあつた兩時代の針に依つて證明せられる……歐洲でも、英吉利では四百數十年程前に、製針の業が興り、今日の製針地レディツチ（Redditch）では、二百年前の創業であると云ふ。獨逸では五百八十年前にニュールンベルヒ（Nürnberg）に、縫ひ針製造者の組合があり、アーヘン（Aachen）では、十八世紀頃から盛に針を製造して、歐洲諸國に輸出した。今日では獨逸が、世界第一の製針國で、獨逸のレオ・ラムメルツ（Leo Lammertz）墺國のガルス（Gars）英國のミルワード（Milward）等は、世界に有名な工場である」と云ふ事である。

西村茂樹氏明治十二年一月編、西國事物紀原、巻四、第三十三工具、の部に、

「針、上古の民は皆針を以て神工と爲せり。*巴比倫《バビロン》人、*弗呂家《フリギア》人、既に刺繍の工を爲す事を知れば、針を造るの術を知りし事も亦明なり。千三百七十年建徳元年*紐連堡《ニューレンブルグ》に專業の針工ある事を記せる者あり。針の製作の精巧なるは、英吉利人を第一とす。千五百四十三年天文十二年英國に於て、始めて造針の工作場を開けり。

管針　管針の始めは、第十五期の初に在り。第十六期の中葉、英國にて多く之を作りしかども、造工煩冗にして、其製も亦可ならず。第十七期の末英國に於て管針を造る爲に桔槹狀の機器を創案し、是に由りて暫時に針の圓頭を造り、之を針莖の尖鋭ならざる一端に固著する事を得たり。管針の發明前は、衣服を縫ふも、魚骨又は草木の刺を用ひ、尋で木造又は鐵製の尖針を用ひたり。」

とあるが、何の書に依つて書かれたものか分らぬが、參考の爲に、掲げて置く（西洋の針の歴史は、他日調査の上詳記すべし）。

* 巴比倫（Babylon）昔の王國。

* 弗呂家（Phrygia）亜細亜の古邦。

* 紐連堡（Nürnberg or Nuremberg）獨逸にある。

第九章　昔の針師針屋針賣

針を作ることを業とする人を針師又は針磨ともいつた。尤も針磨の語は專ら針醫の針を作るものに用ひた場合もある。人倫訓蒙圖彙卷五に、

「針摺《すり》（針磨の文字を用ひざれども）針立（鍼醫の事）これを用ゆ諸流あつてかはれり、村田駿河云々……」

とあるは、即ちこれである。縫ひ針師とは兼業でないものと見えて、同書には別に並べて、縫ひ針に就いての畫と記事とがある。

針屋とは針を商ふ家の事であるが、製造と商ひとを兼ねたものもある。又針賣りとて、小間物業者の兼業の外に專門に針の行商をするものもあつた。それ等の大略を諸書より拔抄して、左に列記する。

*庭訓往來　「姉《ガ》小路《ノ》針」とあれども、其の頃の製造者販賣者共、氏名が詳らかに知れない。

*慶長見聞集　江戸「針工、甚三郎」慶長十九年以前の事かと云ふ。

*雍州府志　「三條通河原町東、翠簾屋《ミスヤ》、山科《ノ》東、大谷造《ル》レ之《ヲ》號《ス》二池川針屋《ト》一」

*江戸眞砂　「片山吉兵衞」元祿元年（紀元、二三四八）以前か。

人倫訓蒙圖彙　「京針師、三條河原町角、福井伊與、富永伊勢、井口大和、五條油小路、其外大津追分、池の川、大阪、堺筋にあり、江戸京橋四方棚、新橋北竹川町」。

*和漢三才圖會　「京師及《ビ》江州大津、攝津大阪、多《ク》作《ル》レ針」として、名前は載せて無い。

*天保武鑑　「御針師、大津住居井口大和」—前記訓蒙圖彙には、井口は京都としてある。同店か。

*京都土產　「三條寺町東、福井伊豫、六角東洞院東、富田大吹屋、五條高倉角、德永藤兵衛等なり」。

（此の他詳細は、各產地の部に就いて見られよ）。

又商家の外に、針を賣り歩くものもあつた。*守貞漫稿に、

「針賣　男子、或は老姥も賣レ之、又小間《こま》物賈《ものや》も兼《ネテ》賣レ之縫衣の針を賣る、京師御簾屋《みすや》某は、針名工とす、故に江戸にても、詞に『みすやはりはよろし』云々」

と見えてある。

秀吉少時針を旅費に代ふ

豊臣太閤が、少年の時に、針を路銀に換へて、濱松に行つた事が、太閤素生記といふ書に見えた。其

の全文を左に擧げる。

太閤素生《すじやう》之事

一、太閤十六歳天文二十年辛亥春、中々村ヲ出ラレ、父死去ノ節、猿ニ永樂一貫、遺物トシテ置ク、此錢ヲ少シ分ケ持テ、清洲《きよす》ヱ行、下々《しもじも》ノ木綿ヌノコヲヌフ大キ成《な》ル針ヲ調《とゝの》ヘ、懷ニ入《いれ》、先鳴海《なるみ》迄來《き》テ此針ヲ與《あたへ》テ食ニ代《かへ》ル、又針ヲ以テ草鞋《わらぢ》ニ代ル、如《かくのごとく》レ此針ヲ路次《ろじ》ノ便《たより》トナシテ、遠州濱松へ來ラル、濱松ノ町ハヅレ牽馬《つくま》ノ川ト云邊《いふほとり》ニ白キ木綿《もめん》ノ垢《あか》ツキタルヲ著《き》テ立廻《たちまは》ラル。」

右の文は、改定史籍集覽第十三冊別記類第二の第百二十一項に依つたものであるが、同書の奥書には「右豐臣太閤素生記、元祿乙亥夏以二京師人和田卽應本一寫レ之、大串元善」とある。太閤の素生、幼時の生ひ立ち等を記したものであるが、中の文に依ると、太閤を去ること、餘り遠からぬ時代に書かれたものらしい。又或る書には「太閤秀吉出生記」よりとして、略〻同樣の文を引いてある。それによると、「父の遺金永樂百疋を携へて清洲に下り」とある。何れにしても大同小異の文である。文中「猿」とあるは、秀吉の事である。中々村とは、尾張の中村が、上中村、中々村、下中村の三つに分れて居た、其の中の中村である（出生記と素生記とは、元同書で、素生記の方が完本らしい）。

太田*錦城の梧窓漫筆*三編の上卷に、右の文を引いて、註に「清洲にては、針の價低くして、其の先々の驛にては、此の針を貴ぶ故に、錢を得るよりも喜ぶを以て、斯くなせし機智なりや、いぶかし」とあるが、勿論かやうの識智より出たものであらう。

中根東里針を賣る

先哲叢談後編卷五に曰く、

東里…之《キ》二鎌倉一居《ニルコト》二于鶴岡《ノ》廟側《ニ》一二年、再來《リ》二江戶一僑居《ニカリスマヒシ》辨慶橋畔一教《ニ》二授生徒一《シ》韜《ニツツミ》レ光自《ラ》晦《マシ》、不レ欲《ス》下與二當時《ノ》諸儒一相頡頏《ヒスルヲ》上、常甘《ニ》二退落《シ》一、其資用乏《ニ》、則《シキトキハ》錦絲繡針之類、鬻《ル》二諸市《ヲ》一、又造《ニ》二竹履《テ》一售《ヲ》レ之《ル》、得《ヲ》二數日《テ》費錢《ノ》一《ヲ》、閉《チテ》レ戶《ヲ》讀《ム》レ書《ヲ》、從遊之士外《ノ》、不レ接《セ》二見人《ニ》一、沈默自重、人目《シテ》レ之《ヲ》曰二皮履先生一。」

これ等は單に奇人として擧げたのであるが、全くこれを渡世の業にしたのもあつた。又前記太閤の如く、これに依つて旅費を得つつ、各地を步いた人もあつたのである。

* 庭訓往來　年代詳らかならず。著者玄惠は正平五年庚寅（紀元二〇一〇）歿した人。

* 雍州府志　貞享元年（紀元二三四四）

* 江戶眞砂　著者は元祿二年己巳（紀元二三四九）に生れた人。寶曆頃（紀元二四一二―二四二三）の作か。

* 人倫訓蒙圖彙　元祿三年庚午（紀元二三五〇）

* 和漢三才圖會　正德三年癸巳（紀元二三七三）

* 天保武鑑　（元年庚寅紀元二四九〇―十四年癸卯紀元二五〇三）

* 京都土産　元治元年甲子（紀元二五二四）
* 守貞漫稿　一名近世風俗志、喜多川守貞の著、三十五卷（内缺二册）天保八年より嘉永六年までの隨筆。
* 太田錦城　名は元貞、江戸の鴻儒、文政八年乙酉（紀元二四八五）六十一歳で歿した。
* 梧窓漫筆　六卷、錦城の隨筆、文政五年壬午（紀元二四八二）及び六年の序がある。後編には文政七年甲申（紀元二四八四）の序がある。

第十章　維新前後產地と問屋との取引

明治維新當時、製*針業の盛んなるは但馬の濱阪であつた。此の地は耕地尠く、一面は海に面し、海產を以て生計を營むが、天候不良にて海利なきときは、何か他に副業を見出ださなくてはならなかつた。然るに本邦良鐵*の產地たる雲州を隣接の地に有する關係上、自然に玆に針の製造を開始せられたもので、維新當時は、頗る盛大であつた。

當時同地の人々が製造する品を、荷主が取り蒐めて、京阪地方の針問屋へ持つて來る。是を三度*と言つた。道盛利兵衞仲山喜十郎松岡平助の三氏であつた。其の中松岡氏が止めて、渡邊万太郎氏が代つた。大體此の三度と稱する荷主は、多くの資本を擁し、職方に貸付け金利を取り、相當の收益のあつた者であつた。年に三四回賣捌きの好時季を考へ、春木の嶮を越えて、京阪の定宿に泊つて、問屋方と相場を定めて取引をなし、之に對する金は、更に郷里地方の需要品を買ひ入れて、歸り荷とし、而して宿泊料其の他滯在費用は、製品の數量に應じ、割當てゝ取つたものであるから、三度たる荷主は、非常の利益を得たものである。

當時大阪の針問屋組合は七軒あつて、住吉組と言つた。上田新次郎(住新)、松好吉兵衞(大吉)、高木榮三郎(加賀榮)、野村宗七(菊一)、平井七之助(播七)、水谷善兵衞(柏屋)、三栖新右衞門等の諸氏であつた。

京都では、芝原市兵衞(伊賀屋)、谷川幸助、福井勝秀、辻井茂七、山口忠兵衞等の諸氏であつた。

江戸では㊎組の中で、やはり七軒の問屋があつた。上田長右衞門(住吉屋)、椙山仙右衞門(三栖屋)、秋谷新七(勝田屋)、池田藤兵衞(菱屋)、天野利助(近江屋)、笹倉庄兵衞(三栖屋)、中村利吉(三栖屋)等の諸氏であつた。

是等江戸の問屋は、京阪の問屋の手を經て、針を輸入したものであつた。

當時全國にて、針の生産地は、濱阪を主なるものとし、京都、大阪之に次ぎ、大分、長崎、廣島等は、未だ微々たるものであつた。然るに廣島は、近年長足の進歩をなし、今や全國にて生産額に於て首位を占むるに至つた。(東京上田眞三郎氏の說に依る)

＊藤井善織氏の說に、京、阪、江戸は集散地、江戸、京は細物の製造地、太物は廣島、越中、但馬から出たと云ふ。

＊細工物略說の記事では但州鐵としてある。

＊一年に三度づゝ商ひに出るから三度と云つたのである。

第二篇　産　地

第一章　産地概論

裁縫に使用する針は、必要なものでありながら、又毎日使つて居ながら、何處で出來るかを知らぬ人が多いから、玆に其の梗概を擧げ、次に各産地に就いて、一々詳說しようが、先づ維新前産額の多少から云ふと、

（一）京都（二）但馬（三）大阪（四）越中（但し京都よりも但馬の方が多かつたと云ふ說もある。）と云ふ順序であつた。江戸は隨分多額でもあり、且つ上等のものが出來たが、昔の事で、勿論統計も何も無いから、右の何れの等位に入るべきか、よく分らぬとの事。

然るに現今に至つては、種々の事情からして、前記の順序が狂つて、大凡左の通りと成つた。是も精密な統計が分らぬので、確かには云はれぬ。唯針屋仲間の一般に稱說する所に依る。

（一）廣島　製造額は近來莫大となり、其の移出、輸出先は東京は勿論、大阪、京都、四國、九州、

支那、印度、南洋にも及ぶ。

（二）大阪　此處の針も、各地に出るが、廣島に比すると、ズツト少い。

（三）東京　極上等品は東京で出來る。而して廣島邊へも、東京の品を見本に回して、注文するのである。

（四）京都　此處は、昔から有名な產地であるが、又小賣地である。近年各地の製造が盛んになつたので、比較上稍々振はぬ感がある。

（五）越中、此處の產は、昔は山形、新潟等に向けた。又有名な富山の賣藥商人が、土產として、得意先へ配つたものである。近來別項統計に示す如く、歐洲戰爭の頃などは、一時非常に多額の製針を出したが、昔から粗製濫造の評があつて、近來又振はなくなつた。

（六）但馬　但馬の濱坂といへば、隨分多額の針を產出したので、前記の如く、京都と何れかと云ふ位であつたのが、近來商勢振はず、今日では極少量を產するに過ぎぬ。

此の外に、極少量の製造をする處はあつても、先づ大體に於ては、此の位である。其の詳細は次に記載する。

第二章　京　都

京都は針の産地として、隨分早くから世に知られて居た。元は支那、阿蘭陀の輸入品もあつたであらうが、又古くより製造もし、各地へ販賣もしたであらう。針店の古書に見えるのは、續日本後紀、仁明天皇承和九年の條が始めで、次は延喜式四十二に、東市五十一廛《いちくら》中「針廛」があり、西市卅三廛中にも「針廛」がある。是は昔の公設市場であるが、夫が舶來の針を賣つたか、但しは內國產の針を賣つたかは詳らかに分らない。（古代の針の部參照）

庭訓往來に「姉小路《あねがこうぢ》の針」と云ふ事が見える。本書の作者玄惠は頗る書史に通じて、權大僧都であつた。正平五年庚寅（紀元二〇一〇）六月十日年八十二で歿した人であるから、今より凡そ六百年以前に、姉ヶ小路は針の製造元であつた。

庭*訓抄に

「聖德太子ノアネ御前ニ裁田姫《たつたひめ》ト申奉ル女人アリ、天皇ノ御息女ニテハ渡ラセ給ヘ共、××ナル人ナリ、大內ヲ追出サレタリ、コ、ヤカシコヲ迷ヒ行キ給フヲ、人目見苦シトテ、御舍弟ノ太子不敏ニ思《おぼ》食《しめ》シ、土壇《どだん》ノ小屋ヲ作リテオキ奉リ、業ノ爲ニトテ、針ト云フ事ヲ、聖德太子ノ訓ヘ玉フ、其ノ後針ト云フ事出來ル也、聖德太子ノ御嫡女《ごちやくによ》ニテワタラセ給ヘバ、皆人アネガ小路ト申傳ヘ侍リキ」といふ註釋を加へてある。又藤井懶齋の女萬寶操鑑*にも「聖德太子の姉宮局料として、針所をもたせ給ふ、されば諸國より到來して、是を賣請《うりうけし》云々、かるが故に姉ケ小路の針とは云つたへけるとなむ」などともある。然しこれは俗說で、一寸信用し難いやうに思はれるが、唯一說として揭げて置くに過ぎぬ。

雍州府志卷の七土產門に

「鍼、女工之所レ用《フル》元姉小路《ノ》人家製《ス》レ之《ヲ》、又山科東《ノ》、大谷造《ル》レ之《ヲ》、號《ス》二池川《ノ》針屋《ト》一然《レドモ》近世三條通河原町東、翠簾屋《ミスヤ》之所レ磨《ク》、是爲《ス》レ堪《フルト》レ用《フルニ》、夏《ミヤコ》夷《ヰナカ》共《ニ》求《ム》レ之《ヲ》」

とある。この雍州府志は、安藝の人、黑川玄逸（林道春の門人）が著した、山城國の地誌で、貞享元年の序がある。黑川氏は元祿二年に死んだ人であるから、貞享元祿に及んでは、元姉ケ小路の人家云々近世翠簾屋《すや》云々とて、此の時は既に針の製造販賣が、ミスヤに移つたのである。

*人倫訓蒙圖彙卷の五に

「縫針師、針鐵師《はりがねし》外にあつて、これを作る、都において、根本《こぽん》姉《が》小路に住して其名高し、中世御簾屋《みすや》と云ふものあり、今にいたりて、これを名乘る、唐《から》よりわたす針、これを唐針と號す、京針師、三條河原町角福井伊與、富永伊勢、井口《ゐのくち》大和、五條油《の》小路、其外大津追分池《の》川、大阪堺筋にあり、江戸京橋四方棚、新橋小（北ならん）竹川丁」

とある。

*嬉遊笑覧巻の二の上、服飾の部に

一針は京都姉《が》小路の針、世に名高し……又大津追分、池側《いけなはの》針聞えたりといへども、中世、三條河原町御簾屋《みすや》が針、最よしと、雍州府志などにも云へり、昔は京師ならでは、これなく、いづくにても、是を求めしとなん云々」

とある。而してこの姉ケ小路と池の側《がは》（御簾屋《みすや》の家傳には池の端《まと》）、大津大谷等の關係は橘*莊漫筆三の巻に載せてある、左の文を見ると、略ゝ明瞭である。

「此の御池と稱するは、北は押小路、南は姉小路なり、去る故にむかしは姉小路の此の池の側に針造《はりつくり》羣居せり、則ち庭訓往來に、姉小路の針といへるもこれなり、其の後池の側の針造、大津追分の間、大谷山の麓へ居を移して、今猶池の側の針造と稱するも此の故也」

而して大津大谷町にて製造する人と、京都の針屋と同姓のものがある。福井、井口等がそれである。本支店の關係か、或は製造者小賣商の關係かであらう。

京都土産と云ふ書には

「針、みすや針を上とす、尤右本家は先年滅亡の由に付、針をひさぐ者、皆みすや本家と號し、何れが眞の本元なる事を不レ可レ知、今其大家は三條寺町東福井伊豫、六角東洞院東富田大吹屋、五條高倉角德永藤兵衞等なり」。

とあるが、この京都土産と云ふ書は、石川明德が、元治甲子の春に、京都に至り、山川風俗等を詳記したものであるから、先づ維新前の針店が、これで分る。

扨て前記の諸書に依つて見ると、京都では先づ姉ヶ小路の池の側が、針の製造の最初の地で、夫が東の方大谷に移つても、池の側《がけ》或は池川《カハ》の針といつたが、販賣所としては、御簾屋《みすや》號の家が中世より興つた。然し是は年代が詳らかでない。又何うして御簾屋と號したかも分らぬ。「大日本產業總覽」には「市內三條通寺町東入ル福井勝秀の如き、所謂ミスヤ針の製造本舖として有名なり」と擧げてあるが、この勝秀は前諸書に見える福井伊與、或は福井伊豫の後である。而して同書には「ミスヤ針の語原は、往時官女が宿下りの際、窃に翠簾《スダ》を垂れて、製針を內職とせしに起因すと云ふ說あり」とあれども事實如何はしいやうにも思はれる。

このみすや號の件に付き、最近、京都三條通寺町東入ル本家みすや福井まん氏（伊豫の子孫）に就いて尋ねた所、大凡左の如き回答を得た。

「みすや針製造の起原は、不明である。當店は創業以來、再度類燒の厄に會ひ、書類が燒失して、開業年代の如き、之を詳らかにする事が出來ぬ。初め家號を池の端と稱し、代々禁裏御所、其の他搢紳家に出入して、みすや針調進の御用を勤め來つたが、約二百五十年前卽ち明暦初年に當り、外山三位殿の執り成しに依り、辱くも　後西院天皇より「美壽屋」の家號を賜はり、祖藤原(福井家の姓)勝重延寶二年九月勅許を蒙り職名を受領し、伊豫目《いよのさくわん》と稱す。其の子勝富職を襲ぎ、元祿九年十月伊豫掾《じょう》の勅許を蒙りてから、子孫連綿相繼ぎ、同樣の用命を蒙り、明治維新後に官名を名乘る事を罷められた云々」

これに依つて見ると、美壽屋の號を賜はつたとあるが、其の美壽屋の名の起りは、別項東京椙山氏の家に傳はる說の通り、京都在伏見の近傍に、上三栖下三栖の兩村が、元治元年版の京繪圖にも、參謀本部の地圖にも、見える。これがミスヤの出た處(京都在より以下中村利吉氏の說)であると云ふ。さすれば地名を家號としたのが、京都の事故雅名を用ひて、翠簾屋、御簾屋とも呼びしか、或は御所の御用を足す樣に成つて、特に美字を選び、美壽屋の號を賜はつたものかと思はれる。

倘福井まん氏より送られた昔の引札に

御　針　屋

高貴の御方より翠簾屋《みずや》の稱をたまはり元祖以來永々御針屋を仕り忝くも　御綸旨頂戴す故に賣弘入せり賣一切出し不申

京都三條通河原町西入北側

福　井　伊　豫　掾

とあるのを見ると、當時御所に出入した樣子が窺はれる。

みすや針は、今日は普通の丸穴の縫ひ針の總稱のやうになつたが、實は元本京針ともサントゥ針とも云ひ、孔は上圖の如く縱の楕圓形のものであつた。それが後に圓孔の唐針が盛んになつて、本京針は、殆ど見られなくなつたのである。

延享二年板の「京羽二重」には、針所として左の通り擧げてある（*中村氏調）

三條通寺町東江入	福井伊豫	五條高倉東江入町	龜屋伊賀
同　通河原町西江入	富永伊勢	五條橋東	櫻井重勝
同　通寺町巽ノ角	吉村出雲	三條御幸町角	福中勝安
五條通高倉西江入町	富永山城	數屋町四條下ル町	皮ぬひ　池田豊辰
五條高倉之角	德永大和	右之外數多有略之	

尙明和の「*京羽二重」六の卷に擧げてある針屋は、左の通りであつて、服部、竹田等は、前諸書には見えなかつた名である。

三條川原町角	福井伊豫	四條御旅町	德永大助
右同　角	富永伊勢	油小路五條下ル	服部丹波
同丑とらかど	井口大和	同	竹田五左衛門

大阪上田氏方に存する「針控帳」安永十年の記事中に、京都の針問屋を左の如く擧げてある。

住吉屋勘兵衞　七條（釜屋町）　油屋新（龍？）兵衞
佛具屋町松原下ル　三栖屋五郎兵衞　五條柳馬場　みすや權兵衞
三條御幸町　同伊左（右？）衞門　（泉州？）さかい町　さかひや喜右衞門
大津大谷町　同　小左衞門

（　）内は東京針問屋舊記に依つて補ふ。大津大谷町が京都と同一に列記してあるは注目すべき事である。

かくて京都は、我が邦では、最も古い針の產地の一つであつて、明治四十年前後までは、年額よく十二三萬圓を算したのが、廣島其の他の各地で製造が盛んになるにつれて、四十三年には五萬六千六百三十七圓に減じたと云ふ。

最近五年間の製產數量及び價額統計は、左の通りである（京都府の調査に依る）。

年次	內地向 數量	內地向 價額	輸出向 數量	輸出向 價額	合計 數量	合計 價額
	本	圓	本	圓	本	圓
大正三年	約三五,〇〇〇,〇〇〇	約一五,五〇〇	—	—	約三五,〇〇〇,〇〇〇	約一五,五〇〇
同　四年	同三四,〇〇〇,〇〇〇	同一八,二〇〇		—	同三四,〇〇〇,〇〇〇	同一八,二〇〇
同　五年	同三四,〇〇〇,〇〇〇	同二〇,〇〇〇	約四三,〇〇〇,〇〇〇	約三六,五〇〇	同七七,〇〇〇,〇〇〇	同五六,五〇〇
同　六年	同三六,七九〇,〇〇〇	同三一,七〇〇	同一〇七,六〇〇,〇〇〇	同一二九,八〇〇	同一四四,三九〇,〇〇〇	同一六二,五〇〇

同　七年	同　四、八二〇、〇〇〇	同　三二、五〇〇	同　一二〇、〇〇〇、〇〇〇	同　一二〇、〇〇〇	同　一六四、八二〇、〇〇〇	同　一七一、五〇〇

現今の京都の針屋

現今の京都の針屋の主なるものは、左の通りである。

三條通寺町東入　みすや　福井まん　五條東洞院　青木庄七
五條堺町東（柳の馬場）　谷川幸助　松原通烏丸西入　淺野長兵衞
五條東洞院東入　右出店　谷川喜三郎　三條通御幸町　林重助
松原通富小路西入　山口忠兵衞

京都の製針工場

現今の京都の製針工場は、左の通りである。

下京區東九條札ノ辻町　京都製針工場（京都製針工場は元竹内氏のであつたが現今は小根田氏の經營に移つた）
泉涌寺門前町　伏見製針所　柳原野本町　平尾製針所
福稲下高松町　鳥羽製針所　東七條川端町　海津製針所

＊庭訓抄　二卷、著者年代詳らかならぬ、京都の書肆より出版の古書である。
＊女萬寶操鑑　一册、寛政十三年辛酉（紀元二四六一）出版。
＊人倫訓蒙圖彙　七卷、著者未詳、元祿三年庚午（紀元二三五〇）出版。
＊嬉遊笑覽　十二卷、喜多村信節著、文政十三年庚寅（紀元二四九〇）の自序がある。信節は江戸の和學者、安政三年丙辰（紀元二五一六）七十三で歿した。
＊橘菴漫筆　十卷、田宮仲宣著、享和元年辛酉（紀元二四六一）の自序がある。內題には東牖子とある。
＊大日本產業總覽　大正三年、山田英二氏編纂。
＊中村氏名は利吉元針の問屋であつて、昔の針に詳しい人。
＊京羽二重大全　八卷、明和五年戊子（紀元二四二八）博昌堂の序がある。

第三章　近江大津

帝國圖書館に「細工物略說」と稱する、寫本がある。用紙は多く博覽會事務局の罫紙を用ひ、處々に明治五年五月六月等と書いてあるから、恐らくは墺國維也納の博覽會か、明治十年の博覽會かに出品したものの控へではなからうかと思はれる。而して鞭とか、笠とか、色々の細工物の製造法を載せた中に、

「國産物品滋賀郡大津大谷針明細取調書」と題するものがある。それを抄錄すると左の通りである。

滋賀郡大津大谷町針（原文の通り一字もかへず但し讀み悪ければ傍訓を施した）

第一條

一天正四年之比《ころ》ヨリ創業　　福井小左衛門

從是前舶來之唐針ヲ用ユ、於テ二南都ニ一初而和鐵ヲ以テ製二創《シハジム》之ヲ一時代不ズレ存セ其他*ヨリ大津ヘ移ル傳承

第二條

一針之圖別紙　其品類丸耳針溝針只云フ二唐針ト一ノ二種

但　木綿縫針ノ名　大ぐけ　中ぐけ　大チャボ　中チャボ　小チャボ　衿シメ

絹縫針ノ名　絹ぬい　紬ぬい　絹ゑりメ　*細ゑりメ　布ぬい

（中　略）

一天正四年ノ比ヨリ營業　　福井小左衛門

一慶長十一年ヨリ營業　　井口ひさ

一萬治二年ヨリ營業　　池川清兵衛

一慶應元年ヨリ營業　　八木佐七

一文政三年ヨリ營業　　井口房治郎

右に依ると、南都に於て製針業を始めたのが、大津へ移つたやうであるが、別項京都の部に引用せる橘庵漫筆（東牖子）卷の三によると姉ケ小路の池の側にて針を製造したものが、其の後大津追分の間、大谷山の麓へ居を移したとある。尙よく調査考究を要する。

別項大阪上田氏の「針控帳」安永十年の記事中に、江戸から京都大阪針屋仲間に宛てた書簡の寫しがあつて、京都の名前を列記した末に「大津大谷町三栖屋小左衞門」の名がある。京都と一つの仲間をなして居たものと見える。

「針控帳」の三栖屋小左衞門は、多分前記の福井小左衞門であらう。又前記の井口ひさは、天保武鑑の井口大和の家であらう。

＊他は地か。

＊細は紬か。

第四章　東　京

針屋は京都が元で、江戸の繁昌と共に、追々と移つて來たものである。嬉遊笑覽卷の二の上、服飾の

部に

「江戸眞砂《まさご》」に片山吉兵衛といふ者、小間物屋より下り針をうけて賣りあるき、多く利を得れども、問屋に針少く、商ひつゞかざるを憂ひて、上方に登り、針を買て、駄荷《だに》にしてもて來り賣れり、頓て針店を出すと云へり、是元祿以前のことゝ見えたり、然共そのかみ江戸にも、針師なきにあらず、見聞集《けんもんしふ》に小き針に耳穴あくること不思議と思ひけるに、當年（慶長十九年か）甚三郎と云ふ人、上方より來り、みせ店にありて、針のめど明るをみる云々といへり」

とある。見聞集とは慶長見聞集の事で、史籍集覽本中の同書巻の三を見ると（名著文庫本の方には無い）、

「見しは今、世上の有様、尊きもいやしきも、分際に隨ひ、持ち給へる道具品々有る中に、家より大なるものなし、針よりちひさき物なし、是れ男女の持たずして叶はぬ重寶《ちやうほう》也、……然るに家は一人の分限《ぶげ》により、大小善惡の差別有り、針はかはる事なし、扨て針をつくぐ\と見るに、鐵をちひさう作り立て、うつくしくすりみがく事、如何許りの造作《ざうさ》ならんとおもふ處に、失ひ安く、又求むるに、其のあたひ安きこと、貧者の幸を得たり、其の上ちひさき針の事、耳穴をあくる事、ふしぎにおもひけるに、當年甚三郎と云ふ人、上方《かみがた》より江戸へ來り、みせ店に有りて、針のめど明くるをみるに、神變《しんぺん》奇特《きどく》なり、世間に學ぶ道、品々多しと雖も、針の穴明くる事は學びがたし、其の針穴愚老《ぐらう》目には中々

見えず、女の有りしが、細き絲を、ちやくと通したり、是れ又ふしぎなり、といへば、かたへなる人云「昔黄帝の臣下に離《り》と云ふひとは、馬を千里の外に立て、あらそひて、其の眼の人見を弓にて射る、又淮南子《ゑなんじ》に、離朱《りしゆ》は針の耳を百歩の外にて通すとあり……扨て又針の始まる事は、聖德太子の御あね御煎*たつた姫と申す女人《によにん》有り、天皇の御息女にてましませども、××なる人なり、大内をおひ出され、こゝかしこを迷ひ行き給ふを、人目見苦《ひとめみぐる》しとて、小屋を作り、姫を入置き、業《すぎはひ》の爲とて、針といふこと、太子をしへ給ふ、夫れより、はりといふこと出來たり、太子の御嫡女《おんちやくによ》ゆゑ、皆人姉小路の針と申傳へたり、……泰山のあましたり石をうがつ……針めど明くると計りに限るべからず、きとくはみな稽古にありと申されし。」

としてある。而してその自序に「武陽豊《と》島《しま》の傍に翁あり、我《われ》永祿八年に生れしより此の方、慶長十九年まで世上の遷代《うつりかは》れる事どもを數ふるに、御門《みかど》御卽位三代、年號改元五度、武將新に備り給ふ事十一代云々、予が見聞きたりしよしなし事を、徒然の筆の慰に、記し侍るなり」とある。この三浦茂信は一名を、茂正といひ、俗名は五郎左衛門、其の祖は小田原の北條氏政に仕へ、北條滅亡の後、江戸に來つて商賈となつた。茂信幼より文筆に長じ、北條氏時代の事、及び江戸開府の頃の事を詳錄した著作が多い。晩年に至り、天海僧正に歸依して淨心と改名し、天和元年三月、八十歲で歿したと云ふ事である。甚三郎と云ふ針の製造人が京都から來た事は、夫等を推して考へると、成程慶長十九年以前の事であらうか。

次に前記「江戸眞砂（廣本）六十帖卷の三」に就いて見ると

片山何某が事

小傳馬町二丁目片山吉兵衛は、元は加州生れのよし、江戸にて輕き奉公して、少し金を溜め、自分商《じぶんあきない》いたしぬ、我（江戸眞砂の著者）元祖は三河生れにて、通り町二丁目和泉屋と云ふ小間物問屋なり、其頃は小間物屋は、通り町に、三軒ならでは無之よし、初て針を上方より多く仕入て下りぬ、夫迄はかみがたのみやげ、又は上方へ行者《ゆくもの》に誂へ遣し候より、殊の外拂底の折也、吉兵衛我が先祖に商内《あきない》致し度《たき》よし相談す、幸成《さいはひなり》針が下りたり、珍らしく屋敷へ賣可申と云《フ》、吉兵衛悦びて、あきなひに出ぬ、いか程持行《もちゆく》とも、一屋敷にて、一日に利を見る事、一貫四五百文程も有て、上野花見に誘はるれば、あたりの辨當割合程、先へ持せ遣して、少し用事有り、跡より追付可レ申と約束して、商内《あきない》に出しが、一年の内に餘程金も多く見へ、面白く成《なる》、しかし針の仕入切て問屋に薄ければ、思案を廻らし、直《ぢき》に上方へ登り、針屋へ行て、仕入をし、駄荷《だに》にして下り、賣仕廻《うりしま》へば、上方へ行《ゆき》、五六年も過て、針見世を出しぬ、京六條建立《こんりふ》の時、則金千兩、宗旨ゆゑ*施主《せしゆ》に付《つく》、京都にて膽をつぶし、片山吉兵衛登り、近々のよし聞て、人々見物に出るに、夏の頃成れば、細美《さいみ》の柿帷子《かきかたびら》を著して、供は一人召連れはや門跡に入ぬ、見物の者共、定而美《び》々《ゝ》敷《しく》やあらんと思ひしに、存《ぞんじ》の外なゐ體、皆々あきれ果て戻りぬ、智ある者は鬱にけり、其後針を止めて、造り酒屋せしに、二十年程過、萬事商内《あきなひ》せず、金借《かねかし》して、屋敷など求めて、年八十餘歳にて往生《わうじやう》す、今の吉兵衛は、元祖より五代目なり、元祖は堅く武士付合《さむらひつきあひ》もがゝりを制す」

とある。而して同書の自序に、

「私に曰、元祿二巳巳年出生して、六十餘年の星霜を考見るに、世に珍事多し、未生《いまだうまれざる》以前に聞傳へしは、二十年來も知るべし、是は言《いふ》に足らず、予が一生の事、左に思ひ出して書《キ》置《キ》ぬ、徒然《つれづれ》の節は、申慰ならんか、しかし古人の噺しに聞及びし事、一つ二つ記しぬ、是は其身の分限《ぶげん》を知らさす者ゆゑ書置《キ》ぬ」

とあるが、作者が分らぬ。多分寶曆頃の作であらうと云ふ事である。この本には最初の本と後に書き足した廣本とがある。片山吉兵衛の事は、廣本の方に載つて居る。

嬉遊笑覽には、この事を、單に元祿以前と推定して居るが、さうすれば、江戸眞砂の著者が、未生以前の事を聞き書きした分で、遠くも二十年以前を越えずとしてある。卽ち元祿二年より數へて見ると、寬文十年頃より以降と見られる。さうすると、下に記す住吉屋長左衛門の、萬治の創業よりは、少し後れて居るから、片山氏は江戸の針屋の元祖とも斷定は出來ぬが、甚三郎は、針店の元祖であらう。

又元祿三年版の人倫訓蒙圖彙に、縫針師の名を擧げた内に「江戸京橋四方棚、新橋小（北ならん）竹川丁」としてあつて、名は擧げてない。

又貞享四年版、藤田理兵衛著の「江戸鹿の子」第五の巻には

「京橋南通　北は京橋より南へ新橋迄、新兩替町四丁、尾張町二丁、竹川町出雲町　此町筋諸職賣物大概」。

として、其の中に「みすや針」を擧げてある。同書第六巻には

針所　京橋四方棚　藤原正重　新橋北竹川町　針や五郎兵衛

同所　大和掾　京橋四方棚　宗廣

などと、むづかしい名が擧げてある。前記「江戸眞砂」の分と、尚比較研究を要する。

藤原正重は中村利吉氏の先祖、大和掾は、井口大和の家か。針や五郎兵衛は今の椙山氏の繼承せられた三栖屋五郎兵衛であらうか。

次に大阪上田氏方の、寛政二年の「針控帳」なるものを見るに（寛政前後に亙つて、色々な有益な材料があつて、尚よく研究を要するが）中に安永七年戊戌七月十六日、江戸より大阪に送つて來た、地賣小賣方値上げの書付の寫しがある。其の連名には

芝露月町　みすや　八兵衛　同　同　庄兵衛

京橋四方店　同　勘兵衛　同　同　勘四郎

日本橋　同　吉右衛門　　通油町　ひしや　藤兵衛
本　町　岸部屋　又兵衛　　同　炭屋　七左衛門
大傳馬町　大黒屋十右衛門　　十軒店　みすや　太兵衛　五郎兵衛事
通旅籠町　みすや仙右衛門

としてある。同八月の書面には、右十一軒の外に「住長」を加へて十二軒としてある。住長は住吉屋上田長右衛門の事である。この住吉屋の祖先は、大阪住吉安立町六丁目の上田氏より分れて、萬治年間に、神田新革屋町に來住した人で、寶永三年に七十三で歿したさうである。夫から今に連綿として、大傳馬町二丁目に針問屋をして居る。

降つて、文化六年巳八月十五日、江戸より大阪着の書面を擧げてあるが、中に「當地（江戸）針問屋七人より冥加金を上げて、御鑑札を頂戴した」ことを報じて、其の連名には

江戸針問屋　　十軒店　三栖屋　太兵衛
㊀ 京　橋　三栖屋　庄兵衛　　住吉屋長右衛門
同　四方店　三栖屋　傳*次郎　　大傳二　大黒屋重右衛門
㊀ 大傳三　三栖屋仙右衛門　　菱屋藤兵衛

を擧げて居る。即ち小間物問屋荒物屋等の組合丸合十組の中に、針屋が七人加入したのである。(尚東京の針問屋組合の昔からの諸帳簿は、行先が分らなくなつたので、詳細の事は知り難い)。

今、元の銀座のみすや中村利吉氏の説により、嘉永四年頃の江戸の針問屋組合の人名を擧げて見ると、左の通りである。

大傳馬町二丁目	住吉屋長右衛門	横山町一丁目	近江屋利助
同町	勝田屋新七	京橋與作屋敷	三栖屋庄兵衛
通旅籠町	三栖屋仙右衛門	同所	三栖屋利吉
通油町	菱屋藤兵衛		

十間店にあつた三栖屋は嘉永安政頃に閉店した。

以上は丸合十組問屋中の針問屋であつた。

明治年代の針問屋は、舊江戸時代よりの七軒であつたが、京橋銀座一丁目(舊與作屋敷字四方店と云ふは京橋の際を云ふ)三栖屋庄兵衛は、明治三十四年頃に閉店した。是より先、水戸屋松次郎新加入したが、死亡の後、跡不明、三栖屋利吉も明治四十二年に閉店し、三栖屋の號を店員に讓つた〇寄合所の書役は庄三郎明治以前に死去彌三郎明治時代にして、丸合組の寄合所は大傳馬町二丁目の北新道にあつたが、後には大傳馬町二丁目大通北側

（會所の書役）庄三郎（同）彌三郎の住宅にて、集會したのであつたさうだ。

又以前に本校用の針を納めて、出入りをして居た人に、湯淺半次郎氏と云ふのがあつたが、その湯淺氏などが、みすや庄兵衛方に、小僧として住み込んだ江戸時代には、現今の様に針を專門に拵へる製造所や職工は極少數で、大抵は屋敷の長屋住居の小身者、又は門番などの扶持人が、楊枝削りなどの様に內職に拵へたもので、其の製造法も、一本づつ鑢で磨つて轆轤《ろくろ》錐《ぎり》で孔をあけると云ふ、面倒な仕方であつたが、其の頃は針の需要も、現今の様に盛んでないから、夫で間に合ひ、且つ內職にするのだから、割合に安くても、手間に合つたのである。かく、屋敷屋敷で拵へて居るのを針問屋から屋敷回りと稱へる手代が、錢を懐にして行つて、出來た丈づつ錢を拂つて、集めて來て、夫を纒めて、小賣店に送つたものである。處が明治の維新と共に、前記の如き扶持人は無くなり、且つ需要が非常に多く成つて、內職などでは間に合はぬから、專門の針製造所や職工が、澤山に出來たのである。

前に記した通り、昔の江戸大傳馬町三丁目、今の東京都日本橋區通旅籠町三番地に、昔から㊀本みすや椙山仙右衛門と云ふ、古い針問屋がある。其の家の口碑には、元京都在三栖屋村から、*二百七十八九年前に（大正十年より）江戸に出て來た、それは前記みすや庄兵衛、みすや中村利吉の外のミスヤで、三栖屋五郎兵衛と云つた、夫が廢業するので、寛政年間其の株を引受けて、大傳馬町に針店を開いたのが、今の椙山氏の先祖である、當時の椙山氏は、今の三越の前身三井の關係者である、而して其の頃有名なる大丸が、三井の競爭者であつたので、三井が三栖屋の株を買つて、大丸の隣に呉服に緣の近い針屋を出させ、大丸の營業振りを見張らせたものだ、大丸は無くなつても、其の相山氏が連綿として、今に續いて居るのださうな。成る程今京都在には三栖屋村がある。又大阪の針屋に三栖屋新右衞門といふのが有つて、これが相山氏と同家であると云ふ。このミスヤは御簾屋でなくて三栖屋と書く。

現今の東京の針屋

維新後明治十一年十二月に官許を經て、組合の始めて出來た時は、左の六軒であつた（文化六年に出來た組合は七軒で(合)組の內であつた）。

日本橋區通旅籠町三	㊀みすや	相山仙右衞門
同　大傳馬町二丁目	住吉屋	上田長右衞門
京橋銀座一丁目	みすや（今は無い）	笹倉庄兵衞
同	みすや（今は無い）	中村利吉
日本橋區通油町	菱屋	池田藤兵衞
同　橫山町二丁目		天野利助

後に加入したのが左の二名で、笹倉、中村の二軒は、後に業を廢めて仕舞つた。

日本橋小網町　　　　かまや（もぐさにて有名な家）　富士治左衞門
同　馬喰町　　　　　　　　　　　　　　　　　　　石井啓三郎

明治十八年東京府甲第二號の布達、同業組合準則に依り、明治廿年十月卅一日出願、同年十一月卅日認可を得たる、東京府針問屋組合の人名は右の上田、椙山、笹倉、池田、中村、天野諸氏の外、秋谷新七氏が加はつて居た。明治三十六年十二月廿六日認可を經て、改めて東京針問屋組合を造つた。

前記の外、日本橋區馬喰町一丁目京みすや上田眞三郎氏は、大阪の上田新次郎氏と同家で、東西共に有名な店である。

東京の製針工場

現今東京で、針の製造所の主なるものは、左の二工場である。

本所區松井町二ノ一　　　　森本（巳之助）製針工場
下谷區箪笥町二　　　　　　池田（藤兵衞）製針工場

針問屋沿革一覽

前記の諸書を總合し、これに住長氏方の其の筋への書上寫等を參照して、江戸の針屋を表に作ると、左の通りである。

紀元二二七四慶長十九年甲寅頃か　甚　三　郎（見聞集）
紀元二三一八萬治年間（延寶初年とも云ふ）　神田新革屋町來住　住吉屋長右衞門（書上寫）
紀元二三二〇
紀元二三三三延寶初年癸丑　大傳馬町二丁目　住吉屋長右衞門｝書上寫
　　　　　　　　　　　　　竹川町　三栖屋五郎右衞門
紀元二三四七貞享四年丁未
　京橋四方棚　藤原正重　新橋北竹川町　針や五郎兵衞｝江戸かのこ
　同　大和掾　京橋四方棚　宗廣
紀元二三三〇寛文十年庚戌｝頃か　片山吉兵衞（江戸眞砂）
紀元二三四九元祿二年己巳
紀元二三六六寶永三年丙戌　住吉屋長右衞門　三栖屋　五郎右衞門（書上寫）
紀元二四三八安永七年戊戌
　芝露月町　三壽や八兵衞　本町三丁目　岸部屋又兵衞
　京橋　三壽や勘兵衞　大傳馬町二丁目　住吉屋長右衞門
　同　同　庄兵衞　同　大黑屋重右衞門（重兵衞とも）｝書上寫
　同　同　勘四郎　通旅籠町（又大傳馬三丁目）　三壽や仙右衞門

日本橋　同　吉右衛門　通油町　炭屋七左衛門
十軒店　同　太兵衛　同　ひしや藤兵衛
紀元二三八五享保十年乙巳
芝露月町　三栖屋八兵衛　同所　同　孫三郎
銀座三丁目　三栖屋三郎兵衛　横山町一丁目　同　五兵衛
本銀町三丁目　家名不知清次郎　同　町一丁目　同　久右衛門
神田鍛冶町二丁目　家名不知甚右衛門　新橋竹川町　三栖屋五郎右衛門
通油町　同　重兵衛　大傳馬町二丁目　住吉屋甚右衛門
（書上寫）
紀元二四六九文化六年己巳
京橋　三栖屋庄兵衛　大傳二　大黒屋重右衛門
同　四方棚　三栖屋傳次郎
十軒店　三栖屋太兵衛　大傳三　三栖屋仙右衛門
大傳二　住吉屋長右衛門　通油　菱屋藤兵衛
（書上寫　針控帳）
紀元二五〇二天保度（十三年壬寅？）御改革鑑札返上　書上寫
紀元二五一一嘉永四年辛亥組合再興
大傳二　住吉屋長右衛門　京橋與作屋敷　三栖屋庄兵衛
通旅籠　三栖屋仙右衛門　同　三栖屋藤吉
（書上寫）

通油　菱屋藤兵衛

紀元二五一二嘉永五年三月新加入

横山一　近江屋利助　京橋　三栖屋利吉

大傳二　勝田屋新七

書上寫

紀元二五三八明治十一年戊寅十一月十二日組合願出十二月許可

京橋區銀座一丁目一番地　平民　笹倉庄兵衛

出願惣代　日本橋區大傳馬町二丁目十番地　平民　上田長右衛門

同區同町十四番地　平民　秋谷新七

出願惣代　同區通旅籠町三番地　平民　椙山仙右衛門

同區通油町七番地　平民　池田藤兵衛

同區横山町一丁目七番地　平民　天野利助

○同年同月廿八日増員願出

京橋區銀座一丁目一番地　舊針問屋　平民　中村利吉

同　新加入平民（一名氏名記載なし水戸屋松二郎か）

當時の書類の寫

紀元二五四七明治二十年丁亥十一月廿日認可組合

上田長右衛門　中村利吉

相山仙右衛門　　天野利助
笹倉庄兵衛　　秋谷新七　｝當時の書類の寫
池田藤兵衛

＊煎は前の誤。
＊宗旨故　加賀の人なれば眞宗であつたであらう。
＊傳次郎は中村利吉氏の祖先。
＊大正十年より二百七十八九年前は寛永二十年癸未（紀元二三〇三）―正保元年甲申（紀元二三〇四）

第五章　廣島

廣島の針に就いては、未だ精確なる文書を得ないから、慥なる事は分らぬが、同市天神町新橋筋北入青木瀧次郎氏より得たる報告を、左に抄録する。

「廣島縫ひ針製造の始めは、數百年の昔、唐人我が長崎に渡り、同地に於て針製造を敎へ廣め、當時長崎人にして木屋治左衛門と申すもの、其の職を習得して、廣島に來り、己斐《こひ》に住居を構へ、專ら製針に從事し、淺野侯の御《お》小《こ》人《ひと》、御《お》徒士《かち》等の小身者へ、內職として敎へ廣めたのが始めであつて、當時は殆ど內職的のものであつた。夫故最古の看板は、目下其の影を失ひたるも、其の後に至り、廣島では

「南京正傳針《なんきんしやうでんはり》」の看板を掲げて製造して居た。然るに三府には昔から「みすや針」の看板を掲げて居た爲、南京正傳を止めて、現今では、三府を眞似て、殆ど「みすや針」の看板になつてしまつた。

弊店（青木氏）は、亡父茂吉の代より、製針業を經營し、今日に及んだのであるが、亡父は天保二年十月十八日生れ、弘化二年十五歳の時、廣島の針金幷に萬金物商店に奉公し、製針用の針金を引いて製造し、夫を各製針業者へ販賣し、其の店は乃上屋と號し、當時は最も古き、第一流の店であつたさうで、同店に勤める事約十ヶ年の後、店を辭し、榎ノ町と云ふ所にて縫ひ針製造業を始め、自分（青木氏）は十三歳の時より父の業を手助けし、明治二十八年より、父の老衰により、後を繼いで經營する事となつたのである云々。

歐洲戰亂の始まりしより、支那印度方面より、莫大なるメリケン針の注文あるに至り、是まで內地向のもののみ製造した工場も、全部メリケン針製造に熱中し云々。

針金は、明治十年頃までは、內地品を使用したが、以降は外國輸入品を用ひる。主に獨逸幷にスウイツツル製品を使用して居たのである。

前記木屋治左衛門の血統の家は、目下廣島市榎ノ町木谷と云ふ家にて、先代の始め頃より、製針業を廢止した。祖先は何百年前より始めたか不明であるが、亡父（青木氏の）が先代の木谷氏より聞き及んだのには、貳百年前からと云うて居られた由。然し慥なる事は分らぬ」

廣島縣に詳細の取調を依頼した處、回答が來ないので、委細の分らぬのは、甚だ遺憾であるが、とにかく、今日では、製産は本邦第一と謂はれて居る。

廣島の製針業者

廣島は前記の通り、産額に於て、本邦第一と稱せられて居る位であるから、從つて製針販賣をなすものも、亦頗る多い。今左に其の主なるものを錄する。

西村峯吉	岡本伊太郎	横山峯吉
横山信一	多田金作	田村寛造
辻力吉	中田太一	中田雅一
中田德藏	小島春吉	中田傳次
日下他人吉	靑木瀧次郎	朝見國藏
木谷卯吉	湯川祐太郎	其他

前記の人々は廣島和針親睦會を組織して、共同の利益と信用の確保とを圖つて居る。

廣島縣の針の産額

廣島縣内務部大正七年十月發行の廣島縣産業概覽に依ると、同縣の針の產地は、安佐郡三篠町及び廣島市で、近時製法の改善により舶來品を凌駕する優良品を產するに至り、殊に歐洲戰亂以來、交戰國よりの輸入の杜絕した結果、海外殊に支那、米國等へ輸出する額激增するに至つた、今大正六年までの生產額を揭げると左の通りである。

種別	大正二年	同　三年	同　四年	同　五年	同　六年	大正二年に對して大正六年の增加
數量	四、六三五、〇〇〇疋	五、四六五、〇〇〇疋	六、八六五、〇〇〇疋	六、五五〇、〇〇〇疋 五、一九六、六萬本	五六、八三二、一八〇疋	增　五二、一八七、一九〇疋
價額	九九、〇〇〇圓	一八〇、一五〇圓	二三三、三八八圓	九六六、六三四圓	二、六六四、六二二圓	增　二、五六五、六二二圓

尙七年度は五十億本（內和針丸孔三億位）八年度は三十五億本（內和針丸孔三億位）九年度は十七億（全部和針丸孔、此の外に十億位メリケン針）との事を聞いたが、是は精密な統計ではない事を斷つて置く。

第六章　大　　阪

大阪の昔の針屋に就いては、其の由來久しきものがあるだらうが、今尙詳細を調査し得ない。別項機械製針の由來の條で、上田新次郎氏の事業を紹介して置いたので、其の一斑を窺はれるであらうが、尙同家の舊い帳簿の内に、寛政二年の表紙があつて、中には其の前後三十年許りに亘る、針に關する有益な材料が書かれたものがある。夫に依ると、大阪の針問屋は、安永七年戊戌の七月十六日には（此の頃は大阪、住吉、安立町は一組にて差別の無いものであつたらしい）（明暦年間の書物にもあり）

住吉安立町	見須屋（三栖屋）長右衛門	同（堺？）	同　利兵衛
同	（堺？）彦右衛門	同（安立町八丁目）	平野屋治右衛門
同（安立町九丁目）	同　利右衛門	同（安立町八丁目）	同　源右衛門
大阪	住吉屋新右衛門		

（　）内は東京問屋組合舊記寫に依つて補ふ

同書文化六年己巳八月十五日の記事には

住吉屋新右衛門　京屋太右衛門　三栖屋新右衛門
三栖屋彦右衛門

を擧げてある。

大阪の現今の針屋

大阪に於ける針屋の主なるものは、左の通りである。

東區材木町二番地	（住　新）	上田新次郎	東區南久寶寺町四丁目	青木末三郎
東區平野町三丁目	（三栖新）	三栖新右衞門	東區材木町	十川商店
南區安堂寺町一丁目	（播　七）	元平井（河野某）	東區久寶寺町	松好龜太郎
南區松屋町通末吉橋南		水谷善兵衞		

前記上田氏の宗家は、三栖屋長右衞門と稱し、住吉安立町に起つたもの、天和二年島の内に分家し、初代を住吉屋新右衞門といひ、縫ひ針を業とし、家系連綿として今日に至り、當代新次郎氏は七代目である。然も宗家は百三十餘年前に針屋を廢業したが、江戸の大傳馬町針問屋上田長右衞門氏の如きも、其の一家であると云ふ。

廣島市針屋青木瀧次郎氏より、著者に寄せたる書面の一節に

「廣島の木屋治左衞門氏が、販路を廣める爲、大阪の商人に取引を開始し、菊*一針と云ふ看板を掲げ、大に賣り廣めた處、其の家は一代にて絶え、其の後同看板を讓り受け、新齋橋筋に針店を開いたものがある由、目下南久寶寺町に、青木と申す針屋があつて菊一針の看板を掲げ居る由、其れが前記の讓受けの看板との事云々」

* 上田氏の說には菊一針は野村定七としてある。

第七章 但馬

但馬の濱坂は、維新前は、針の産地として、頗る有名であつた。其の産額に於て、優良品を産出する事に於て、京都を凌ぐ程であつて、其の狀況の概略は別項「維新前後産地との取引」の條下に記してある通りであるが、維新後洋鐵の輸入あり、雲州鐵より安價であつて、敢て濱坂でなくとも何處でも製造に差支への無い處から、製針業は各地に起り、同地は今や昔の面影を止めぬと云ふ（大正三年頃には、製造家五十七戶、職工約三百人、年産額二萬三千圓であつたと云ふ）。

今兵庫縣の調査により最近五年間の統計、及び主なる製造業者を左に掲げる。

年次	數量	價額
大正四年	―	四、二〇〇圓
同 五年	―	七、八三〇
同 六年	―	九、三一〇
大正七年	七五、〇〇〇千本 一七三、八五一哥	二五、〇五〇圓
同 八年	一八〇、一三五千本 一一六、二八〇〇哥	二一、九四〇

美方郡濱坂町　渡邊萬太郎　上島龜吉　吉田作吉

この外に同縣には

神戸市磯邊通四ノ四二ノ四神戸製針合資會社

がある。何れも內地向き最も多く、輸出向きは極めて僅少である。

濱坂の針の起源沿革に就いては、問合せたるも返事なく、未だ詳細に知れぬが、兵庫縣內務部第四課、明治三十三年四月編纂の兵庫縣物產調査書に左の通り書いてある。

縫針　　三方郡濱坂村*

一、沿革　當町濱坂村產出の針は、濱坂針と稱し、從來京阪に名あり、寛政四年金物地職渡邊丈兵衛、市原安兵衛の二人、其職工を肥前長崎より雇入れ、當村に於て之れが製造を起せり、同十二年當村道盛宇兵衛、始めて之れを京阪に輸出して、其販路を開けり、本業是れより一層隆盛となれり、實に當村凡そ（八百戸）三分の一は此針に賴て生計をなせり。

二、營業　製造場は製造家自宅を以て充つ、何れも專業九十八戸、使役の專業職工凡五百戸。

三、職工　專業五百名、兼業九百名、男八分女二分、工賃一ヶ月平均一人上工五圓以上、普通四圓五十錢位。

四、販賣　仲買道森利兵衛、渡邊萬太郎、上島嘉道の手に依て輸出販賣す、仕向先は一ヶ年凡四回、仲買者出張、即金取引をなす、仕向け地は京都六分大阪四分なりしと云ふ。

＊三方、今は美方に作る。

第八章　昔の播磨針

播磨が、昔針の產地であつた事が、諸書に散見する。則*ち赤染衞門が家集の歌の詞書きに「播磨より來たる人の、針をおこせて」と見え、又　冷泉天皇の朝の人藤*原明衡の新*猿樂記《さるがくき》に「宅常擔《ニ》二集《ス》諸國《ノ》土產《ヲ》一貯《ヒ》甚《ダ》豐《カ》也、所謂（中略）播磨針」とある。谷*川士淸《ことすが》は、又右の二書を引きて、播磨の國號が「針によれる名なるべし」と云つて居る。本居宣長は、其の古事記傳に其の說を引いて「是も捨がたし、上代より針を出しことも知がたし」として、播磨の國號は榛木《はりのき》に由れる事を論じて居る。其の文に（古事記傳二十一之卷針間の段）左の通りに云つて居る。

「和*名抄に、播磨國《ハリマノクニ》波里萬《ハリマ》とあり、國《ノ》名《ノ》義は、此*國《ノ》風土記に、萩原里《ハリハラノ》、土中《ニ》有レ井《リ》、所二以《ユヱハ》名《ツクル》萩原一息《トオキ》長帶《ナカタラシ》日賣命《ヒメノ》、韓國還上之時《カラクニヨリカヘリノボリマスニ》、御船宿《ヤトリマス》二於此村《ニ》一、一夜之間《ニ》生二萩《ハリノ》根一、高《サ》一丈計《リナリ》、仍《カレ》名二萩《クハリ》原《ト》一即闢《ク》二御井《ヲ》一、故《カレ》云二針間《ノハリマ》井《キト》一とあり、是《レ》に國《ノ》名の始《メ》とは謂《イヘ》ざれども、云二針間井《ト》一とあるは、何《ナニ》とかや國《ノ》名も是《レ》より出《イデ》たりげに聞ゆ、若然《シ》らば榛木《ハリノキ》に由れる名なり」

とある。萩の字は、現今ハギとのみ訓ずるが、古へはハリの字にも充當したのである。「生二萩根《スハリノ》一高《ヲサ》一文許《リ》」とある文の「根」の字は「樹」の字ではないかとの說もある。然し是は强ひて「樹」に改むるに及ばない。「生レ萩《スハリラ》根高《ヨリキ》一文許《リ》」と訓ずれば、何でもなくよく分る。

そこで此の播磨の名は、針の產地であるからと云ふのは、聞えざる說である。針の產地であるは、遙かに後世の事で（赤染衛門、藤原明衡等の書を證として見ても）播磨の國號は、其のズツと以前に出來たもので、何の關係もない。本居氏は「是も捨がたし」とすれど、予は全然贊成しない。矢張り榛《ハリ》の木に關係する名と斷ずる。

元來榛の木は、山林にも生ずるが、新墾地即ち墾原《はりはら》などにも多く生ずるので、そこで墾《はり》の木といふのである。播磨は古き帝都たる大和、山城等の地と中國四國九州等の地との交通の要路に當り、從つて早く人民が集屯し、開墾したから、墾原《はりはら》又墾間《はりま》等の名も出たのであらう。然るに後世其の國より、適〻針が產出するに至つた所で、國名がハリマ、產物がハリと云ふ面白い關係がある所から、赤染衛門、藤原明衡等の歌人連の筆に上るに至り、谷川氏も、遂に「針によれる名なるべし」と云つたのではないか。

播磨の名を「ミカシホハリマの古語による」としたる吉田東伍博士の說あれども、針には關係を持たぬから、玆では論ぜぬ。

播磨の針は、縫ひ針であつたが、近頃では產出せぬ。鉤《つりはり》のみは多く出來ると云ふ。元は縫ひ針、鉤《つりはり》共に産したのが、今縫ひ針を産せざるに至つたのか尚研究を要する。

＊赤染衞門　大江匡衡の妻、和歌の名人、攝政藤原道長に仕ふ。赤染衞門、榮花物語を著し其の全盛を記したるは、後一條天皇萬壽四年丁卯（紀元一六八七）である。

＊藤原明衡　博學の人、康平中（紀元一七一八―一七二四）東宮學士となる。

＊新猿樂記　一卷、藤原明衡著、寫本の奧書に弘安九年（紀元一九四六）正月下旬書寫之畢とある。

＊谷川士清　伊勢の人、安永五年丙申（紀元二四三六年）歿す。年七十二。

＊和名抄　二十卷、源順著、延長（紀元一五八三―一五九〇）年中の書、事物の和名を類聚註釋したもの。

＊播磨風土記　元明天皇の和銅（紀元一三六八―一三七四）の年代を距る遠からざるものと云ふ。

第九章　長崎

本邦の針の輸入地は長崎であつた事は、近くまで、南京正傳長崎針、阿蘭陀針、唐針、唐渡等の名の存するので明かである。大阪上田氏の古き看板には「南京正傳からのぬひ針」とある。而して又最初の製造地も長崎で、＊支那人から製法を傳習したものであらう。廣島にも長崎から製造法を傳へたロ碑がある。富山縣氷見にも矢張り同樣の口碑がある。或は四百年以前（或は元文年中）と稱して居る。年代は相違して居るらしいが、傳習の系統は事實に近いやうに思ふ。然し長崎市役所藏版明治三十六年出版荒木周道著の「舊幕時代の長崎」下卷名産の部に

「南京針　寛*永の頃、竹中某唐人より其の製法を傳へられ、子孫祖業を守りて、之に從事す」

とあるのを見ると、本元が四百年にはならぬ。

けれども、此の寛永といふのも確かな證據があるやうにも思はれず、又其の頃まで、輸入にのみ仰いで、製造を傳習せぬ筈もない樣に思はれるから、四百年は何うか知らぬが、寛永よりは、もつと早かつたかも知れぬ。

藤井氏の説に、寛政九年、海外雜貨輸入禁止の時の品別表に、縫ひ針のみは、是は商賣に罷成り候として解禁してあつたとの事である。太閤記に明智光秀が毛利家へ送る密使藤田某は、長崎へ縫ひ針を仕入れに下る翠簾屋の手代なりと僞稱したが、顯はれて捕へられた事がある。（中村利吉氏説）この針は南京渡來のものか、長崎原産のものか、何れとも斷定すべき證據を見出さぬ。

＊長崎針は昔より江戸まで來た事は無かつたと中村利吉氏の説。

＊藤井氏の説には、この寛永の竹中氏が唐針を傳習して製法一變し、安永頃より京針は影を潛めたとの事。

第十章　昔の筑紫針

七十一番歌合、中卷、卅二番、左、針磨

「情なき人に心をつくし針、ミヅからなどか思ひ初めけむ」

とある。この書は、月と戀とを題にした七十一番の職人歌合で、末に「右職人歌合の繪は、土佐刑部大輔光信朝臣、書東坊城權大納言和長卿筆也」とある、印行本は縮本である。この歌に、つくし針の名あるを見ると、筑紫が其の頃針の產地であつたと見える。これは筑紫の產か、又唐針を其の傳來の地に依つて筑紫針と稱へたものか、未だ詳らかならぬ。

大分縣別府市も、昔は其の產地であつたが、今は製造者が唯一戶より外は無いとの事。

* 土佐光信　光長、光起と共に土佐繪の三筆。　後柏原天皇大永五年乙酉（紀元二一八五）歿す。年九十二。

* 東坊城和長　後土御門天皇文明（紀元二一二九―二一四六）より　同天皇明應（紀元二一五二―二一六〇）頃の人。

第十一章　越中氷見

別項針袋の條下にある如く、有名なる歌人*大伴家持が、越中守として在國した時、越前掾*大伴池主に、針袋と共に針を贈つた事が、萬葉集に載せてあるが、この針は、越中の産であるか、家持が京都より携へ下つたものか判然せぬ。恐らくは京都より携へ下つたものであらう。

現今氷見町に於ける製針業は、或る說には、凡そ四百有餘年前、長崎より傳習したものであるといふが、是も確かな記錄もなく、口碑に存するに過ぎぬ。

降つて元文年中同町大字中町、田子某、始めて斯業に從事し、安永五年二代作右衛門業を繼ぎ、分業的製作法を講じ、三代作右衛門に至り、益々隆盛を致し、爾來子孫に傳授したものであるが、勿論手工業で、製造高も僅少であつた。或は富山の賣藥商が、各地方の得意へ、土產として携へ行き、少々づゝ配つたものもあつたが、燒きが甘いと云ふ非難があつた。又一部は京都に移出して、みすや針として販賣せられたと云ふ。明治四十一年六月に至り、光針製造株式會社が設立せられ、職工七十人を使用せらるゝに至り、始めて機械工業となり、稍々製產高も多くなつたが、尙市況は振はなく、漸く五六の當業者に依つて其の命脈を維持するに過ぎなかつた。然るに歐洲戰亂の勃發と共に、獨逸製針が支那、印度及び南洋の市場に來なくなり、本邦製針が其の代用品として海外に輸出せらるゝに至り、氷見にも註文殺到し、內地向き縫ひ針製造が、悉く海外向きメリケン針製造と變じ、製針工場續々として勃興し、大正七年七月には、縣內の工場數實に四十二、職工二千六十七人を算するに至り、廣島縣に亞げる全國第二位の製針地となつた。然るに休戰媾和の後、製品過剩及び粗製濫造が原因と成つて、遽かに不況に陷り、工場休業、廢業續出し、今や光針製造株式會社外三四の工場を殘存するに止まり、是等工場も主として、內地向き縫ひ針の製造をなすに至つた。光針會社の針には耳研きの方法に新案特許を有し、頗る奇麗に出來て居るものがある。

最近五年に於ける富山縣製針額は、左の通りである。(同縣調査)

大正四年	八二、〇一〇圓	同七年	一、七五九、三六〇圓
同五年	九二、一九六	同八年	三三九、〇五〇
同六年	七八五、二五〇		

製造業者は左の通りである。

氷見郡氷見町光針製造株式會社。同日本製針株式會社。同日東製針株式會社。丸保製針合資會社。富山市新富町精工舍

* 大伴家持　有名なる歌人、天平中從五位に敍せられ、延曆三年持節征東將軍となる。同四年乙丑(紀元一四四

五）薨ず。享年詳らかならず。

＊大伴池主　萬葉集中に見える歌の作者で、大伴家持の族であるらしいが、傳記が詳らかに分らぬ。

第三篇　製　造

第一章　針の各部の名稱

針の各部の名稱は左の圖に示す通りである。

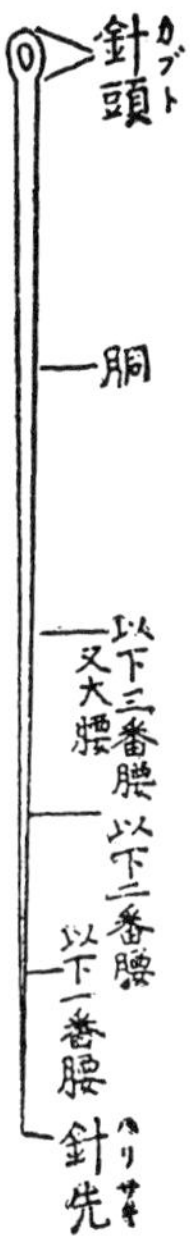

カブト（針頭）とは、針の最上部にして、天、針孔、耳、頰、耳下、面等を含む部分の名稱である。但馬では頭巾《ときん》といふ。

胴とは針頭の下三番腰までの、太さの稍々相等しき部分を云ふ。此の部分を身頃と稱する由にも云へど、針の専門家の方では、身頃とは、身の太さ（身の頃合ひ）の義で、部分の名稱では無い。即ちこれは専門語で、針に

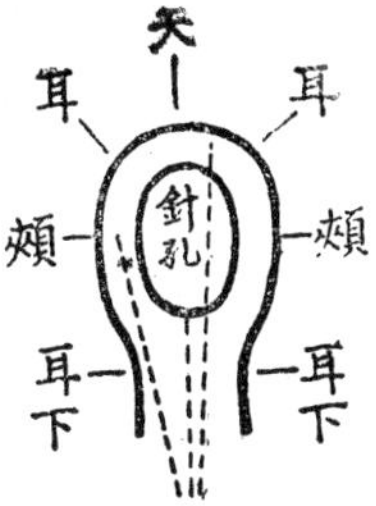

用ひる針金の太さで表示する。その太さを計るには、針金一尺の目方を計り、其の目方に依つて、針の身頃を何分《ぶん》何厘といひ(昔は總べて此の法を用ひた)或はワイヤーゲーヂ（Wire gauge 針金の番見と云ふ）で針金を計つて、何番何番と呼ぶ事に成つて居る。故に胴を身頃と呼べば、太さの義と混ずるやうになる（ゲーヂ及び目方の事は後に詳しく記す)。

針先《はりさき》又針尖は、針のウラとも稱し、漢字にては鍼鋒《しんほう》、鍼末《しんまつ》、鍼芒《しんぼう》とも書く。而して胴の下端の、次第に細くなりかけたる所より以下を三分して、下より一番腰、二番腰、三番腰と數へ上げる。三番腰は又大腰とも云ふ。これは製造者が針尖を磨《す》るのに、第一番に磨る所を一番腰といひ、二番三番と磨り上げる順序から附けた名である。然しこれは、人により上から磨る人もあつて、一樣では無いが、名は同じである。針さきに就いて、

*落窪物語の二に「袋縫ひ果てて云々、硯筆も無かりければ、有る儘に針の先して、唯斯くなん云々」とある。

天とは針の最上部に當る所を云ふ。

耳とは、天の左右の角、人の耳に當る部分を云ふ。然し耳と云ふ詞は、又針孔の事にも古くから多く用ひられて居る。

頰とは耳の下にして、針孔の横、人の頰《ほほ》に當る所である。

耳下とは頬の下である。

針孔はメド、ミヅ、又ミミ、ミヅなどといつて、絲を通す所で、圓いのもあり、角孔といつて、楕圓形のもある（漢字にては針眼とも鼻とも書く）。

メドとは穴の義として、一般に通用する。次に述べるミヅの轉と云ふ。又目處《めど》即ち目ざす處、目あてとする處の義とも云ふ。

又蜀山人の一話一言卷の一（原卷五、天明元年より二年卯月までの集錄）に薩摩の孫八針と題して圖をあげて、

圖の如く針のめど圓にして裁縫によろし。

とある。この頃より丸めどが、賞用せられたものと見える。

ミヅとは古くより用ひられた詞で、七十一番職人盡歌合の繪の上に「小針はミヅが第一に候」とあり、歌の方には「情《なさけ》なき人に心をつくし針ミヅからなどか」などとかけ用ひてある。松屋筆記九十二の七十一に「那須與一扇の的草子に、針をさげてはミズを射云々」とある。

ミミとは前記の如く、天の兩傍の角であるが、古くより孔の事に用ひられてある。雅言集覽に「針の耳、今いふ針のメドの事なるべし」宇津保物語俊蔭の卷に「最使《いと》ひよき、手作りの針の耳、いと明かなるに、信濃のはつりを最《いと》よき程にすげて」などと用ひられてある。

*慶長見聞集巻の八、雲藏乞食の事といふ條に、*提謂經《だいゐきやう》を引いて「人間の生を受くる事、例へを取る時、天の間に針を立て置き、天より糸を下して、大風の吹く時、彼の針の耳の穴に糸を入るゝ事は有りとも、人身を受くる事猶難し」と說き給ふ云々。

*又類聚名物考九十六調度の部に「針耳、はりのミミ、今俗には針のミゾといひ、田舍の詞にはめどといふ、寶物集巻二「人界に生を受たる事は、爪上の土の如く、又は大海の底に針を沈めて、八萬由旬の須彌山の頂より糸をおろして、針の耳を通さんよりも、猶稀なる也」といへり、針の耳とその比云し也」

松屋筆記九十二の七十一に「針の耳俗に針めどといふは和田酒盛草子に人の子の種をおろすはかりごとは、上梵天よりも糸をおろし、下大海の底なる針の耳をとぼすよりもうけがたくて云々」

等あつて、これは殆ど通用語となつて、今更理窟に合はないなどといつて改正する譯には行かない。

然るに*嬉遊笑覧に、明人の笑禪錄を引いて「メド缺け針を破鼻子といへり」とある。これは耳ではなくて鼻に譬へたのである。顔の眞中にあるものだから、鼻の方がよく當つて居る。又西洋では目（Eye）と云つて居る。

孔をミゾと云ふは、誤りであるが、これもよくミゾと似た處から、混用せられて居る。溝は圖に示す如く、溝針などの針頭に、縦に通つた低い處である。俚言集覽に「*屠龍工隨筆」を引いて

「はりのみぞは穴を云ふにはあらず、みぞは細き通《みち》をつけて、其はづれに穴をもみたり」とあるので、區別が明瞭である。然し今日では、殆どこの區別をして居ないやうである。*孝經樓漫筆、目次には「針のミぞ」とあつて、本文卷の三の二十三丁の方には「針のミぞ、童蒙抄に、針のミミ」としてある。隨分混亂した書き方である。

面とは、孔に直角なる裏表の兩平面の稱で、人の顏に譬へたものである。

又鍼醫の方では、上圖の通りに稱へて居る。鍼鋒は胴に當り、鍼頭は針尖に當る。縫ひ針とは顚倒して居る。

* 落窪物語　作者詳らかでない。一つの作り物語。冷泉院(紀元一六二八―一六二九)の頃に作られたとも云ふ。
* 蜀山人　太田覃、江戸の人、有名なる狂歌師、文政六年癸未（紀元二四八三）七十五歳で歿した。
* 一話一言　七十卷、著者の見聞雜記である。
* 七十一番職人盡歌合　土佐光信（紀元二一八五歿）畫東坊城和長（紀元二一五二―二一六〇頃の人）書にて、月と戀とによせた歌合。
* 雅言集覽　四十四卷、石川雅望撰の辭書、文政九年丙戌（紀元二四八六）刊行す。
* 宇津保物語　著者年代詳らかに知れざれども、源氏物語や、枕草子にこの名が見えたれば餘程古いもの、俊蔭

の巻はその第一巻である。

＊慶長見聞集　前に出づ。

＊提謂經　藏經の内にあつたさうだが今傳はらぬ。

＊類聚名物考　三百四十二卷、山岡浚明著、浚明は舊幕の小吏、安永九年庚子（紀元二四四〇）六十九歳で歿した。

＊笑禪錄　明の陶珽編（珽は萬曆三年の進士）說郛續の四十五に收めてある。潘遊龍の著。此の事は同書の（闕）巻第一にある。第八篇に原文を引く）。

＊屠龍工隨筆　二卷、安永七年戊戌（紀元二四三八）小栗百萬の著、假名の隨筆、著者は江戸の俳人、安永七年年五十四で歿した。

＊孝經樓漫筆　嘉永三年庚戌（紀元二五一〇）山本信有の撰。

第二章　昔の針の製造

明治維新前には、現今の様に針を専門に製造する工場や、職工と云ふ様なものは、但馬、京都等の主要地を除く外、極めて少く、江戸其の他の地方でも、産地の部に示す通り、多くは下級扶持人等の内職であつた。從つて今日の樣な機械を用ひる事なく、全くの手工であつた。而して各地共多少の差は有つても大概左の如き方法に依つたものである。（中村利吉氏の說によれば明治十年頃までは、針金より紙に包みて賣出すまで二十六工程を經たものだと云ふ。）

一、切斷　針金を臺鋏刀にて適當の長さに切る。但し針一本の長さより少し長い位に切る。

二、矯《た》め直《なほ》し　切りたる針金を束《たば》にし赤熱して、これを溝のある鐵板の上に、其の束ねた鐵箍《なこが》が丁度溝に當て篏《はま》る樣に入れ、鐵の角棒を金箍の兩方に並べ當てて、強くゴリ〳〵と擦つて眞直に矯め直す。

三、切《き》り目《め》　尖附《さきづけ》の事を切り目と云ふ。圖の如き挾みに挾みて、一本づつ臺の上で鑢《やすり》にて尖らすのである。これは左の手に持ち、小指にて櫯《くさび》を巧みに動かして、針を一本づゝ御へさせたり、放したりするのである。然し元祿三年の人倫訓蒙圖彙にある繪を見ると、一本一本手に持つてしたものらしい。參考の爲に、其の圖をこゝに寫して出す。

このクサビの挿し込み方で上の針が保持せられる。このクサビの代りに針金のバネを入れたのもある。

四、耳打《みみう》ち　これは次頁の圖に示す通りの、極小さき金敷の上にて、普通の金槌の稍々小型《こがた》なもので、一本づゝ孔になる處を叩いて、孔を穿つべき平たい面を作る。

五、耳つけ　卽ち孔を穿つので、これは今日でも傘の製造に用ひる轆轤《ろくろ》のやうな錐（又舞ひ錐とも云ふ）で表と裏とより、前に出來た平たい所へ、一本づゝ孔を穿つ。この先端にある錐は、非常に銳利な先の尖つた鋼鐵製のもので、この尖端の尖らせ方の巧拙が、針の出來方に餘程關係するので、大切な仕事である。其の臺は机で、其の上に銅の棒を釘で打ちつけてある。銅の棒には錐の穴が澤山に出來る。さうなると、鑢にて磨いて平らにする。

この孔の穿ち方は、一本に對して、一方より三遍、又裏返して他方より三遍都合六遍、錐で揉むのであるが、安價のものは、片面より二遍、表返して一遍、都合三遍で濟ますのである。

六、耳磨り《みみす》　竹の挾みに挾みて、一本づつ、約一尺一寸位の鑢にて耳の兩方より磨つて形をつくる。

人倫訓蒙圖彙にある縫ひ針師の圖

七、目取り《めと》　前記の通り鑢にて磨りたるものには、針尖に尚荒い鑢目があるから、之を砥石にて磨き取る。是をするには、上等の品ならば、右の手に大凡二三十本位づゝ、並べ持つて、尖端を砥石に當てゝ磨るし、普通の品ならば、右手に澤山に掴《つか》みて磨るのである。

八、焼入れ　古い時代には、右の通りにして出來た針を、味噌*と共に焼いたものであるさうで、この見本が、今以て大阪上田氏方に殘つて居ると云ふ(百年以上の品である)。後に至り炭の粉と硝石と共に焼いて油*に入れる硬化法が行はれるに至つた。此の方法は凡そ五十年以來の事であると云ふ。この工程は、針の硬度の決まる處で、針の良否の大部分は硬度にあるのだから、昔から大切な方法として、或は其の間に祕傳などと稱する事もあつたと云ふ。

九、耳研《みみと》ぎ　針の平《ひら》(面)と頰《ほほ》と天とに、鑢目の殘存しある者を、砥石にて研き取るのである。

十、目取《めと》り仕上げ　これは、尙針の身に、鑢の目の殘つて居るのを、福井縣より產する淨見寺砥石にかけて、奇麗に目を取る仕方である。

十一、本磨《ほんみが》き　これは金剛砂にて磨くので、是で愈々の仕上げである。

十二、選り別け　右の手續きで仕上りたるものを、一々其の耳や尖の良否を鑑別して、鑢目の殘り、曲り、焼きの爲に地の荒れたるもの等を拔き出し、これを整理して、問屋に送るのである(上田眞三郎君及び技工谷村貞次郎君の談參取)

〇又一法　日本社會事彙(明治二十四年經濟雜誌社出版)に載せたる製針法は、稍々右に異る點があるから參考の爲、左に揭げて置く。

先づ木綿針絹針等　各々の種類に從つて鐵線を切り、大約千本位宛鐵管に入れて焼き、之を平石の上にて鐵板をもて磨轉したる後、鐵槌をもて一本宛其片端を打平め、再び燒きて之に孔を穿ち、之を圓めて一束とし、*其より砥石にて磨き、硝石末十匁、木炭五十匁を和したるものを塗りて、三度燒きて水に投じ、再び砥石に掛けたる上、金剛砂に酢を和し、牛皮に包みて磨くなり、其針となるまでの煩勞此の如し。

○又一法　但馬濱坂の製針法（兵庫縣內務部物產調査書に依る）

原料は元和鐵を用ひた。其の質柔軟にして使用に適するも、洋鐵に比し、殆ど二倍の高價であるから、廣島針と競爭の結果、非常に價格を低廉にせんため、漸次和鐵の使用を止め、洋鐵を用ふるに至つた。

其の製造順序は

一、金切　寸分に鐵線を切斷する。

二、耳打　金槌を以て上端を打ち扁平にする。

三、先摺　鑢を用ひ先きを尖らせる。

四、穴明け　轆轤錐にて上端扁平の部へ穴を穿つ。

五、ト金*　鑢を用ひ上端扁平の部の角を圓くする。

六、目取　砥石（土佐產）に荒海砂を以て（三）の鑢目を除く。

七、燒性　硝石（一爐に付き凡そ十匁位）に粉炭を混じ細末にして針體に摩塗し（針數凡そ一萬本）凡そ三時間爐中に於て燒きて、鐵を剛鐵となす。此の時水を入れるを以て、針體*に屈曲を來す。

八、ならし　鐵槌を用ひ、一本づゝ屈曲を正す。

九、仕上げ　土佐國產の砥石及び越前國淨見寺產の砥石を以て、四回針地を下研きする。

十、磨き　金剛砂を用ひ、板上に於て二回磨く。

大津大谷の製針法

滋賀縣大津大谷町より、明治五年五六月頃、當時の博覽會事務局に提出した書類と思はれるものの（別項に出づ）中に載せた製針法がある。幼稚なる原文を、其の儘掲載する。圖も原書の通りにして、口繪に掲げてあるから、參照せられよ。

（前　略）

第三條

一但馬國鐵山之製鐵ヲ針鐵《はりがね》ニ用ユ

第四條

第五條

一前箇之製鐵ヲ攝津國大坂針鐵工ヨリ買求メ候鐵錬方不存候

明の崇禎年代の製針法

天工開物に載する圖

一 切針《きりはり》　針鐵《はりがね》ヲ切針臺《きりはりだい》ニテ鑢《やすり》ヲ以テ前箇第二條目針名ノ寸分ニ切ル第一如圖

一 目取《めとり》　鑢《やり》ヲ以テ切リシ跡角立《あとかど》ヌ樣土佐生產ノ砥ヲ以テスリ直ス第二如圖

一 耳打《みみうち》　耳穴《みみあな》ヲ明《あ》ケン爲《ため》ニ鐵槌《かなづち》ヲ以テ先《さ》キノ方打平《うちたいら》ケルコト第三如圖

一 耳明《みみあけ》　舞錐《まひきり》ヲ以テ耳明《りみあなあけ》ルコト第四圖ノ通リ

一 耳摺《みみすり》　鑢《やす》ヲ以テ耳穴《みみあな》ノ處《ところ》丸クスルコト第五如二圖機械一

一 双《は》　針《はり》ノ先《さ》キヱ双金《はいね》ヲ付《つけ》ル爲《ため》第六針《はりぬきわ》メ輪ニ挾《はさ》ミ焠竈ニ入置第六機械圖ノ通リ

一 狂直《くるいなほ》シ　鐵槌《かなづち》ヲ以テ一本每ニ直《なほ》スコト第七如圖

一 耳磨《みみみがき》　淨建寺《しようけんじ》砥ヲ以テ耳丈《みみた》ケ磨《みがく》コト第八如機械圖

一 磨《みがき》　磨《みが》キ臺《だい》ヱ針《はり》ヲ並ヘ紀伊國金剛山ヨリ出產ノ砂ヲ用イ磨キ駒ヲ以磨上ルコト第九如圖

（以下略する）

支那の製針法

支那の製針法に就いては、詳細なる事はよく分らぬが、「天工開物」*中の第十巻に曰く

「凡ノ針、先ツ鉮レ鐵ヲ爲シテ二細條ト一、用ヒテ二鐵尺一根ヲ一、錐シテ成シ二線眼ト一、抽シテ二過條鐵ヲ一成シレ線ト、逐ヒテレ寸ヲ剪斷シテ爲レ針ト、先鎈リテ二其末ヲ一成レ穎《ホサキト》、用ヒテ二小槌ヲ一敲キ二扁ラノ其本ヲ一、剛錐ニテ穿チレ鼻ヲ復タ鎈リテ二其外ヲ一、然シテ後チ入レレ釜ニ、慢火ニテ炒熬シ、炒シテ後チ以テ二土末ヲ一入レ二松木火矢豆

豉《ソノ》三物《ヲ》一罨蓋《フタシテ》下《ヨリ》用《ヒテ》レ火《ヲ》蒸《ス》、留《メテ》二針一二三口《ボン》一、挿《ヲ》二于其外《ミノ》一、以《ニ》試《テムヒ》二火候《カンヲ》一、其《ノ》外《ノ》針《ヲ》入《レテ》レ手《ニ》、捻《リテ》成《レバ》二粉碎《ト》一、則《チ》其《ノ》下《ノ》針火《ノヒカ》候《ケシ》皆《ナ》足《ル》、然《シテ》後《チ》開《キ》レ封《ヲ》入《レテ》レ水《ニ》健《ヲコハクス》レ之《ヲ》、凡《ソ》引《キ》レ線《ヲ》成《スト》ヨ衣《ヲ》與二刺繡《ヲ》一者《ハ》、其《ノ》質皆《ナ》剛、惟《ダ》馬尾刺工爲《ツクル》レ冠《ヲ》者《ハ》、則《チ》用《ヒテ》ヨ柳條軟針《サ》一分《スヲ》二別之《ハ》一、妙在《リ》二于水火健法《ノヤキイレカタニトイフ》一云」

とあるのを見ると、我が邦が、元々傳習した本元であるから、大抵本邦の昔の製造法と同様である。

＊蜀山人奴《やっこ》師《だこ》勞之の第三條に　明和の初まで、針がれ〳〵二尺一文針がれとよびて江戸市中を賣あるく老父あり、予が若き時、牛込（仲徒町）に居りしに此邊へは毎月十九日に來りしなり、風説には、此老父隱密《つ》を聞出す役にて江戸中を一日づゝめぐるといへり。

＊味噌（糠味噌だと云ふ説もある）。

＊油（元は水に入れたものであるが、針が胴から曲るので、油に代へたのである。然るに西洋では始めから鋼を用ひるから、炭素燒きをせぬ。從つて油に入れずに水に入れるが、胴曲りが出來ぬと云ふ）。

＊硝石二匁木炭粉一合と混じて二時間燒く。早く仕上げるには硝石三匁にするが其の結果は宜しくないと云ふ。

＊ト金は頭巾《ときん》で、カブトを鎚にて磨いて作ること。

＊屈曲は則ち胴曲り。

＊天工開物　十八卷、明の崇禎十年丁丑（紀元二二九七）宋應星著、明和八年辛卯（紀元二四三一）翻刻、都賀庭鐘の序がある。

第三章　機械製針の由來

明治維新の後、西洋の文明的機械工業が何れの方面にも這入つて來たが、製針業の如きは、依然として長く手工業の儘であつた。明治十四五年頃、大阪商業會議所が、未だ同市東區高麗橋に在つた頃、政府から外國製品の見本を同所に回付して、斯業を奬勵した時に、同市の上田新次郎氏（先代の）は從來の手工業では到底歐洲輸入品と對抗する事の出來ぬことを察し、種々斯業の改良に著眼苦心をした。その頃の輸入品は、矢張りメリケン針と稱するも、實は英國製象印（是は比較的に高價）獨逸製羊印（是は前者よりも安價）等であつた。

上田氏は明治二十三年頃より、更に英獨製針業に就いて調査を始めた。三菱の雇技師獨逸人コンデル氏に對して、明治廿五年頃西洋式製針機械購入据ゑ付けの設計を依賴したるに、約百萬圓を要する勘定であつた。然し當時の經濟界に於て、かかる巨額の資本を投じ、これを設立しても、とても、收支相償ふ見込が立たなんだ。そこで此の方は先づ止めにして、更に三菱の小野安太郎氏の手を經て、同倫敦支店長小室三吉氏に依賴し、製針機械購入の見積書を取つた。然るに偶々明治二十六年秋、古來廣島地方と共に我が國に於ける製針地として知られた、越中國氷見町の人龜谷久左衞門氏の、志を同じくするに遇ひ、則ち共にホウショ氏、イリス商會、米國貿易商會、三井物産等の設計を取り寄せ、再三調査協定の結果、同年十月共同で日本製針株式會社を創立し、獨逸式の機械を購入し、電動力を利用し、茲に斯界に一新生面を開く事と成つた。

處で、京都の竹内嘉作氏が、會社の敷地を提供したのと、電動力を利用する關係上、京都市今熊野町に工場を設け、廿七年六月に、手工鑽孔機一臺を輸入した。是が抑々我が邦に於ける製針機械輸入の嚆矢である。この會社の資本金は最初三萬五千圓であつた。

次いで同年七月更に新機械を註文し、翌廿八年一月倫敦を積出し、四月横濱に到著し、所要機械全部の据ゑ付けを終り、事業を開始するに至つたが、機械は恐く未だ曾て見た事のないもの許り、從つて自らこれを動かしては自得し、夫から職工を養成教育する等、非常なる努力を要し、又附屬品の購入調査等にも、頗る苦心を拂はねばならなかつた。

其の爲に資本には不足を生じ、利益は一向に上つて來ず、其の內に手工製針を以て名ある但馬濱坂邊からは隨分盛んなる攻撃もあり、困難は一層に加はつて來たが、株主諸氏は、なか／＼屈せず、資本金を五萬圓に增し、更に一大努力を試みるに至つたが、茲に更に一大災厄が起つた。則ち漏電の爲に、會社が一朝にして烏有に歸してしまつた。

夫から上田氏等は、更に社業を繼續し、鋭意恢復を圖りつゝあつたが、社內の治まりが十分ならず、同氏は同意の上同社を去り、別に大阪に於て獨力事業を經營する事と成つた。これが明治三十一年であつた。

京都に於ける竹內製針工場、(今は小根田氏主宰)及び越中氷見の光針會社並に廣島の製針工場等は、多くこの會社の經驗が基礎となり、或は技術者をこれより得、或は其の製法を傳へたもので、實に我が邦機械製針業の爲には特筆すべき事業であつた。

上田新次郎氏は日本製針株式會社を辭して、大阪市西區南堀江に製針工場を設立せるは、明治三十一年十月で、京都在社の職工は、斷じて使用せざる方針で事業を開始し、明治三十四年事業の發展と共に同市南區難波元町に移り、事業の進捗を見るに際し、偶々明治三十六年第五回內國勸業博覽會が、大阪に開かれ、これに機械を出品し、運轉作業を、先帝皇后兩陛下の天覽に供した事も有つた。大正四年八月一部工場の火災に罹れる爲に、同九月終に地を現在の西成區玉出町に移した(大阪每日新聞の記事及び先代上田氏令弟上田眞三郎氏の談話參取)爾後この外各地に、機械製針業が勃興して、今日に及んだのであるが、創立の功業は沒すべからざるものである。

第四章　現今の針の製造

針金の測定

昔の針の製造には、内地の針金（雲*州鐵で製造した）を用ひたが、現今では外國輸入品を用ひる。而して先づ針金の太さを檢定するには、ワイヤーゲーヂ（Wire gauge）を用ひる。ワイヤーを略して、唯にゲーヂとのみ稱へ、譯して線規といひ、又俗に番見とも云ふ。卽ち針金の番號（Gauge number）を見る道具であるからである。

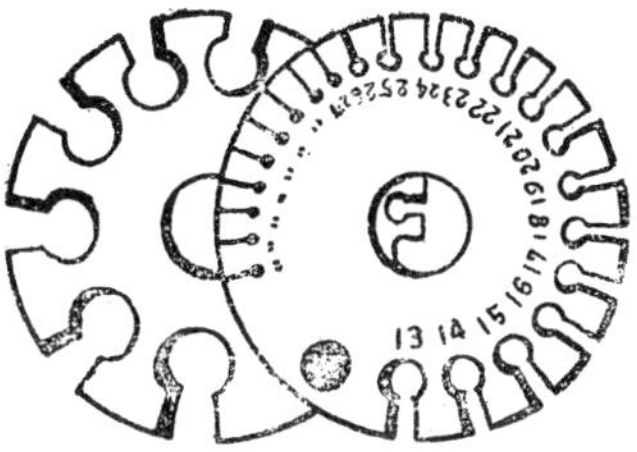

このワイヤーゲーヂには、英國基本のスタンダード式（Standard wire gauge 略して、St.W.G.）とバーミンガム式（Birmingham 略して B.W.G.）及びアメリカ基本のブラウン・アンド・シャープ式（Brown & Sharp 略して B&S 或は A.W.G.）の三種あつて、スタンダード式は、針金の太さ卽ち直徑を度るにメートル系のミリメートル（Milimeter）を用ひ、バーミンガム式はインチ（Inch）系を用ひ、一インチの千分の一を以て番號を進める。而して本邦の針屋の常に用ひるものはバ式である。卽ち圓鐵板の周圍に、大小の孔があつて、

外邊から其の孔に通ずる細き溝がある。針金を其の溝へ當てゝ、孔の力に篏めて見て、丁度よく篏まれば、其の傍に刻してある番を見て、何番の針金と稱するのである。

こゝには丸形の二枚のものを示してあるが、又丸形一枚のものや、長方形のものもある。用法及び番號は同様である。今バ式に依つて、多く針金に使用する、針金の太さを表示すると左の通りである。尚精密に測定するにはミクロメーター（Micrometer）に依るのであるが、普通には其の必要を認めない。

	太さ 一吋の千分の一單位	太さ 一寸の千分の一單位	目方 一尺の目方匁單位
番一八	、〇四八	、〇三九九	、〇七五三
同一九	、〇四〇	、〇三三二	、〇五三三
同二〇	、〇三六	、〇二九九	、〇四三三
同二一	、〇三二	、〇二六六	、〇三三四
同二二	、〇二八	、〇二三三	、〇二五六
同二三	、〇二四	、〇一九九	、〇一八八
同二四	、〇二二	、〇一八三	〇、一五八
同二五	、〇二〇	、〇一六六	〇、一三〇

同	二六	、〇一八	、〇一四九	〇、一〇五

現今では針金の太さは、何番線とのみ稱へて、目方を以て太さを表示する事は多く行はれぬが、昔の針屋は、其の身頃（太さ）を表示するに、前表の針金一尺の目方を用ひたもので、今でも舊式な唱へ方をするものは、矢張り之を用ひる。卽ち左表は廣島青木氏の說により、一例を示したものであるが、精密にゲーヂで測ると、下記括弧內の通り多少の相違がある。

針の名稱	ゲーヂ番號	針金一尺の目方
大づなし	十九番	五分五厘（精密には五分二三）
大ぐけ	二十番	四分三厘（同　四分二三）
中茶穗、小茶穗	二十番	四分（同　四分、二三）
尋常科用學年針	二十一番	三分五厘（同　三分、三四）
木綿衿締（三の二）	二十二番	三分（同　二分、五六）
金巾小縫ひ	二十二番	二分五厘（同　二分、五六）
紬衿締め	二十三番	二分（同　一分、八八）
絹衿締め、紬縫ひ（四の二）	二十四番	一分五厘（同　一分、五八）
絹縫ひ	二十五番	一分（同　一分、三〇）

製造順序（寫眞版參照）

（一）延線切斷　是は針金を一方の枠の上に卷き附けて置いて、これを一方に引き延ばすと同時に、その機械の上にて、一定の長さに切斷する。これは同一機械の上で、同時に、兩作用をするのである。その長さは針二本だけである。以前には長短二本の長さに切つた事もあつたが、今では同じ長さの針二本だけに切るのである。

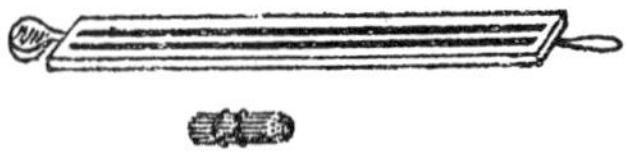

（二）矯直　右の通りに切つたものを、二つの鐵輪にて一束にし、烈火に入れて赤熱し、これを鐵板の上に載せ、束ねた二本の鐵輪が、丁度挾み火箸の二本の端に當る樣にして、力強く轉がして針金を矯め直す。

（三）尖頭　昔は先附けと唱へて、一本づゝ鑢で尖らせたのを、今では自動尖頭機にかけて尖らす。機械は上部の車と、下なる挾板と、兩方共ゴムで覆ひ、其の間に矯直して出來た針金を挾み、上下兩者を密接せしめて、この針金を送り出す。金剛砥は下部の鑄鐵臺の内部に取り付け、上部の車と、角度をなして回轉すると、針線の先は磨擦せられて尖らされる。一端を尖らせ了ると、更に又他端を同方法に依つて尖らせる。

（四）中間研磨　是は二本つなぎの針線を、次の耳型を打つてから研ぐと、耳型が磨滅するから、先づ針線の中間を先に研磨して置くのである。其の方法は、下部に金剛砂を塗つた調革がある、それが回

現今の製針機械

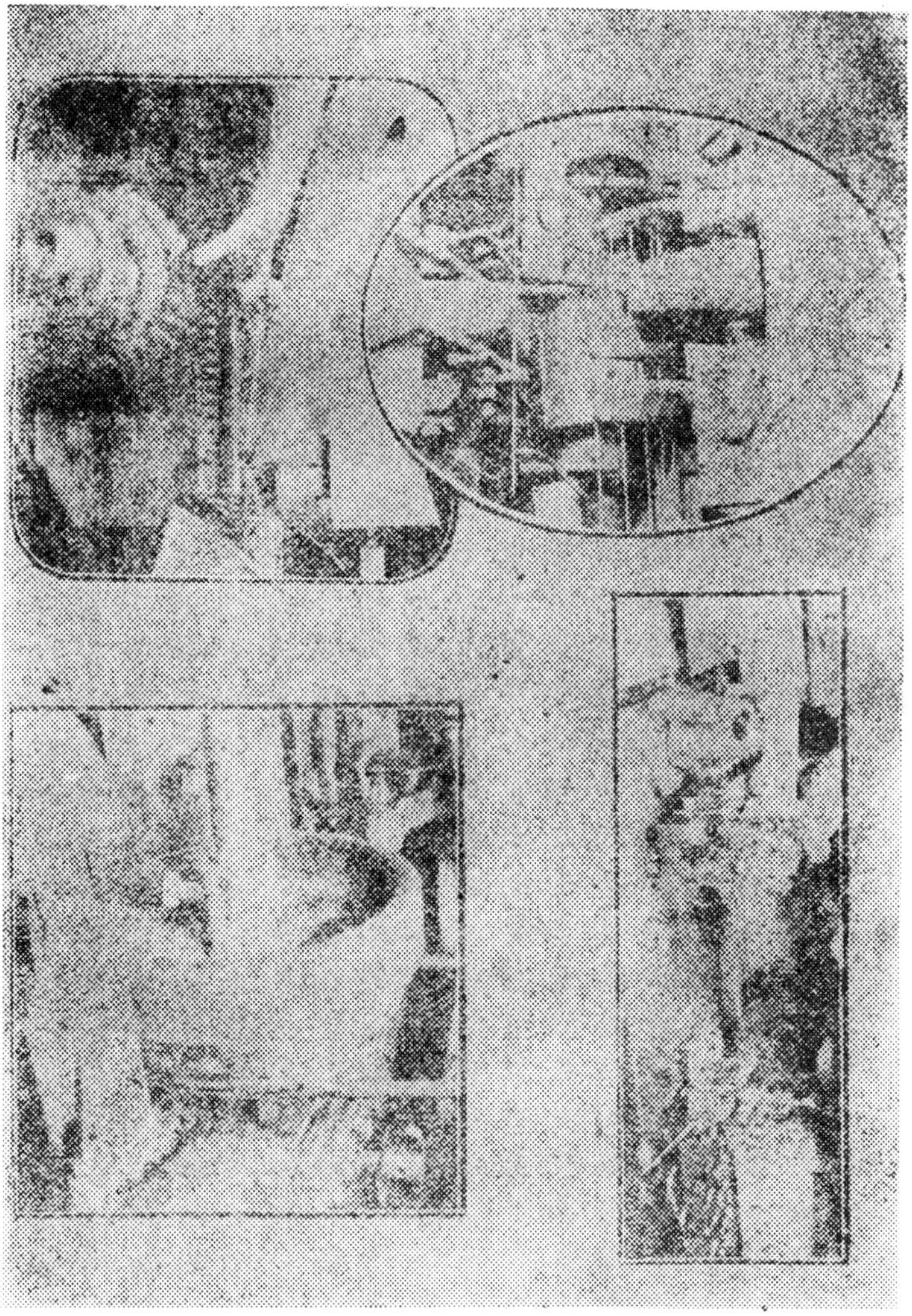

壓型機

延線切斷機

穿孔機

尖頭機

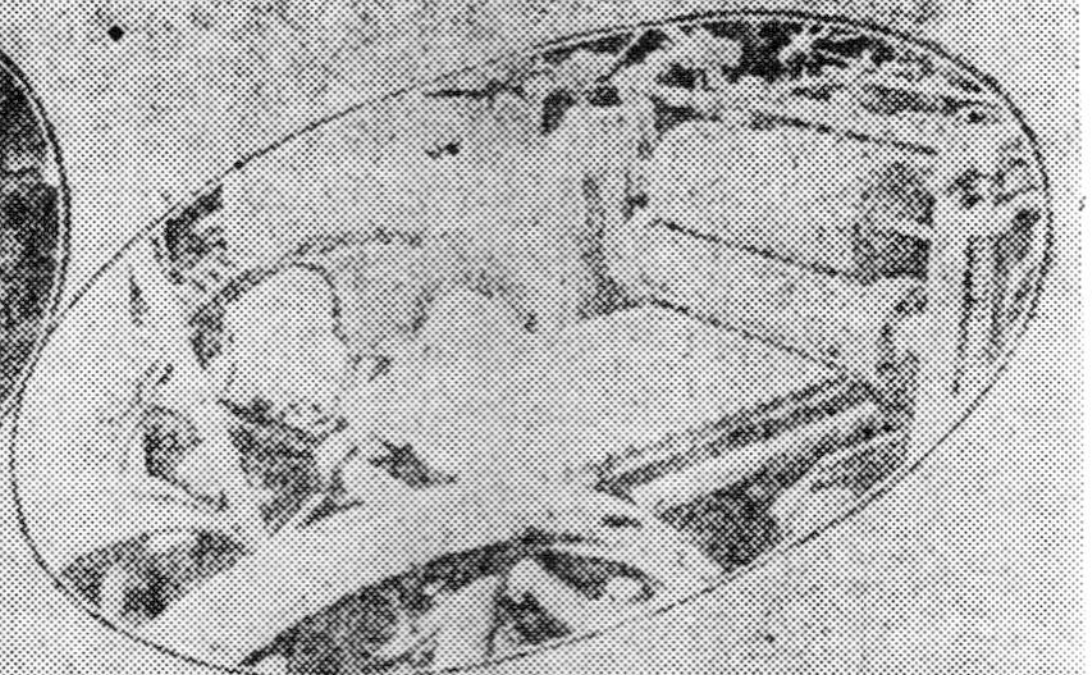

研磨機

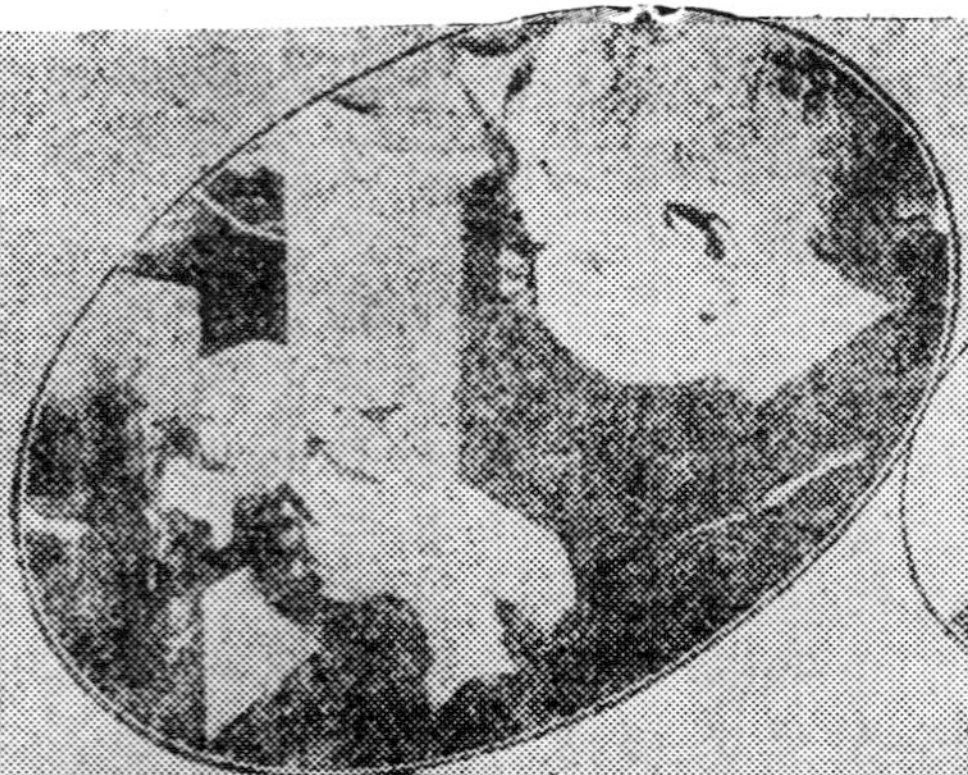

耳片除却機

仕上機

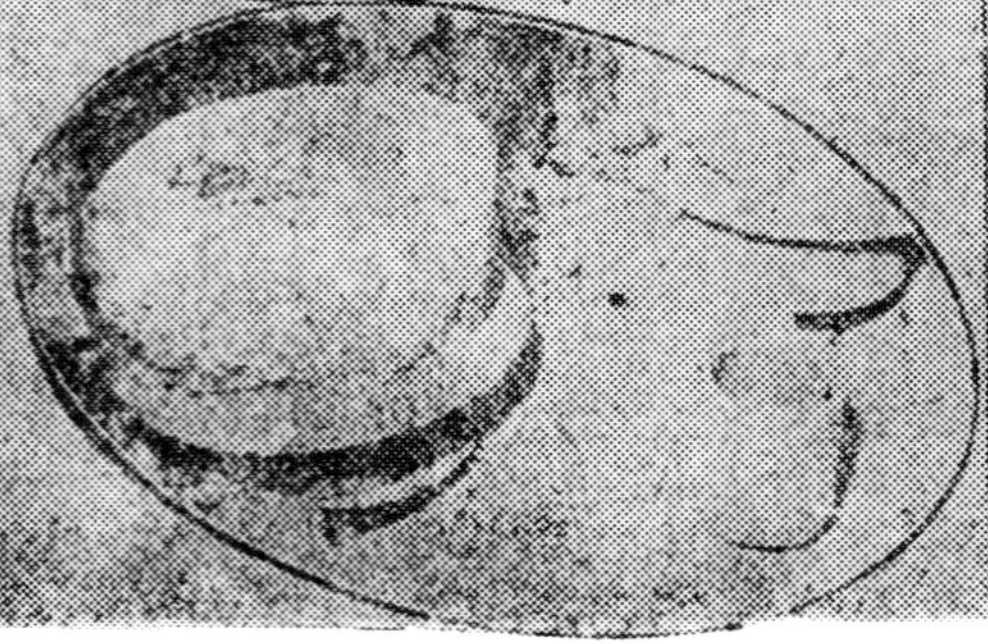

硬化籠

轉する上へ、上部の壓板の下なる二滑車の爲に送り出された針線が落ちて、金剛砂の爲に、中間だけ磨かれる（兩尖端は磨かれない）。職工は本機械使用の際、反對の方に立ち居る。

（五）擊型　是は昔耳打ちと唱へた工程である。下部の剣四本の螺旋《ねぢ》の中央と上下する鐵槌の下とに、二個の耳型をつけて、上部の滑車の運轉で挿入した針線に耳型を打つ。この時は耳型を二つ、反對に頭と頭とを連續して中央に打つ（此の時は未だ穴は穿たれぬ）。昔は長い針と短い針と二本つなぎに拵へたから中央でなく、少し端へ片よせて打つたものであるが今は同じ長さのもの二本を作るのであるから、眞中に打つので、此の機械には、自動のも手工のもある。擊型機とも擊平機とも云ふ。

（六）鑽孔又穿孔　昔の穴打ちである。昔は轆轤《ろくろ》錐《ぎり》で一本づゝ穴をあけたものであるが、今は機械でする。機械は自動のも手工のもある。機械の間に針線の耳型の附いたのを挾んで、上から尖つたる穿孔機の尖端が落ちて、孔を穿つのである。

（七）折りつなぎ　孔を打つた二本連續の針を、此の時始めて二つに折り、其の孔へ極細い針線を通す。恰も鰯の目刺しの樣にする。

（八）耳磨り　右の如く鰯の目刺し樣にしたものを、耳片除却機にかける。即ち徑三吋、幅三吋の金剛砂砥の運轉するものに當てゝ、型打、穿孔、折りつなぎの際に出來た孔の回りの金棘を除き去る。

（九）硬化　即ち燒き入れである。これまでは生鐵の針金であつたのを、玆で燒きを入れて、硬い鋼

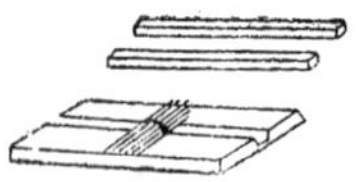
揉み火箸

にする。其の方法は、針に炭の粉と、少量の硝石とをまぶし、鐵のサックに入れ、更に坩堝《るつぼ》様のものに入れ、強烈なる炭火中に投じて灼熱し、夫を圖に示すやうな、溝のある石板の上に、束の儘、輪が溝に當る様に載せ、二本の角棒で金輪を挾むやうにして轉がし、曲りを直して油の中に入れる。昔は水中に投じたのだが、水では針が曲るので、油に改良したのである。この燒きの入れ方に依つて、硬《かた》いよい針と生《なま》くらな惡い針とが出來るので、大事な工程である。此の時一度粗雜なるものを除却して精良品のみとする。（西洋では更に一層進歩した方法によ る故、針に疵が出來ず、且つこの曲るものが殆んど無いと藤井氏の説）

（十）臺研磨　是は初めて研きをかける方法である。卽ち澤山の針を金剛砂及び油と石鹼水とを混合したる液中に入れ、布にて卷き、其の上を又革にて縛り、鑄鐵の盞をなしたもの（卽ち机上と上部の木棒車との中間にあるもの）が、回轉作用により、内部にて自然に針と針との磨擦する爲に光澤を生ずるのである。

（十一）樽研磨　前記の如くして研かれたものを、ビール樽のやうな、中の膨れたる樽に入れ、それに大鋸屑《おがくず》を混じ、調革にかけて回轉すると、油がスッカリ取り去られ、且つよく研磨せられる。

（十二）分類　前記の大鋸屑《おがくず》の中にある針を、唐箕《とうみ》にて吹き、大鋸屑を去り、頭は頭、尖端《さき》は尖端《さき》と揃へる。これを分類と云ふ。

（十三）　仕上げ　右の分類した針を、更に尖端を鋭利ならしむる爲に、仕上げ尖頭機に掛ける。この機械は、前の（三）の尖頭機と略々同じであるが、轉輪を替へて精製するのである。

（十四）　艶付け　艶付け機に依り艷を付け、銹び止めをする（これは大阪上田氏だけの特別の工程であると云ふ）。

これで針の製造工程は、大體終つたのであるが、檢査所に於て、再檢査を行ひ、不良品を除却し、優良品のみを選擇して包裝を施し、內外の市場に出す。

メリケン針は特殊の製針用の精良な鋼鐵線で製造するのである。本邦でも間々普通の鋼線で試みるものがあるが、まだ十分な成績を見ぬやうである。尙最近英國で不變色の針線、即ち酸化せざる鋼鐵の針金を發明したものがあると云ふが、本邦でもこれ等が完全に使用せられる樣になれば製針界の一進歩である（針商上田眞三郎君、製針技工谷村君等の說參取）。

＊雲州鐵　或は但州鐵との說もある。

第五章　針の包裝

純粹の楮のみで抄《す》いた紙（昔は石州半紙）で、色の黑い丈夫な生紙《きがみ》を重ねて置いて、五六枚又は十枚目毎に、荏油を煮つめたものを刷毛にて引き、萬力で締める。それが七八九月の暑い頃であると、自然に發火し易いものであるから、餘程の注意を要する。一二帖から五帖位づゝ綴ぢて、天井に吊《つる》して靜かに陰干しにする。此の紙を小さく切つて、針を包み置く時は、可なり永く錆を生ぜぬ（尙メリケン針は、上等品は、一種特製の錆を防ぐ紙及び布があつて夫に包み、二流以下の品は錫箔で包む）。本邦製のメリケン針も矢張り錫箔で包み、又其の上に上包をするのである。

而して昔は上包には、圖の如き色々の印を押捺したもので、これで見ると、支那阿蘭陀から針の渡來した歷史が窺はれる。一寸したものでも注意すべきものである（今日の包み紙は略する）。

（色草）

年代詳らかならざるも阿蘭陀針と稱へる所を見ると餘程古いものである。これは角孔夜着綴ぢ針のである

（朱）

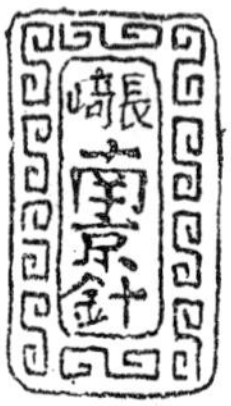

長崎を經て支那針の來た證據になるもの

包の中に押す中判と云ふもの

（朱）

（朱）

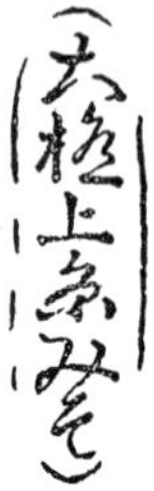

周圍磨滅して僅かに存する京みそ針の中判

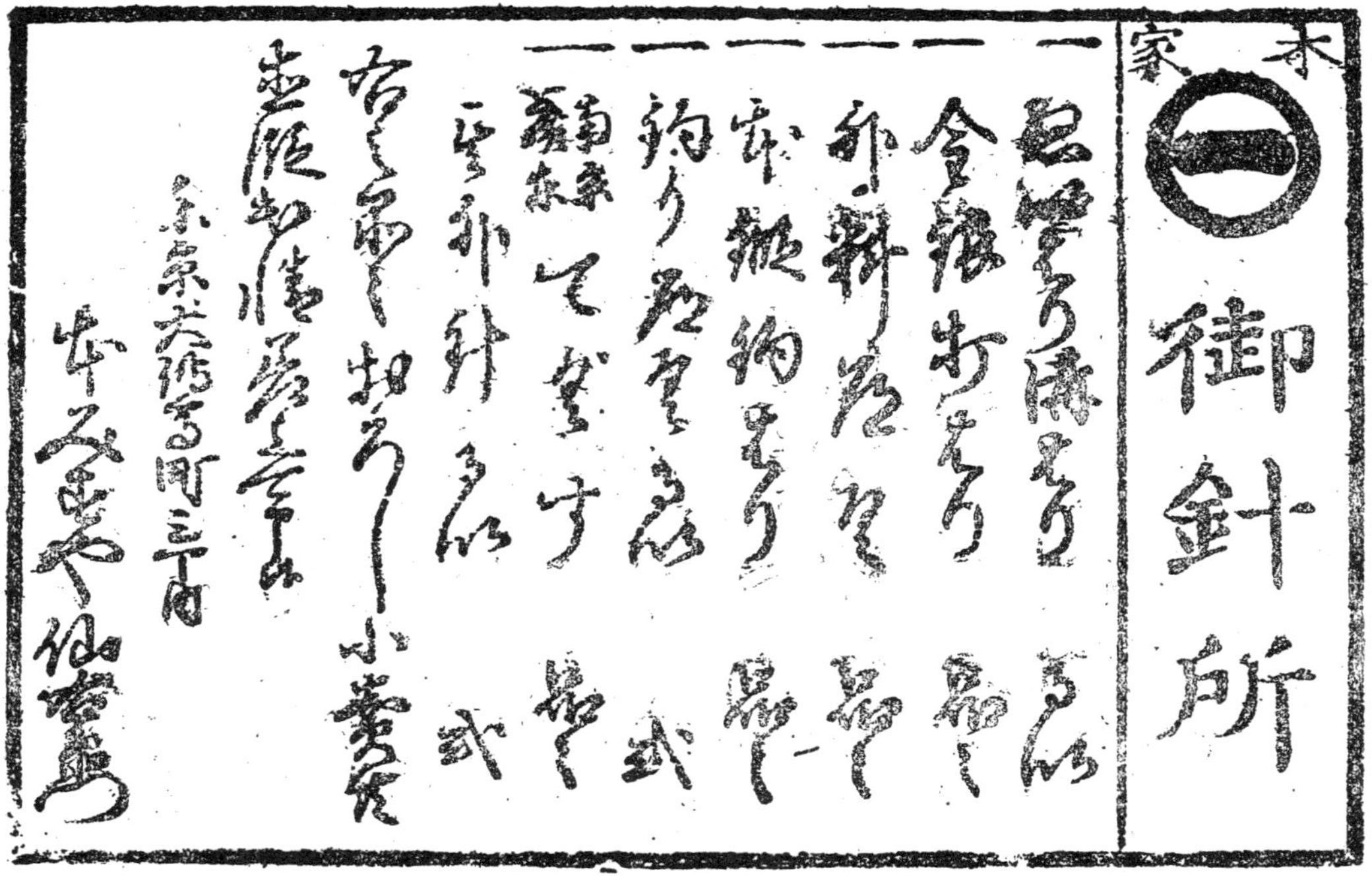

維新前後、針の外包紙に用ひたもの、幸ひ原版が有つたので、其の儘これを玆に刷出す。（栂山氏の舊藏）

上包の印、二百年前位かと云ふ

（朱）

上包の印年代詳らかならず

（朱）

上に同じ

縫ひ針一包の數は、支那にても、日本にても、一疋を五十本として、其の半分半疋二十五本づゝを一包とす。西洋のも同じく二十五本一包である。これは西洋の針の製造が、印度から傳はつたので、其の包み方も東洋流の二十五本を用ひるのであらうとの說もある。

第六章　針の良否鑑定法

針の良否は、主として燒きのよいものと、甘いものとを鑑別するのであるが、又各部に就いて、色々の檢査をするのである。

一、天、耳、孔、頰、耳下、胴、尖端の良否、曲りの有無、身の荒れ等を檢査する。肉眼でもよいが、擴大鏡を用ふるとよく分る。研究的にするならば、顯微鏡で見ると更によく分る。

一、針尖を堅い石などに當てて、押す時は、ボキリと折れるか、グニャリと曲るかする。其の折れるものはよいが、曲るものは悪い。燒き入れと戻しの完全なものは、容易に折れず、力をこめると、ボキリと折れる。折れた兩端を合せると、元の通り一直線にならなければならぬ。度々實驗して見ると、よくこの呼吸が知れる。

一、針屋では、多くは尖端、胴、頭とも、一々各部を折つて見て、燒きを試めす。

一、折つて見て、折れ口の組織が、平均に緻密なものはよい。中心と外側との組織が違つたり、又組織が部分によつて違ふのはよくない。然し折れ口は極めて小さいもの故、餘程注意せぬと分らぬ（よく折れ口の中心が黒くて、外側《そとがは》と違ふものがある）。

一、光澤の黒みを帶びて冱えて光るのは上等、白く光るのは次、白に稍々黄色を帶びて光るものは劣等。

一、彈《はじ》いて音のチーンと高いのは上等、音の低いのは下等。

然し右の見方は屢々手にかけて、熟練せぬとよくは分らぬ。

第七章　針の製造法の改良

本邦現今の針は、歐米のに比して、著しく劣つて居る。これを改良するは、裁縫界に取つては、最大の急務である。

歐洲大戰以來我が邦の針が、外國に輸出せらるゝ様に成つたが、非常な粗製濫造の爲に、忽ちにして聲價を落した。之に對して品質改良が唱道せられたが、實現せられなかつた。然し輸出向き縫ひ針よりも、目下の處内地向き縫ひ針、卽ち和針の改良が急務である。和針が、獨英製針と比肩するやうになれば、自然に輸出針も改良せられる。

今日の和針には、燒き、孔、艶等が不完全のものが多い。これをメリケン針の如く、優秀のものとするには、先づ地金を精選せねば成らぬ。今日の和針は、鐵線に不足な炭素を、熱の作用で滲透せしめて、鋼化するのであるから、其の工程の間に、(い)針の地肌が荒れる、(ろ)燒きがむらになる、(は)胴曲りが出來る。この炭素鋼化法は、歐洲製針界では、四十年も前に行はれた方法である。歐洲では今日は、縫ひ針用の特殊の鋼線が出來て居る。これを用ひなくては優良の針は出來ぬ。

鋼線を用ひると云ふと、誰でも鋼線は堅いから、加工に困難であると云ふが、これは特殊鋼線の性質を知らぬからである。この地金は堅いには違ひないが、火中で鈍《なま》せば、非常に軟かになり、加工が容易である。

燒き入れ作用も、五分間位で濟むので、今日の如く炭粉硝石などで、長く燒く必要がないから、前記の(い)地荒れが出來ぬ、(ろ)日本のやうに壺燒でなく、織板の上で燒くのであるから、燒きが一定に入り、且つ鋼の組織に、むらが出來ぬ、(は)從つて胴曲り針が出來ぬ。

又本邦現在の機械製針では、孔が甚だ惡く、手工針に劣る。これは擊型座金の材質と原型、鑽孔錐の工作の適不適に依るので、西洋のやうなものを用ひると、十分改良の餘地がある。其の他全體に、今日のやうな舊式な製針機を改めて、最新式精巧堅牢なものを使用すると、故障を防ぎ、職工數を減じ、能率を擧げる事が出來る。

次には研磨である。今日使用されて居る金剛砂や、紅殼(酸化鐵)や、普通のカーボランダム(Carborumdum)では、眞の黑艶を出すことは出來ぬ。淡黃色酸化錫や、金剛石より少し硬度の低い、白粉のやうな手觸りのカーボランダムや、アロキサイト(Aloxite)を使用せねばならぬ。

然し全體から云ふと、製造家、職工、問屋、この三者を精神的に改造しなければ、針の改良は幾ら絕叫しても、無駄である。要するに物の改良は人の改良にある。(以上藤井氏の說)

今日の針の粗惡なるは、實に前記の如くであるが、かやうに成つた原因は、單に製造家、職工、問屋等にのみ歸する譯には行かぬ。此の外に需要者その人も亦與つて大いに罪がある。需要者が、針の良否の裁縫の工程に關係する事の大なるを知らず、如何にも針に對して無頓着で、よくても惡くても、折れても曲つても、一向に構はぬ習慣があるからである。需要者の方で、惡い針を買はぬ事になれば、自然と針はよくなる道理である。

學校其の他裁縫を敎へる所で、針の選定に注意すべき事を、十分に敎へ込まぬ事も、改良されぬ原因の一つである。針の良否が、工程に大關係ある事を、敎へる人がよく吹き込むと、前記の如き、針に無關心な需要者は少くなる譯である。然るに現今の有樣では、何處の學校でも、此の點に注意するものが少いのは、裁縫界の一缺點である。裁縫科敎員たるものは、宜しく早く此の點に就き、深き注意を拂はれたいものである。

よいものを安く買はうといふは、人情の常ではあるが、昔より「安もの買ひの錢失ひ」で、安いものによいものは無い。「安からう惡からう」に決まつて居る。針に就いても、從來の買ひ方は、安いもの安いものと選ぶ。これが抑々の間違ひである。今後は、印針の上等なもの又はメリケン針を用ひる事にしたい。高くても始末をよくし、紛失等をせねば、却つて安價に當る譯である。而して使ひよいだけが却つて德である。金は高く拂つて、さうして良い針を、良い針をと求めれば、針は自然と改良される譯である。

第八章　針の統一

各項に見える樣に、本邦現今の針は、實に多種多樣、亂雜煩鎖で仕方が無い。同じ針でも各地方に依つて名稱を異にし、或は名稱が同じで針の實質が相違する如きもあり、或は必要も無いのに、習慣上から特殊の針を使用するなどの事もある。此の針の種類の多くなつたのは、徳川文明の永く續いた結果、裁縫の技術の進歩したのも、一原因をなしたであらうが、今日實際の普通裁縫に於ては、かやうに多くの針の種類を必要とはせざるに、學校では、生徒が區々の針を使用するに因る。針店などでは、各地の注文の複雜なるに閉口して居る。

その結果は、針屋では注文通りの針が無ければ、似た位の針を華客に送つて、誤魔化して仕まふ。華客の方も、實はそれ程の針通《はりつう》では無いから、夫で誤魔化されて、默つて仕まふなどと云ふ事にもなる。

又印針と普通針と兩方あるから、問屋の方でも、惡いものになると、印針の注文を受けながら、製造家に向つては、普通針を注文し、身頃寸法が似て居るから、棧留を三の一、木綿縫ひを三の二、大木綿を三の三、大紬を四の一、絹小絎けを四の二、絹中絎けを四の三として、殊更に人爲的に價格や、品位を複雜にする事は、不徳義な事でもある。(此の項藤井氏の說)

今後は種類を少くして、良い針を作るやうに、且つ名實の相違の無いやうに一定せねばならぬ。

特殊な材料に對しては、特殊なる針を用ひるは、已むを得ぬ事ながら、普通一般の材料に對しては、そんなに多種類を用ひる必要は無い。ホンの二三種で宜しい。本校では木綿に對しては、印針の三の一、二、三を(其の人の指に合せて用ふるは勿論)絹には四の一、二、三を多く用ひ、餘り多くの種類を用ひぬやうにして居る（學校よりも仕方屋が、長い針を用ひるのは、針目が粗いからである。關西よりは關東の方が、昔から針が長い。東北は更に長針を使ふ。これは材料の關係もあるが、下手がよく長針を使ふのである。長針を使ふ地方は、多くは裁縫の發達せぬ地方である）。

東京の白木屋では、絹物には四の三半、三越でも殆ど同樣である。

西洋では羅紗地を縫ふには、ビトウィーン（Between）の四、五、六、七、八の五種の内、何れかが使用せられるとの事である。

斯く近來針が稍々一定せんとする傾向もあるが、まだなかなか複雜なることは、前記の通りであるから、全國の學校、仕立屋、針問屋、製造所、小賣屋が聯合して、其の名稱を統一し、又其の種類を少くし、而して針工をして成るべく少い種類の針に精力をこめ、優良なものを作らせたいものである。先づ差し當り普通針を廢して、一般に印針の極上等なもののみにしたい。藤井氏の說によれば、歐洲で現今行はれる製造法に依り、特殊鋼線を處理加工すれば、上下二等より外に、品質を區別する事が出來なくなり、自然に價格も品位も、統一される事になるとの事である。尙同氏は、今日機械製針が、手工品よりも劣ると謂はれるのは、機械の不完全、使用者の不熟練に本づくので、誠に遺憾な事である、機械と製作者と雙法共に進步すれば、手工よりも優良品の出來ねばならぬのが常であるとの事を主張されて居る。

第四篇　普通の針

第一章　普通の針の種類

今世間で使用せられて居る針は、随分種類が多いが、先づ通常のものから擧げると、唐針《たうばり》、印針《しるしばり》、溝針《みぞばり》、メリケン針の四種となる。

唐針

唐針とは、現今の普通の丸孔の針の事である。昔支那より舶來したのが元で、其の後和製が出來ても、明治の始め頃までは「唐渡《たうわたり》」とか「南京正傳針」とか云ふ印を、包み紙の上に捺したものである。夫が維新後に、包み紙の文字は變つても、唐針の名は殘つて居る。然し今日では、唐針と云つては、素人には、却つて分らぬ人もあるが、針屋では夫が通用するのみならず、最極上の針を「極唐」などと云ふ人さへもある。

溝針

印針は、右の普通の針と、形狀大小寸法等は異らぬが、遙かに品が上等なものを云ふのである。

溝針は、元阿蘭陀針の模造であるが、前の二種は丸穴なるに、この針は角穴で、孔の處に溝が付いてゐる。

メリケン針は、元は西洋の輸入品であつたが、今日では、內地にて模造が出來、內地にて用ひられるばかりでなく、却つて印度、支那、南洋等にまで輸出するやうに成つた。

又普通、木綿針、絹針、紬針とある。近來色々の材料の新たに出來たるに對して、金巾小縫ひ針、瓦斯縫ひ針等の稱も起つて來た。

又これを、用途に依つて分けると、縫ひ針、絎け針、繼ぎ針、躾け針、衿締め針、闕綴ぢ針、夜着綴ぢ針等となる。

縫ひ針には、絹、紬、木綿、小茶穗、中茶穗、相茶穗、大茶穗、棧留、小倉針等の區別がある。

絎け針には、絹（大中小）木綿（大中小）紬絎け針等の區別がある。

空穗物語、俊蔭の巻に「最美しげに、艶やかに、滑かなる絎け針に縹《はなだ》の絲を添へたり」とある。この物語は、我が國最古の續き物語にして、源氏物語、枕草子にも、其の名の出て居るのを見ると、其の古い事が分る。この古い書物に絎け針の名が出て居るのを見ると、この特殊の針を用ひたる事は、餘程古い時代からと見える。

繼ぎ針には絹、紬、木綿繼ぎ針、色紙針等の區別がある。

躾け針には、絹、紬、木綿躾け針等の區別がある。

衿締め針には、絹、紬、木綿衿締め針等の區別がある。

闘綴ぢ針とは、芝居の衣裳の如き、特に大きな裾を綴ぢるのにのみ用ひたものであるが、今は多く躾け針を代用する。長さは三寸、江戸には無かつたが、明治維新後、西京の人が多く來てから製造したと云ふ說もある。

夜着綴ぢ針には、丸穴の大頭《おほづ》なし（普通大なげ出しと云ふ）角孔の溝頭なし（普通溝なげ出し）等がある。

第二章　木綿針（印針でないもの）

木綿針を、長さに依つて分類して見ると、左の通りとなる。常一分、大一分等とあるは、針問屋の稱呼にして、其の下にある普通名とは、一般需要者に使用せらるゝ名である。而して常とは普通の太さ、大とは夫より太きものを意味するのである。ゲーヂ番號は、ワイヤーゲーヂ（針金の番見）で、太さを度つた番號である。詳しくは製造篇にある（——の印は、普通の名の無きものである）

長さ	問屋の名	ゲーヂ番號	普通の名(主に東京の稱呼に依る)
一寸	寸茶穗	二〇	學校用針の一種
一寸一分	常一分(略して常一)	二二	棧留め縫ひ
一寸一分(太)	大一分(大一)	二〇	小茶穗
一寸二分	常二分(常二又は二分)	二二	木綿縫ひ(九州にて木綿つまたて)
一寸二分(太)	大二分(大二)	二〇	中茶穗
一寸三分(細)	細三分(モツ又はモツギ)	二三	木綿縫き(特に細きは木綿色紙)
一寸三分	常三分	二二	大縫ひ
一寸三分(太)	大三分(大三又は三分)	二〇	小倉縫ひ
一寸四分	常四分	二二	―
一寸四分(太)	大四分(大四又は四分)	二〇	相茶穗(木綿大ぬひ)
一寸五分	常五分	二二	棧留め絎け(京阪の木綿躾け針、東京にては、木綿の細小絎けと云ふ)
一寸五分(太)	大五分(大五又は五分)	二〇	大茶穗
一寸六分	常六分	二二	(江戸時代には賣物なし、上方にはあつた)
一寸六分(太)	大六分	二〇	木綿小絎け(京阪にては、絎け)

一寸七分	常七分	二二	—
一寸七分(太)	大七分(大七又は小一)	二〇	木綿中絎け(京阪にては木綿の大絎けと云ふ)
一寸八分	常八分(細八)	二二	木綿躾け(九州にては木綿すなが、京阪にては木綿の衿締め、問屋にては略して木締め(モシメ)と云ふ)
一寸八分(太)	大八分(大八又は大一)	二〇	木綿大絎け
二寸	二寸締《し》め(モ締め)	二二	木綿衿締め(問屋にては、木(モ)の二寸締め、東京及び東北には二寸の衿締めあれど、京阪には無い)

夜着綴ぢ針

二寸二分(丸孔)	大頭《おほづ》無し(二寸のものを頭無しと云ふ)	一九	大なげ出し
二寸二分(角孔)	溝《みぞう》頭無し	一九	溝なげ出し

第三章　絹針(印針でないもの)

長さ	問屋の名	ゲーヂ番號	普通の名
九分五厘	日野*(九分半)	二六	絹縫ひ(九州にては、絹つまたて)
一寸一分	絹一分	二五	絹大縫ひ
一寸一分(極細)	永絹	二八	絹繼ぎ(色紙とも云ふ)

一寸二分	小長	二五	絹小絎け
一寸三分	中長	二五	絹中絎け
一寸四分	大長	二五	絹大絎け（京阪にては一寸三分）
一寸五分	絹五分	二五	――
一寸六分	絹六分	二五	――
一寸七分	京阪にて大羽《おほは》	二五	京阪にて絹躾け
一寸八分	東京にて大羽《おほは》京阪にて絹《き》締《し》め	二五	絹躾け（九州にては絹すなが、京阪にて絹衿締めと云ふ）
二　寸	絹《き》二寸締《じ》め（キ締め、又二寸締め共）	二五	絹衿締め（京阪にては二寸のものは無い）

この外、江戸の盛時には、左の如く色々の針があつたが、今は多く用ひぬ。

小ぎぬ針	縮緬針（明治に成つてもあつた）	羽二重針	紗《さ》綾《あや》針
熨斗目針	綸子針	はぬひ針	

これは普通の丸孔、はぬひ針の外は、皆短いものであつた。

＊此の外別に、一寸一分、問屋名色紙、普通名絹色紙と云ふのがある。永絹より稍々細め。

＊日野　昔は並、太、細の三種あり。今は細一種となる。太は昔袋物に使用す。今はメリケン針を代用す。

第四章　紬針(印針でないもの)

長さ	問屋の名	ゲーヂ番號	普通の名
一寸五厘	中紬(チウツとよむ)	二五	紬縫ひ(九州にては、つむきつまたて)
一寸一分	大絹(ツのつぎ)	二五	紬繼ぎ
一寸一分	大紬(だいツ)	二四	大紬(紬大縫ひ、又は瓦斯縫ひとも云ふ、仕立屋多く使用す)
一寸二分	―	二四	―
一寸三分	―	二四	―
一寸四分	―	二四	―
一寸五分	中羽《ちうは》	二四	紬絎け
一寸六分	―	二四	―
一寸七分	京阪にて太羽《ふとは》	二四	京阪にて紬躾け
一寸八分	太羽《ふとは》	二四	紬躾け(九州にては紬すなが京阪にては紬衿締め)
二　寸	二寸締《し》め(ツ締《し》めとも)	二四	紬衿締め(京阪にては二寸のものは無い)

金巾小縫ひ針といふは、一寸一分の桟留め針である。又瓦斯《かす》縫ひ針と云ふは大紬の事である。

第五章　印　針

印針は形狀唐針と同じけれども、品質良く、製作も亦丁寧で、昔は仕立屋のみ用ひたが、現今は、裁縫學校、其の他普通の家庭でも用ひるものがある。此の針は全部機械製、半手工製、全部手工製の三通りある。今日では全部手工が極上等品である。半手工を全部手工として賣つてゐるものがある。この針は絹の何々、木綿の何々と稱へず、三の四、四の三等の番號で呼ぶ。其の番號の上の數字は、*針の太さの記號、下の數字は針の長さの記號である。例へば、三の四とは三番目の太さの針で、長さは一寸四分である。其の一寸を略して、單に四と唱へるのである。四の三ならば、四番目の太さで、長さは一寸三分、四の二ならば、四番目の太さで、長さは一寸二分あるの類である。左の表中に一の一、一の二等の如く、番號の缺けて居るのは、今日餘り世間に用ひられず、從つて普通製造されて無いのである。針の太さを計る機械は、時計の齒車に似たもので、ワイヤーゲーヂ（Wire gauge）と云つて、極精密なものである。夫で太いのが一、次が二、次が三、四と云ふ様に決まつて居るのである（ワイヤーゲーヂに就いては、前に製造の部に詳記してある）。

針	長さ	用途
一の三	（長さ一寸三分）	木綿の極太
一の四	（同　一寸四分）	木綿の極太
一の五	（同　一寸五分）	木綿の極太
一の七	（同　一寸七分）	木綿の極太
二の一	（同　一寸一分）	木綿の太
二の二	（同　一寸二分）	木綿の太
二の三	（同　一寸三分）	木綿の太
二の四	（同　一寸四分）	木綿の太
二の五	（同　一寸五分）	木綿の太
三の一	（同　一寸一分）	木綿の細
三の二	（同　一寸二分）	木綿の細
細並太 三の三	（同　一寸三分）	木綿の細
三の四	（同　一寸四分）	木綿の細
三の五	（同　一寸五分）	木綿の細
三の六	（同　一寸六分）	

針	長さ	用途
二の六	（長さ一寸六分）	木綿の太なれども今は用ひぬ。
二の七	（同　一寸七分）	木綿の太なれども今は用ひぬ。
二の八	（同　一寸八分）	木綿の太なれども今は用ひぬ。

針	長さ	用途
三の二半	（長さ一寸二分五厘）	木綿の細、東京の仕立屋多く使用す。特に三の三半を用ひる。
三の三半	（同　一寸三分五厘）	木綿の細、東京の仕立屋多く使用す。特に三の三半を用ひる。
三の四半	（同　一寸四分五厘）	木綿の細、東京の仕立屋多く使用す。特に三の三半を用ひる。

三の七（同　一寸七分）
三の八（同　一寸八分）｝木綿の細、青森、北海道邊にて多く使用す。

四の一（同　一寸一分）
四の二（同　一寸二分）
四の三（同　一寸三分）
細並太 四の四（同一寸四分）
四の五（同　一寸五分）｝絹　針

四の二半（長さ一寸二分五厘）
四の三半（同　一寸三分五厘）
四の四半（同　一寸四分五厘）｝絹針、東京の仕立屋多く使用す。特に四の三半を用ひる。

四の六（同　一寸六分）
四の七（同　一寸七分）
四の八（同　一寸八分）｝絹針　青森、北海道邊にて多く使用す。

右表中一の三、一の四等の一はゲーヂの十九番、二は二十番、三は二十三番（三の三の内、細は二十三番）、四は二十四番（四の四の内、細は二十五番）である。

以上は皆丸穴である。

＊針の太さは、針金一尺の目方を身頃の標準にして、更に一、二、三等の番號を附けたものであると藤井氏の説

第六章　寛政前後の針

上田氏の「針控帳」に、寛政前後の針の寸法目方の控を記してあつて、現今のと相違する點もある。參考の好材料なれば、左に抄錄する。

一七掛無頭《つなし》二寸二分 七十匁

一大　一　番 一寸八分 四百八十匁

一大　茶　ぼ 一寸六分 三百八九十匁

一中　茶　ぼ 一寸二分 二百八十匁

安永四未四月二百廿貳匁位と申來る

一半　茶　保 一寸一分 百八十匁

一中　貳　番 一寸四分 三百匁

一間 一寸七分 三百八九十匁

一大　貳もめん細くけ 二百八十匁

一八　掛 二寸四分餘 八十匁

一小　一　番 一寸七分 四百廿匁

一相　茶　ぼ 一寸四分 三百廿四(以下文字不明、五匁?)

一大　二　番 一寸六分 二百七八十匁

文化七年二百二十匁

一小　茶　ぼ 一寸 百五十匁

一小　貳　番 一寸三分 百五十匁

一不明字　名 一寸六分半 三百匁

一中　貳もめんつき一寸三分半 百八十匁

一小　貮　もめんつき一寸二分　百五十匁ゟ五匁迄

一相　茶　もめんぬい四分　三百廿匁

一半　茶　同一寸一分　百八十匁

一打ノ裝束　笠ぬい二寸三分ゟ三寸迄　四百五十匁

一木綿大羽縫　一寸八分　二百八十匁

文化六巳五月

一絹大羽縫　しつけ一寸七八分　百八十匁ゟ二百匁

文化六巳五月百九十匁

一小羽　縫　紬くけ絹くけ一寸二分半主分　百廿二匁

一中　長　絹くけ一寸三分　七十匁

一長　絹　絹つき一寸一分　五十匁

一九分絹

一大　紬　金巾おく島ぬい一寸一分　百二十二匁

一大　茶　中くけ　三百八十匁

一中　茶　もめんぬい一寸二分　二百廿匁

一小　茶　同一寸　百五十匁

一笠ぬい　二寸五分　三百匁

一木綿　縫　一寸三分　百五十匁

同上

一中羽　縫　しつけ紬くけ一寸五分　百五十匁

一大　長　ヒノくけ一寸五分　八十匁

一小　長　はぶたへくけ一寸二分　五十五匁六十匁

一寸　絹　かゝ一寸九分　四十匁ゟ五匁

一八分　絹　小絹はぶたへ八分　八分半　二十八匁四十匁

一紬茶　ほ　八分太ト

一細大紬　一寸半すほそ紬太トメ也
一ほそ紬　ヒノぬい八分八分半九分九分半一寸六七十匁
一シキシ　長絹ほそめ一寸廿五匁
一中紬　ツムキさらし一寸百匁
一九分小紬ほそ紬太トメ也
一太ト絹九分
（以下略す）

第七章　溝針

溝針は、普通の針の丸穴なるに對して、角穴であつて、穴の部分が溝に成つて居る。溝針の名稱は、餘程古くから見えるが、阿蘭陀人が長崎に來て貿易した時に齎し來つたものである。その證據には明治以前には、溝の大針の包み紙に、青印肉で、阿蘭陀と云ふ印を捺したものがあつた。包み紙の項に詳しくのせてある。

溝針には、一印に、一の二、三、四、五、六、七、八まであり、二印には二の一より八まで、三印にも三の一より八まであつたが、現今は一の五、六、八のみ殘つて居て、世に用ひられ、一の四以下は、舶來のメリケン針が、代用せられる樣に成つた。

右の外に、昔の大一は、メリケンの一號に代つた。」

一の八の外に、寸八といふのがある。今日も和製で出來る。長さは同じ一寸八分だが、寸八の方が太い。草履屋、張り物屋等が使用する。一の八は雜巾刺しに用ひる。

二寸以上のは、溝大針、又は大溝針と云つて、二寸、二寸五分、三寸、三分五分、四寸とあつて、今日も特殊の家業のものが用ひる。

第八章　メリケン針

メリケン針とは、明治の初年に船來屋（洋服の仕立職人を斯う呼んだ）が、横濱で最初米國人より、西洋針を手に入れたから起つた名であるが、今日では何國の製品でも、皆メリケン針と云つて居る（以上中村利吉氏の說）この針の針頭《かぶと》は扁くして、孔は楕圓形である。

歐洲大陸では、縫ひ針の名稱を、長、半長、短（佛國 Longue, Mi-longue, Courte 獨逸 Lange. Halb-Lange. Kurz)といひ、英米では鋭、中、鈍（Sharp, Between, Blunt）といひ、各一番より十二番までである。針金の番號又はミリメートルで太さを示し、吋又はミリメートルで寸法を附けて居る。（藤井氏の說）孔の性質に依つては、錐孔《きりめど》針（Drill-eyed）*金孔《きんめど》針（Golden-eyed）又藍尖針（Blue-pointed）もあると云ふ。又極太いものには縢り針(Darning-needle)より、極細いものには薄麻布針　Canbricneedle）に至るまで、なか〳〵澤山の階級がある。

而して歐州諸國では、總べての物を數ふるに、多く十二の數を用ひるのに、針の一包に限り廿五本で、東洋のと同じである。この廿五本の數に就いては、藤井氏に從へば「獨逸にて十七世紀頃、一時西班牙人がフランドルを占領した時、西班牙の製法を傳へた。而して其の根原は、西班牙人が、當時東洋に來航し、支那で進歩した製針法を修得して傳へたから、包み方も東洋流の廿五本が傳はつたのである」との事（別項包み紙の部參照）。包み紙は、西洋には一種特製のものが有つて、これに包めば、容易に錆びぬとしてある。その錫箔に包むものは、第二流以下の品であると云ふ。

英國製象印は、よく我が邦で用ひられるが、包み紙に倫敦カービー會社（Kirby, 上海を經て來るものには咖便公司《カービー》の印がある）の銘を打つて居るが、藤井氏の說には、カービーは、今現存せず、昔東洋に賣り込んだ名前を、尙踏襲して居るに過ぎぬと云ふ。

この針は、洋服、足袋、洋傘、半ケチ、帽子などの、材料の堅きものには大抵使用せられる。質堅硬にして、優良である。陸軍被服廠などは、殆どこの長の四番を用ひて居る。

大戰前は、輸入多額であつたが、戰時中一時杜絕したのみならず、却つて輸出したのであつたが、又近來輸入されるに至つた。

中村氏の說によれば、西洋針を、始めて東京にて販賣したのは、明治七年頃、橫濱の外國人の小賣商館カクカイ

（？）と云ふものから、大森庄吉と云ふものが、仕入れて來て、東京の洋服仕立屋へ賣り歩きたる外に、尾張町新地の西洋小間物店平庄と云ふ店にて販賣した。其の後明治十年に、西南戰爭の時、兵士の服を市中で仕立てたので、西洋針を賣るものが多くなつたと云ふ。

又西曆一千五百四十五年（天文十四年）印度人によつて、英國ロンドンにて始めて、針を作ると、パーレー（Parley）の萬國史にある。是を以て見ると、東西の針は孰れも原始は一所より出たものであらうと、是も中村氏の說。

獨逸國アーヘン市レオ・ランメルツ工場製縫ひ針の太さ及び長さ（普通孔、金鍍金孔、燒戻し孔）

番號	太サ（番）	長針寸法（寸）	半長針寸法（寸）	短針寸法（寸）
一	十八半	一、六五	一、三五	一、三〇
二	十八半	一、六〇	一、三〇	一、二五
三	十九	一、五〇	一、二五	一、一五
四	二十	一、四五	一、二〇	一、〇五
五	二十一	一、四〇	一、一五	一、〇〇
六	二十二	一、三五	一、〇五	〇、九五
七	二十三	一、二五	一、〇〇	〇、九〇

八	二十四	一、二〇	〇、九五	〇、八五
九	二十五	一、一五	〇、九〇	〇、八〇
十	二十五	一、〇五	〇、八五	〇、七五
十一	二十六	一、〇〇	〇、八〇	〇、七〇
十二	二十六	〇、九五	〇、七五	〇、六五

太さはスタンダードワイヤーゲーヂに依り、長さは曲尺に依る（藤井善織氏調査）。

＊金孔は錆び止めのため、藍孔（Blue-eyed）は孔の缺けぬためと云ふ。

メリケン針と日本針との比較

普通內國產の針と、メリケン針とを比較するに、其の製法及び用途に於て、大いに異るものがある。元來西洋には、我が邦の運針の如く、連續したる縫ひ方なく、刺すことのみなるが故に、メリケン針の如き材料の强硬にして燒きの入れ方堅く、其の國固有の衣服材料と、其の縫ひ方とには適するも、これを本邦衣服の材料に用ふる時は、袴の腰を立つるとか、帶を絎けるとか、足袋を縫ふとか、總べて堅い材料を刺すに適するが、柔かい材料を縫ふには適當ならず、此の如き材料に對しては、矢張り本邦製の針が適當するが、針金や燒きの工合で、どうも堅い材料を刺すことになると、メリケン針に及ばぬ點があると、一般に謂はれて居る。

然し藤井氏の説には、右は本邦の材料に適せざる針、たとへば木綿縫ひに適すべき（Between《ビトウイーン》）を、絹物に用ひるが如きことをするからで、絹物には鋭針（Sharp《シャープ》）の如きものを用ひたならば、決して縫ひ悪き事はないといふ。又メリケン針に慣れた人は、和針では縫はれぬと云ふ人もある。是は十分實験すべき事と思はれる。

第九章　貫目針

針の注文が問屋に來るのに、東北及び越後よりは、貫目を稱へて來る事がある。百目より一貫二百目までである。然し實際はそれが針の目方では無い。長さに對する一種の稱へである（岩手邊は太いものを用ひ、越後邊は稍々細きものを用ひる）。

百目とは一寸一分（針控帳にツムギ）　　五百目　一寸四分（同　一寸四）
貳百目　一寸二分（同　小木綿）　　六百目　一寸五分（同　一寸五分）
三百目　一寸三分（同　中木綿）　　七百目　一寸六分（同　一寸七分）
四百目（分無し）（同　大木綿）　　八百目　一寸七分（同　一寸八分）

九百目　一寸八分（同　一寸九分）　壹貫百目（今無し）（同　なし）
壹貫目　二　寸（同　二　寸）　壹貫貳百目　二寸二分（同　二寸二分）

針控帳にて本一貫二百匁二寸五分として擧げてある。

然るに琉球向きには、八百目といへば一寸八分の事である由、して見ると、元は百目は一寸一分で、夫より順次に百目毎に一分上りで、四百目もあり（一寸四分）一貫百目（二寸一分）もあり、而して一貫二百目（二寸二分）まで通したものであつたが、いつの間にか、夫が亂れたらしく見える。」

この目方と寸法との關係は、其の起原沿革が詳らかに分らない。

第五篇　特殊の針

本篇には普通の縫ひ絎け等に用ひる針の外で、特殊の用に供するもの、又は特殊の名稱を有するものに就いて、一々解説を下して、讀者の參考に資するのである。

第一章　足袋用の針

昔は足袋用として左の數種が有つた。

角穴（即ち溝穴）三の一（長さ一寸一分）　同　二の二（同　一寸二分）
同　三の二（同　一寸二分）　同　一の三（同　一寸三分）鞐《こはぜ》掛用
同　三の三（同　一寸三分）　同　一の四（同　一寸四分）
同　二の一（同　一寸一分）

今は多くこれを用ひぬ。鞐掛にはメリケンの長の一番（又大の一番）を用ひ、足袋縫ひにはメリケンの中尖の三、四、五、六番位までを用ひる。

第二章　刺し子針

火事裝束、擊劍稽古着、柔道着等の刺し子を刺すには、昔は、角溝一の五（長さ一寸五分）同一の七（同一寸七分）同一の八（同一寸八分）等を用ひたが、是等も今は雑巾針位に用ひるのみで、前記の刺し子類には丸穴の二寸二分、又はメリケンの長の一番を用ひる。

第三章　帆刺し針

船の帆刺しには、昔よりまくり針（尖端丸きもの、今はない）菱針（尖端菱形、三寸、三寸五分、五寸のものもあつたが、今はない）等色々の種類の有るものであるが、今は大溝の二寸、二寸五分、三寸（極太もある）同三寸五分、四寸等のものもある。而して尖端の三角、菱形又は曲つたのがある。船來の帆刺し（セール針）と云ふもあるが、今日では、尖端三角の處が、段々に細い（研ぎ針の類）日本製のものに、なかなか上等のものが出來て、外國にも輸出するに至つた。

この類に、莚帆縫ひ針、平針といふものもある。

第四章　蚊帳刺し針

蚊帳刺しには、丸穴二寸、二寸二分、二寸五分、二寸八分、三寸太、三寸細等があれども、普通には二寸五分のものが、多く用ひられる。

第五章　皮針（又三角針とも云ふ）

皮針は、從來燒きを入れた儘の燒皮針（又合羽針とて色黑く、紙合羽縫ひに使用す）磨きをかけたる磨き皮針、研ぎをかけたる研ぎ皮針等があつたが、現今では研ぎ皮針のみを、普通に用ひる。唐針と異る點は、角孔にして尖端圓からず、三つ目錐の如く三角なる點にある。種類は甚だ多い。

角孔一の一（長さ一寸一分）　同　一の五（同　一寸五分）

同　一の二（同　一寸二分）　同　一の六（同　一寸六分）

同　一の三（同　一寸三分）　一の七は無し

同　一の四（同　一寸四分）　同　一の八（同　一寸八分）

同　二の一（同　一寸一分）　　同　三の一（同　一寸一分）
同　二の二（同　一寸二分）　　同　三の二（同　一寸二分）
同　二の三（同　一寸三分）　　同　三の三（同　一寸三分）
同　二の四（同　一寸四分）　　同　三の四（同　一寸四分）
同　二の五（同　一寸五分）　　同　三の五（同　一寸五分）
同　二の六（同　一寸六分）　　同　三の六（同　一寸六分）
　　二の七は無し　　　　　　　　三の七は無し
同　二の八（同　一寸八分）　　同　三の八（同　一寸八分）

同　二　寸
同　二寸五分
同　三　寸
同　三寸五分
（以上四種）これには一、二、三の區別は無い。二寸以上は研ぎ大針と云ふ。」

前記の如く種類多けれども、今日實際に使用せらるゝは、極僅少であると云ふ（合羽針、磨き皮針は、殆ど使用するものが無いと云ふ）。

第六章　阿蘭陀針

我が邦の針は、船來品としては、主に支那より來たものであるが、又歐洲諸國からも輸入したものがあつた。日本古代商業史第七章、日本に於ける阿蘭陀貿易の細説中に、蘭人の書いた記事として

「左に列記せる物品は、我等（蘭人）の輸入に係る者とす

精工の鑷、針…………」

とあるのでも分る。當時のものの如何なるものであつたかは分らぬが、現今でもオランダ針の名稱を存し、丸穴一寸四分（一の四）のもので、內地は奧羽地方等に向く品がある。

極古い溝針の包み紙には、阿蘭陀針と書いた印を捺したものがあつた。これを見ても、昔歐羅巴製針の輸入された事が分る。榾山氏の舊藏に係る阿蘭陀針の印は別項に載せてある。

第七章　宮內省の針

宮內省にて用ひられる針は、一般民間用のものと異る所なけれども、針身全部十八金の鍍金をなし、

鋼箆《はがねへら》にて磨きを掛けた、金光燦爛たるものがある。
又同省では、歐洲各國の帝室王室用の針を、參考として取揃へてあるさうである。

第八章　疊　針

是は衣服の縫ひ針の部類ではないが、序でながら記し置く。この針は皮針よりも丈夫である。疊又は疊の縁を刺すに用ひる。普通の針屋の製するものでなく、針鍛冶屋の鍛へるものである。

刺し針は長さ一寸五分、返し針は五寸、床刺しは七寸である。

第九章　裝　束　針

裝束は縫ふと云ふよりも、多く刺すものである。故に長く太き丸穴のものを用ひる。昔は特に裝束針があつたが、今は裝束を著るものが少くなつたので、唯其の名あるのみで、多くは普通のもので、材料に適したものを用ひるに過ぎぬ。中村氏の說には、長さ二寸位、尖端三角としてある。上田氏の「針控帳」には二寸三分より三寸まで（傍に笠縫ひと書いてあるのを見ると、共通の分もあつたと見える）としてある。

又装束の袖括りの緒を刺すには、五色針を用ひる。故に五色針を装束針と云ふものもある。又人形の装束をつけ、衣紋を止めるに、尖端の三角にして、穴のない針を用ひる事もある。これを人形針と云ふ。これも人に依り、装束針とも云ふが、正しい名では無い。

第十章　五色針

五色針

五つの孔を有し、五色の絲を一時に通して、装束の袖の括りを刺し、紐を附けるに用ひること、記の如くである。又唯一つの針孔を、縦に長く作つて、夫に五色の絲を一緒に通し用ひるものもあると云ふ。反物を色絲にて綴ぢるに用ひるはこの類である。

第十一章　七孔針、九孔針

*天寶遺事《てんぽうゐじ》に「唐宮中ノ、七夕結ビ二綵樓ヲ一、陳ツラネテ二瓜果酒炙《クワクワシユシヤ》ヲ一、祀ル二牛女《タナバタ》ヲ一、妃嬪《ヒヒン》各執リ二九孔針ト五色ノ線《トウ》ヲ一、向ヒテレ月ユ穿ツレ之、

過《スグル》者《モノハ》爲《ス》レ得《ウト》レ巧《ヲ》」とある。又荊楚歳時記*には「七夕婦人以二綵縷《ヲ》一穿《ツ》二七《チ》孔針《ヲ》一云々」とある。共に前記の五色針の類である（別項七夕の部を參照せよ）。

第十二章　乙女針

乙女針、又は親孝行針など稱へるものが、一時流行した。これは絲を孔に通すのではなく、孔は上の方、天の處に於て開かれる樣になつて居るから、そこへ絲をかけて、裂れ目から孔へ絲を入れるので、目の見えぬ人でも、絲を通せる。故に是を年を取つた親に貰つて上げると、親孝行になると云ふので、親孝行針などと稱へたのであるが、今多く使用されなくなつた。

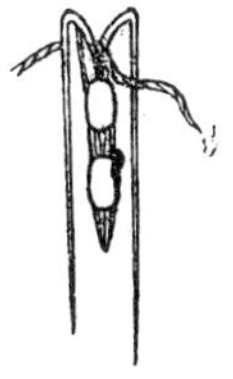

元來これは西洋のキャリックス針（Calyx）の模造で、西洋のは優良なもので、前記の通りの構造の外に、更に今一つ普通の通りの穴があること上圖の通りである（醫者の創傷を縫ふ針も矢張りこの式である）。

* 天寶遺事　一卷、五代の王仁裕撰。
* 荊楚歳時記　一卷、梁の宗懍撰。

第十三章　待ち針

待ち針とは、縫ひ行く先に刺して、布の動き狂はぬ様にして置くものの稱である。昔は別に特殊の針は使用しなかつたが、近來多數の針を使用して、夫を落しては危いから、特に針頭に、種々の形の木片や紙片などを附けたものを用ふるに至つた。廣島市の青木瀧次郎氏は

「待ち針は廣島に於て、丸の細長き木へ、針の一端を突き刺しある分は、最初小生が案出した品で、明治三十二年に、初めて製作に取掛り、賣り出したが、其の賣行きが宜しくないので、一時中絶した。爾來種々なる待ち針が、案出販賣せらるゝに至つたが、不便のものが多いので、今回新案の上、特別登錄濟に成つた云々」

とて、著者に其の見本を送つて來たことがある。

縫ひ物をするに、待ち針を用ひる事は、餘程古き以前よりの事と見えて、嬉遊笑覽卷の二の上、服飾の部に「まち針といふ事も、やや久しと見えて、*續山乃井に　たて置くや千代をまち針門の松　員成」とある。

各種の待ち針の圖（上部につけたるは紙、セルロイド、木等いろ〳〵ある）。

第十四章　不變色の針

變色せざる縫ひ針が、英國の或る軍需品金工場で發明せられた。其の原料たる鋼鐵は、同工場で、穿鋼彈の製造中に、發明せられたもので、如何なる酸にも犯される事なく、從つて變色する事もないと云ふ新聞の記事を見たが、未だ詳細なる報告に接せぬから、よくは分らぬ。（ステンレスを用ひたるものか）

第十五章　ミシン針

舶來の裁縫用ミシンに用ひる針で、本邦從來の縫ひ針とは、全く異り、一包は一種十二本づゝとす。今は和製もなか〳〵多くなつた。これは、他日ミシンと共に、別に研究して、更に一書を出すつもりである。

中村氏の說によれば、和製のミシン針は、明治四年頃、銀座二丁目と三丁目との東横町に、外科器械の職工彌助と云ふ者があつて、これを製造して、一本二朱づゝで販賣したのが初めである。但しその頃の他の物價と比べると、甚だ高價であつた。明治九年頃には新宿に關根某と云ふものが有つて（ミシンを賣捌いた關根與三郎と云ふ人が有つたさうだが、夫とは別である）ミシン針の名人であつたと云ふ。ミシン針の代價の、年代に依つて段々と安くなつて來た有樣は左の通りである。

明治四年一本二朱（十二錢五厘）　同七年　同一朱（六錢二厘五毛）　同八年　同　五錢
同　九年同　五　錢　同十年　同　五　錢　同十四年　同　四錢
同十七年同　三　錢　同十九年同　二　錢

第十六章　袋物用の針

袋物を拵へるには、普通メリケンの七番八番九番を用ひる。
又紬絹の縫ひ針、印針の四の二などを用ひてもよい。其の外印針の一の八を縢り針に用ひる。

第十七章　掛け針

掛け針は縫ひ針とは種類が違ふが、序でながら載せて置く。甲圖は女*用訓蒙圖彙に描いてあるもの、今日はこの種のものは餘り用ひない。乙圖の如き種類が多く用ひられる。其の布を挾む所は、元は兩方に針があつて、布を挾み刺したのもあつたが、布が損ずると云ふので玆にゴムを當てて布を損ぜぬやうにしたものがある。

上田氏の「針控帳」に、天明六年の掛け針の記事があつて、小角、相角、大角、大平、大々平、大々角、六角、丸等の種類がある。材料には、眞鍮、四分一がある。毛彫を施したものもある。なか／＼種類の多かつたものと見える。

（甲）

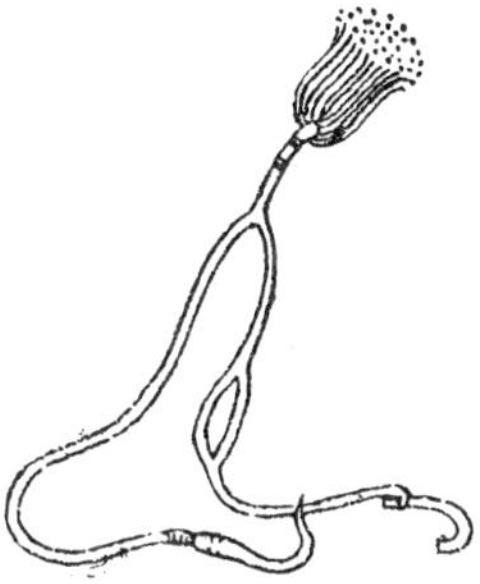

（乙）

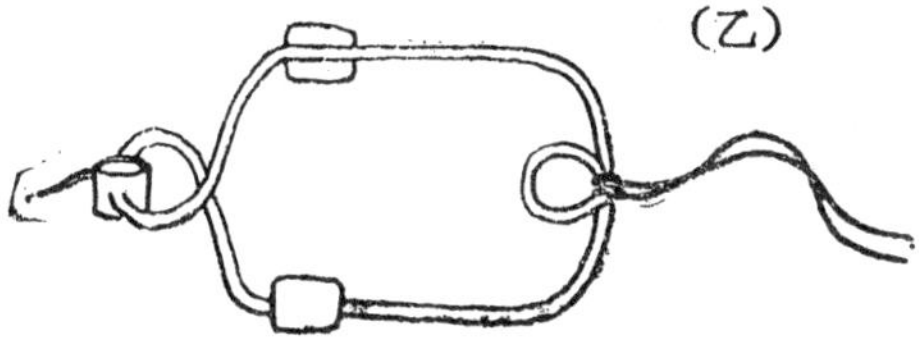

（丙）

中村氏の說には鐵のもあつて、足袋掛と稱へた由である。

＊續山乃井　發句集、寬文七年丁未（紀元二三二七）北村湖春の輯錄したもの。

＊女用訓蒙圖彙　五卷、女子の要件を圖說したもの、元祿元年戊辰（紀元二三四八）の出版。

第十八章　朝鮮の針

朝鮮の古代の針に就いては、別項「古代の針」の部に詳しく記してある通り、七百年程以前のものを著者は所藏して居つたが、現今のものに關しては、未だ調査が十分に出來てないが、主にメリケン針を使用して居るやうであるが、兎に角一般に長針を用ひるらしく、現に著者の所藏して居る朝鮮の現今の針の見本に、丸穴にて、太さはゲーヂの廿一番長さ二寸九分三厘のものがあつた。

第十九章　刺繡針（昔は縫ひ箔針）

刺繡針は、普通の縫ひ針よりズット短く、僅かに七八分に過ぎぬ。この針を「上印」と云ふ。その細きものより太きものへと、順次に擧げて見ると、左の通りである。

一、本色紙　絹の色紙、木綿の色紙等の名あるに對して、本色紙又は縫ひ箔の色紙と云ふのである。非常に細いもので、この針の製造をなし得るものは、東京に於ても、僅かに一人あるに過ぎぬ。大抵の職工も年齢三十五歳位までより後は製造する事が出來ぬ。勿論眼鏡を掛けてもやれない。その如何に細かい技術を要するものであるかが想像せられるであらう。突き合せ、羽二重切付け等に用ひる。

二、しべ　又しべ色紙ともいふ。紬、縮緬等の切合に用ひる。

三、極細八　八の字は長さ八分の意を示す。以下六、七、八等のついたのは、皆六分、七分、八分である。この極細八は蛇腹綴ぢ、菅縫の綴ぢ等に用ひる。

以上三種は職人に限つて用ふるもので、素人は多くは用ひぬ。

四、細　八　紋の星縫ひ、縮緬縫ひ等に用ひる。

五、細　七　蛇腹綴ぢに用ひる。

六、糸　七　紋の星縫ひ等に用ひる。

七、糸七半　右に同じ。

八、糸　八　金糸の綴ぢに用ひる。

九、大　細　中細絹糸の縫ひに用ひる。

十、太　八　平及び丸の二種、絹糸の縫ひに用ひる。

十一、常　細　かま糸に用ひる。

十二、常《つね》太《ふと》　太絹糸に用ひる。

十三、別《べつ》太《ぶと》　細絹、中絹に用ひる。
十四、三　八　地方により三光とも云ふ。中絹糸に用ひる。
十五、天《てん》　細《ぼそ》　平丸の二種、並の絹糸に用ひる。
十六、相　中　平丸の二種、太絹糸に用ひる。
十七、天《てん》　太《ぶと》　平丸等の三種ある。太絹に用ひる。
十八、松縫《まつぬ》ひ　平丸の二種、平金糸縫ひに用ひる。
十九、別《べつ》　太《ふと》　平丸の二種、粗い綴ぢものに用ひる。
廿、小衣裳《こいしやう》
廿一、中衣裳　疣縫ひに用ひる。
廿二　大衣裳
廿三、縢り　材料を臺に縢りつけるに用ひる。

この外に別細、相良（疣縫ひ）廂掛け（廂の掛け接ぎ）太六、太七（太八と同様綴ぢものに用ひる）中太、太太（天太の中の區別）等があるが、實際用ひるのは幾らもない。メリケンの短の十一、十二番も用ひる。鹽瀬琥珀等には丸孔、柔かいものには平孔を用ひる。

前記平と丸とあるは、丸は普通の丸穴で、平は穴を打ち平めたものを云ふのである。平孔は針頭平に長く、糸を通すも太らぬから、布に針をさして引き抜いても、跡に針目が大きく見えぬ。

中村氏の説に、舊幕時代には一般に刺繍とは云はず、縫ひ箔とのみ云つた。然るに女學校が出來てから、先生が縫ひ箔と云はず、刺繍と敎へたから、生徒が針屋へ行つて「刺繍針を賣つて下さい」と云つたので、何處の針屋でも刺繍と云ふ語が分らずに、針を買へないで歸つたといふ笑話もあるとの事、今日から見れば何でも無い事でも當時の事情では、さう云ふ事もあつたであらう。

西洋では古代より刺繍が行はれた。從つて色々の針が用ひられた。極古代には、木、竹、骨、象牙針、中古には靑銅針、今日にては鐵製のものが用ひられる。英國は主に刺繍には、ロングアイド・シャープス（Long-eyed sharps）又はホワイトチャペル（White-Chapel）針を用ひる。ロングアイド・シャープスは、太さにより一番より十番まである。緻密のものは七番より十番を使用する。

第二十章　本京針

本京針とは一名玉子メド（寄せメドとも）と云ふ。孔の卵形（精密に云へば楕圓形）をなしたもの故である。針工が孔を開けるのに、先づ上下二つの丸孔を作り、後これを合せ（卽ち寄せ）て作るからの名である。又みすや針ともサントウ針とも云ふ。京都のみで製

造販賣したもので、江戸では仕入品は無かつたと云ふ。

本京針の一種に圖の如く、寄せメドの下に轆轤錐の尖で、小さな星の如き孔（裏までは透らぬ）を附けたものがあつた。是は幕府の大奥、又は大きな大名の奥向などで、呉服の間に使用したものである。夫は星の數で使用人を定めてあるから、落ちて居ても、又縫ひ込んでも、誰の針と云ふ事が分る。過失の責任を明かにする爲であつたと云ふ。

本京一種

第二十一章　平メド針

角メドにして、打貫いたものであつたと云ふが、明治以前から、既に製造しなくなつた。其の形狀は圖の如くである。

平メド

第二十二章　小町針

楊枝小町針（一寸三分、一寸四分）及び小町針の二種ある。小町針は徳川時代文身《ほりもの》を爲す爲に使用したもので、三四種あつた。文身は禁制であつたから、文身針とは云はず、孔の無い針である。縫ひ物に關係はないが、序でに載せて置く。

第二十三章　裏付け針

麻裏草履を刺す針で、これは鋼製で、普通の針屋でなく、針鍛冶職の作るものである。長孔の溝針で、普通用は二寸八分位、此の外に踵《かかと》の皮をつけるには、尖端の菱形な皮針を使用する。

第二十四章　笠縫ひ針

菅笠を縫ふに用ひるものである。上田氏の「針控帳」には、長さ二寸五分としてある。而して裝束針の「二寸三分より三寸まで」としてある其の傍に「笠ぬひ」と書いてあるのを見ると、寸法が共通のものあつたと見える。

第二十五章　さくら針

寛政年中に再版した針の品名目錄に「さくら針」とあつたが、圖の如き櫻の皮を挾みて使用するものが、それであらう（中村氏の說）。

さくら針

第二十六章　績《つ》針《む》

昔綿を繰る籰《わく》に用ひた績《つ》針《む》といふものが有つた（縫ひ針の類では無い）。外國より紡績絲の輸入盛んなるに及び、籰を用ひなくなると同時に、此の績針も殆ど見る事が出來なく成つた。

第二十七章　直し針

雪踏直しの用ひる針、尖端三角、長さ三寸、孔は針の太さの割合に小さい。

第二十八章　鞍針

乘馬の鞍を刺すに用ひる最長大の針、長さ一尺五六寸。

第二十九章　太鼓針

長さ三四寸にして上圖の如し。針尖普通のものと異つて、切出し小刀の狀をなして居る。太鼓の緣を縫ふ皮針である。

太鼓針

第三十章　袋針

袋針

袋類を縫ふに用ひたもので、圖の如く中に竪に穴があるのであると云ふ。又現今では穀類絲類綿類等の色々の袋が出來たので、これを縫ふにも、種々の針が出來て居る。

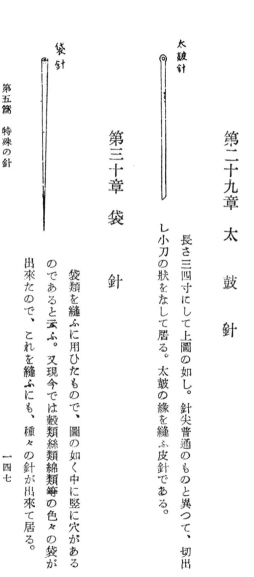

第三十一章　寢臺針

寢臺の藁蒲團を刺すに用ひる、長さ一尺位のもの。

第三十二章　本綴ぢ針

地金は眞鍮で、昔和本を綴ぢるに用ひたのだが、現今では普通の大溝針の尖端を、少し磨つて使用する。洋本には磨らずに使ふ。

第六篇　針の附屬品

第一章　針袋

針盒

針袋は、古くから名前だけは知られて居るが、其の形は一向分らない。然るに文學博士上田萬年先生が、先年支那から著者の爲に態々持ち歸られた針盒《ちえんほー》と云ふものがある。圖に示す如く、幅二寸長さ三寸位の繻子の袋の內に、同じ繻子にて作つた二つ折りのものを挿し入れるやうに出來て居て、其の二つ折りを開くと、一方は針を挿すやうに、一方は又袋狀を

なして、絲を入れるやうに成つて居る。胸間に下げて居るものであるとのこと、我が國の針袋も、略々これに似通つたものではあるまいかと思はれる。昔の京都の衣紋方などが、衣紋袋と稱へて用ひて居たものがあるが、中には針は勿論、絲も少々入れて携帶した。或は針袋の遺制かとも思はれる。

この針袋に就いては、萬葉集に面白い事があるから、大略を左に抄錄する。

有名なる歌人大伴家持《おほとものやかもち》が、越中守であつた時に、其の部下に越中掾大伴池主と云ふ人があつたが、後に越前掾に轉任した(其の頃の越前は加賀が分國せられぬ以前で、加賀は其の一郡であつた)そこで或る時其の池主が、家持卿の處へ、針袋を縫つて賜はれとて、絹を贈つた。處が其れが餘り善く無かつたものか、家持の方で更に上等なものと取りかへて、縫つて贈つた。すると池主が、左の通りの手紙に四首の戲歌《たはれうた》を添へて贈つた。

忽辱《クス》二恩賜一《ヲ》。驚欣《キ》已深《ブコトニシ》、心中《ノニ》含レ咲《ミエミヲ》、獨座《シテ》稍開《ミケバ》、表裏不レ同《ジカラ》、相違何異《ゾレル》推二量所由一《シルニソノユエヲ》。率爾作レ策《ニスヲ》歟《カ》、明知《カニリヌ》レ如レ言《キコトヲノ》、豈有二他意一乎《ラメノヤ》、凡貿二易本物一《ソスルハヲ》、其罪不レ輕《ノズカラ》、正贓《ゾウ》倍贓《ゾウ》、宜二急並滿一《シクシニビス》、令勤二風雲一《シテニ》、發二遣徴使一《シルヲ》、早速返報《ニシタマヘ》、不レ須二延回一《ベカラシタマフ》。

勝寶元年十一月十二日、物所二貿易一下吏《ワレタルセ》、謹訴二貿易人斷一聽官司廳下一《ミテフノラコトツルノノ》

この意味は、思ひがけなく、賜にあづかつて、深く驚き欣んだ、心の中に咲みを含んで、獨座して開いて見た所、これはしたり、表裏同じでない、贈つた絹とは全く相違して居る、其の所由を推し量つて

見ると、率爾に策略を用ひて、取りかへたのだ、明かに推量の言の通りに違ひない、ナニ他の意ではあるまい、凡そ人から預つた本物を、だまつて他物と取りかへると云ふは、甚だ宜しくない、其の罪科は、なか／＼輕くは無い、正贓と云つて、盗んだものを、其の儘本人にかへすか、若し倍贓と云つて、其の物が他人の手に渡つたならば、倍にして償ふかいづれでも宜しく、急に並べて返濟して貰ひたい、今手紙に記して、風雲の便りに托し、催促の使を發する、早速返報あれ、決して延滯してはならぬ、勝寶元年十一月十二日、物を取りかへられた下役人卽ち池主が、謹んで、物を取りかへた人を裁判する廳の官司（家持をさす）の廳下に訴へると云ふので、なか／＼大袈裟な戯れである。

而して次に「別《ニ》白《ス》、可怜《ウツクシミ》之意、不《ズ》レ能《エ》二默止《シ》一、聊述《ヨミテヨ》二四詠《ウタツ》一、唯擬《ス》二睡覺《ニ》一」と追つて書きをしてある。これは本音《ほんね》で、有り難い事は、默つては居られません、そこで聊か四つの歌を詠んで、御目覺めの時にお讀みになつて下さるやうに、添へて置くと云ふのである。

「久佐麻久良《クサマクラ》、多比能於伎奈等《タビノオキナト》、於母保之天《オモホシテ》、波里曾多麻敝流《ハリゾタマヘル》、奴波牟物能毛賀《ヌハムモノモガ》」

此の意味は草枕（旅の枕詞）旅の翁だと此の池主を思ぼしめして（針袋をお頼みしたのに）御好意に針をも入れて下さつて、誠に有り難いが、着物にも不自由して居るから、序でに縫ふべき着物まで頂きたいものですと、隨分蟲のよい戯談《じやうだん》をいつたものである。

「芳理夫久路《ハリブクロ》、等利安宜麻敝爾《トリアゲマヘニ》、於吉可邊佐倍波《オキカヘサヘバ》、於能等母於能夜《オノトモオノヤ》、宇良毛都藝多利《ウラモツギタリ》」

此の意味は、賜はつた針袋を取り擧げて、前に置き裏をかへして見れば、表も、表で美しいが、裏も亦種々の絹を繼ぎ合せて、よく出來たものだと、感歎したものである。

「波利夫久路《ハリブクロ》、應婢都都氣奈我良《オビツツケナガラ》、佐刀其等邇《サトゴトニ》、天良佐比安流氣騰《テラサヒアルケド》、比等毛登賀米受《ヒトモトガメズ》」

この意味は、針袋を帶び續けながら、出張でもして、里毎に、照り光らかして、自慢して步けど、人もとがめずと云ふのである。照り光らかすは、錦のやうな光彩ある裂《きれ》を用ひたからである。人のとがめぬは、越中守家持の贈つたものだから咎めぬと云ふ說と、老人だから、そんな事をしても咎めぬと云ふ說とある。又帶びつゞけは、袋が幾つもあつたのであらうと云ふが、さうでは無くて、毎日毎日帶びつゞけたのであらう。

「等里我奈久《トリガナク》、安豆麻乎佐之天《アヅマヲサシテ》、布佐倍之爾《フサヘシニ》、由可牟登於毛倍騰《ユカムトオモヘド》、與之母佐禰奈之《ヨシモサネナシ》」

この意味は、この針袋の特に美しいのを、里毎に照らしあるいただけでは飽き足らぬ故、この針袋を帶びて、東の國まで、ふさへ(鎭め)しに行きたいと思ふが、今ではもう老人で、そのよしもないのが、口惜しいと云ふのである。唯一つの小さき針袋から、如何にも大きな事を云つたものだが、これが歌人などの常であらう。

次に「右歌之返報歌者《ミギノウタノコタヘウタハ》、脫漏《モレテ》不《ズ》レ得《エ》二採求《モトメ》一也」とある。即ち家持の返歌があつたのだが、夫は見えなくて、玆には擧げられないと云ふ斷り書きである。

次に「更來贈歌二首《さらにおくれるうたふたつ》」として、池主の左の詞書きがある。

「依《テ》下迎《フル》二驛使《ハユマツカヒヲ》一事上今月十五日、到《リ》二來部下《ルクヌチ》加賀《ノ》郡境《ノ》一、面蔭《オモカゲハ》見《ハレ》二射水《イミツ》之鄕《ニ》一、戀緒《レンショハ》結《ヲ》二深海之村《ニ》一身異《アラネド》二胡馬《ニ》一、心悲《メリ》二北風《ニ》一、乘《シテ》レ月徘徊《スレバモテ》、曾無《シ》レ所《ン》レ爲、稍開《クケバ》二來封《ヲ》一、其辭《ノニ》云《タ》、著者《サキニ》先《ツ》所《ロノ》レ奉《ル》書、返畏《リテ》二度疑《ルーハンヨトヲカトノタマ》一歟、僕作《ヘリシショクラヲ》二囑羅一、且惱《シ》二使君《ヲ》一、夫乞《ヒ》レ水《ヲ》得《タルハ》レ酒、從來《ノ》能口、論時合《ヘリ》レ理《ニ》何題《ソ》二強吏《サン》一乎《トヤ》、尋誦《テスル》二針袋詠《ノ》一、詞泉酌《ヲ》不《クメドモ》レ竭《ズツキ》、抱《イテ》レ膝獨《ナリ》唉《ワラフ》、能《クノゾキ》蠲二旅愁《ヲ》一、陶然《トシテ》遣《テル》レ日、何慮《ヲ》何思《ラム》、短筆不宣。

勝寶元年十二月十五日、徵《スル》レ物下司《ヲゲス》謹奉《デタテマツル》二不《ルフクセ》レ伏使君記室《キシツニ》一」

この文の意味は、古來判然しない所があるとの說であるが、先づ無理に解釋して見ると、京都より下向の驛使を迎へる爲に、今月(十二月)十五日(當時越前の)管內たる加賀郡の境に來たが、面蔭《おもかげ》は貴君の御出でなさる、越中の射水の鄕に見はれ、戀しき心の緒は、深海の村に結ばれる、身は北地に生れたる胡馬ではないが、私もこの馬と同樣に、北方の越中から來た風に、悲しみを增し、月に乘じて徘徊すれども、曾つて爲《せ》ん術もない、稍く御來狀を開けば、其の辭に云ふには、著者《さきに》(昔者《さきに》の誤りならうと云ふ)奉る所の書面は、却つて疑ひをかけたかと畏れると仰せられるが、僕(池主)がとんだ罪を羅織《らよく》して、返却を囑する事をなして、使君(家持)を惱ましたが、水を乞ひて酒を得たるは、從來の最も良き都合(遊仙窟には「乞《ヒ》レ漿得《テヱタルハ》レ酒舊來神口、打《チテ》レ兎得《ワタルハシカヲ》レ麞、非《ズ》二意所《ノニ》レ望《ム》一」とある)で、本物よりもよい絹で縫つて貰つたのは、却つて好都合である、而して時機に適する所論は、よく道理に合つて居る、何であなたを無理非道な役人と、題せんや、尋《つ》いで（家持卿の）針袋の詠を誦するに、詞の、泉は酌めども盡きず、膝を抱いて、獨り咲ふ、能く旅の愁ひを觸き陶然として日を遣る、何を慮らう、何を思はう、短き筆には、思ひの程は述べ盡されぬ、勝寶元年十二月十五日、物を催促する下司《げす》池主が謹んで屈伏せぬ使君家持に上ると云ふので、記室は下僚の書記をさす。今日宛名の次に侍者侍史などと書くのと同じことで、直接に其の人を指さゝぬが禮である。

次に「別《コトニ》奉《タテマツル》云云歌《ウタ》二首《フタツ》」とあるが、一つは、針袋に、用が無いから、略するとして、其の一つを左に掲げる。

「波里夫久路《ハリブクロ》、己禮波多婆利奴《コレハタバリヌ》、須理夫久路《スリブクロ》、伊麻波衣天之可《イマハエテシカ》、於吉奈佐備勢牟《オキナサビセム》」

この意味は、針袋は、是は頂戴したが、此の上は、篴袋《すりぶくろ》をも頂きたい、これを頂いて携帶したならば、定めて翁らしくなるであらうと云ふので、篴は旅行具の一つ、これを入れる袋が欲しいと云ふのである。

以上の記事に依つて見ると（一）針袋は表と裏とをつけて、作つたもの（二）表は照さへ步く程、華美なる裂にて作つたる事（三）裏は今も袋物を縫ふに、小裂抔接ぎ合せて作るやうに、接ぎたるものの有つたこと（四）針袋は帶びつゝ、人に見えるやうにして步いたものである事、男、而も掾位《じやうぐゐ》の高官の人まで、携へ步きたる事等が分る。

土佐の古學者*鹿持雅澄《かもちまさずみ》は、手爾乎波《てにをは》の性用を詳説した二巻の書を著し、これを「鍼嚢」と名づけた。天保九年戊戌（紀元二四九八）の自序がある。本書に鍼嚢と命名したのは、いかによき織物も、鍼なくては裝縫《さうほう》することは出來ぬ、故にこの嚢に選り集めた鍼で、長短よろしく、本末正しく裝縫したならば、如何ばかりよき衣裳を製することが出來るであらうかと云ふ意ださうだ。畢生專心註解に力を盡された、萬葉集の內の鍼嚢から、思ひ就かれた書名であらう。

＊鹿持雅澄　土佐の和歌者、萬葉集古義百五十二巻を著す。安政五年戊午（紀元二五一八）享年六十八にて歿した。

第二章　針筒

*類聚名義抄、僧上の巻、金の部に「鍼管《ハリツヽ》針筒」等を載せてある。
禮記の內則に「婦事《フル》二舅姑《ニ》一云々、右佩《ニ》二箴管線纊《ブハリツツイトフサワタ》一」とある。
又*箋註倭名類聚鈔巻の六、裁縫具の部に
「針管、魏武上《ル》二雜物《ヲ》一疏《ニ》云《フ》、針管一枚、針管、波利都々《ハリツツ》〇*太平御覽《ニ》、引曰《イテク》、中宮雜物、畫象牙管針筒一枚《ト》、所レ引少異《ロクシクタリ》」棭齋按《スルニ》、類聚名義抄《ニ》、針管針筒並擧《ビニグ》、疑彼所レ見本《ルハ》、標目注文作《リ》二針管《ニ》一、正文作《ニハル》二針筒《ニ》一也」昌平

本、下總本、有リ二和名ノ二字一」とある。針管は則ち針筒であらう。大正五年文學博士上田萬年先生が、支那から持ち歸られたものが二個ある。(甲圖)一つは竹製にして文字を刻し、一つは玉製である。共に直徑約五分長さ二寸乃至四寸の圓筒である。是に少量の絲と針とを入れて腰の邊に下げて、役所に出るものであると云ふ。我が邦の古代の針筒も、矢張りこれに類似のものであつたらうが、製作が傳はらぬ。

上田博士の支那より携へ歸られたるもの針筒《チエントウン》

(甲)

玉製　竹製

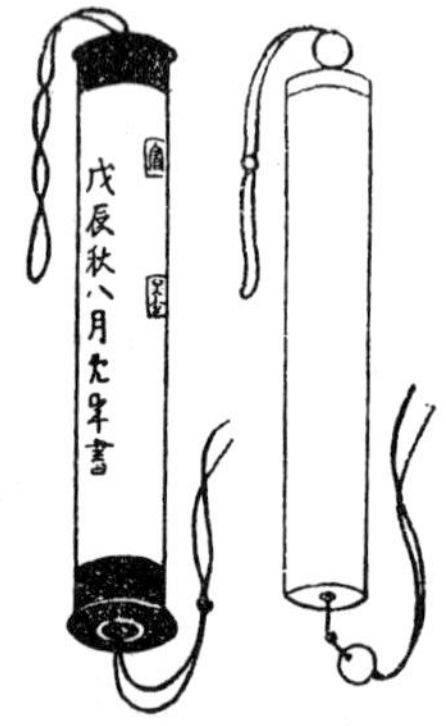

(乙)

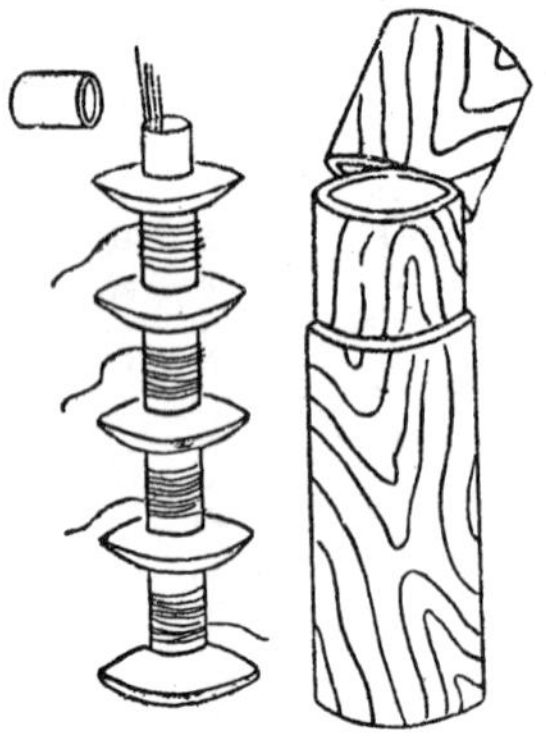

廣島縣安藝宮島產の松材製作のもの

（丙）

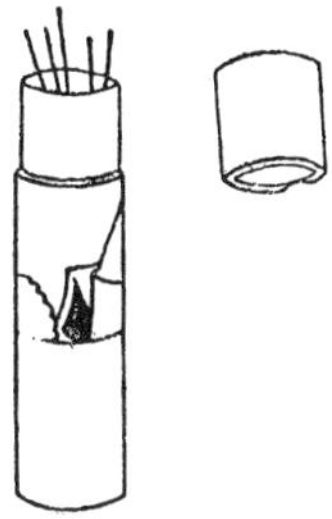

蓋を開いて針を示す

露國の木製品にして彩色がある

（丁）

臺灣舊時のもの、蓋を取りて內部を示す、三本の針入は鳥の羽の軸にて拵へ、外は紙捻を編みて漆を塗つたもの、針筒《チエンタン》と云ふ

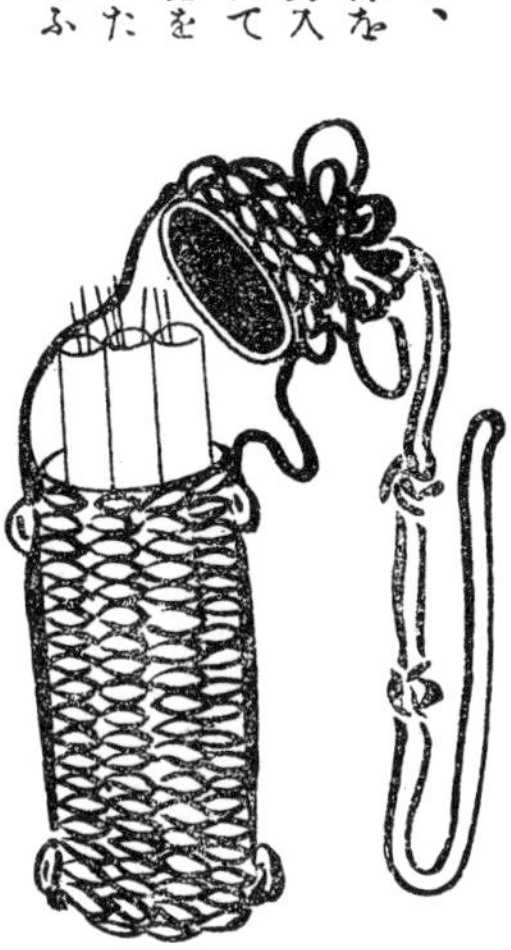

（戊）

左の筒の中より出したる中身

朝鮮開城附近にて發掘したもの、外は銀製中に針があつたが多くは腐朽して僅かに完全に近きもの二本あるのみ、詳細は古代の針の項に載す

（巳）

英國レディッチ製

現今の我が邦のもの（乙）露國製のもの（丙）臺灣の古物（丁）朝鮮開城附近約八百年前の古墳中より發掘したもの（戊）外國式のもの（巳）等を圖に示す（此の外に故黑川眞賴博士の古代の針の說の內に、法隆寺の針筒の圖を載せてある。本書別項に轉載してある）。

(巳)圖のものは蓋に穴あり、蓋の横に番號を示すべきVの如きものあり、この尖頭を所要の針の番號に合せて振ると、その針が出る。今6番に合せて、其の針が出るところを示す。

＊類聚名義抄　十卷、撰者菅原是善は元慶四年（紀元一五四〇）に六十九歳で歿した。

＊箋註倭名類聚鈔　十卷、狩谷棭齋が源順の和名抄の原本異本二十餘種を校讎して箋註を加へたもの。

＊太平御覽　一百卷、宋の李昉等撰、太平興國八年（紀元一六四三）成る。

第三章　針　箱

針箱は、針を始めとし、剪刀、篦などの裁縫道具を入れ置く箱にして、通常高さ凡そ一尺、幅五寸、長さ一尺位、上部の半分は、蝶番《てふつがひ》にて開く蓋になつて居る。その蓋には針山を附けてある。大小の抽斗があつて、小の方には絲卷、剪刀、指貫、褄形、袖形、其の他要用の道具、及び小布類を、下の大きな抽斗には反物などを入れる。多くは漆にて塗り、金具は眞鍮、銅等にて作る。一種京針箱とて、抽斗を附けた匣《はこ》の横に、針山臺を取付けて、絎臺《くけだい》兼用としたものもある。又一種張文庫の手箱を用ひて、懸子《かけご》に針山を仕込んだものもある。これは大抵女學生用であるが、近來特許品などに、色々變つた便利なものもある。

西洋針箱は、その形種々あるが、概して革製で、鞄《かばん》の如き形をなし、手に提げ易い様に造り、中に裁縫用具を入れるので、旅行用などには、甚だ便利なものである。

針箱も亦古くから有つたもので、*散木奇歌集巻の十、雑の部に「針箱のふた」と題して

「針箱のふたつの袖に刺しつれど、ひとつも見えずおちにける哉」

とあるが、この時代の針箱の形は、どんなものであつたか、知る術がない。徳川時代の針箱の製作を示さんが爲に、女用訓蒙圖彙及び*歌麿、*宗理、*國貞等の畫に見えたものを縮寫して、これを示す。

此の圖は女用訓蒙圖彙に見えたものであるが現今の針箱及び歌麿國貞等の圖にあるものと異つて居る。

歌麿の繪に見えたる針箱

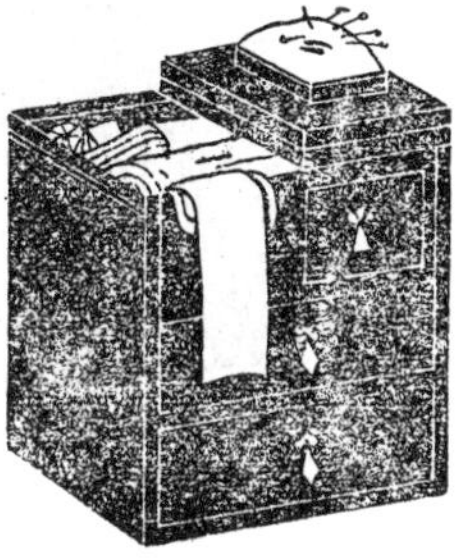

*寶暦現來集巻之二十一に

「安永之頃迄は、女の櫛箱高さ一尺餘、横同じ位、見込六七寸にて、かぶせ蓋《ふた》引出《ひきだし》付《つき》、上に一つ下に

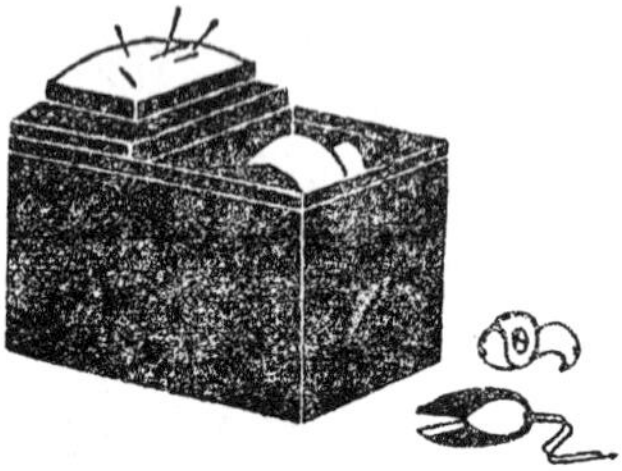

宗理の繪に見えたもの、この繪には十返舍一九の讚がある

五渡亭國貞の繪に見えたもの

二つ、黒のかき合塗云々」

とあつて、次に

「針箱も右櫛箱の如く、安永頃迄は、櫛箱の小振《こぶり》にて、高さ五六寸、横八九寸、是もかぶせ蓋《ぶた》引出し三つ、塗かき合《あはせ》、今時の様に、刎蓋《はねぶた》、物さし迄、箱の内に入置くやうなるはなし、昔は上《か》み下《しも》の人に至《いたる》迄、皆かくの如し、天明寛政の頃より、此針箱も次第に工夫《くふう》而已《のみ》にて、引出し鐶《くわん》迄も、派手《はで》を盡し、古へは鐵の一通りの蕨手《わらびで》を、引出しに附て濟《すみ》たるものなり」

とある。これに依ると、安永より天明寛政頃の製作の様式が、略々窺ひ知られる。

＊散木奇歌集　十卷、源俊頼の歌集、俊頼は天治元年甲寅（紀元一七八四）金葉和歌集を撰んだ。

＊歌麿　喜多川氏、浮世繪、特に美人の妙手。文化二年乙丑（紀元二四六五）歿した。

＊宗理　俵屋、姓氏詳らかならず。光琳の畫に倣ふ。明和元年甲申（紀元二四二四）安永九年庚子（紀元二四四〇）頃の人。

＊國貞　角田氏、二代目豊國となる。元治元年甲子（紀元二五二四）歿した。

＊寶暦現來集　廿一卷、寶暦より天保に至る約八十年間江戸の見聞記。天保二年辛卯（紀元二四九一）舊幕士山田桂翁の著。

第四章　針入れ

針を入れる小箱、又は筒の形をなしたもので、矢張り針筒と同様のものである。次頁圖（甲）は女用訓蒙圖彙にあるもの（乙）は明治の初年頃のもの、中央の針を入れる所の蓋が象牙で、尺になつて居る。蓋を抽き出すと、中に小さな箆と、針とが入れてある。兩方は絲卷である。（丙）は象牙製の筒に針が入り、蓋は螺旋の仕掛になつて居る。而してそれに絲卷が連續してある。尙此の外に小さな一貫張などで、色々のものが出來て居る。又西洋にも Needle《ニードル》 case《ケース》 或は Needle《ニードル》 box《ボツクス》 があつて、本邦のと同様に用ひられる。

（甲）

女用訓蒙圖彙に載せたる針入の圖、中央は針入、其の兩方が絲巻、乙圖を見るよよく分ろ

（乙）

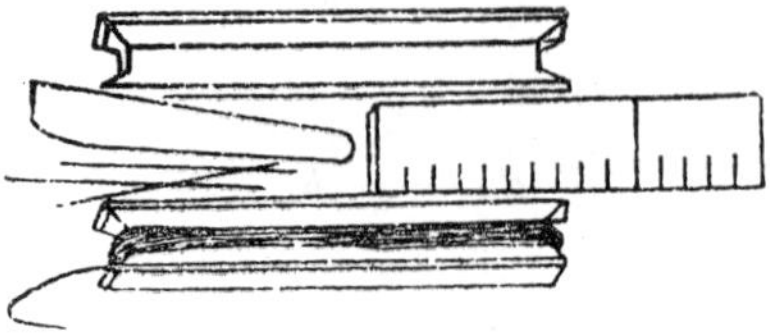

飛騨國高山市矢島氏舊藏

（丙）

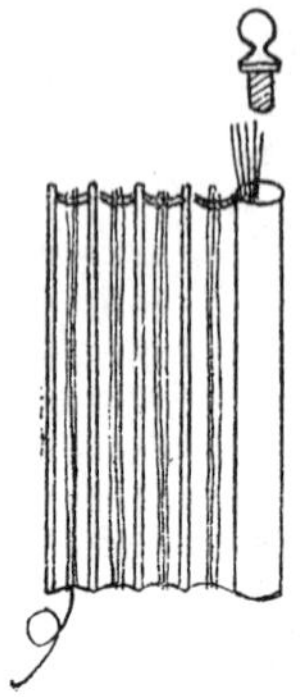

近頃のもの

第五章　針　山

針山は、又針さしとも云ひ、古くは針休めとも云つた。布帛に脱脂綿を包みて作るがよい。昔は頭髪

の抜け毛などを集め置いて、入れ用ひたものである。是は油氣あつて、針の銹びぬ爲であるが、頭髮中には、種々の黴菌等の有害物、不潔物等も附著して居るから、針尖に附いて居て、若し身體に刺したる時、害をなすことがある。又油氣を帶びたる針にて、白きものを縫へば、油氣で布を汚すことがある。故に一旦油や蠟をつけても、よく拂拭して、使ふが宜しい。針箱の蓋（針箱の圖を見よ）絎け臺（甲）等についたもの、又は單に夫のみの用に作つたもの（乙）もある。

（甲）

國貞の繪に見えたるもの
（絎け針の掛け所が描いて無い）

（乙）

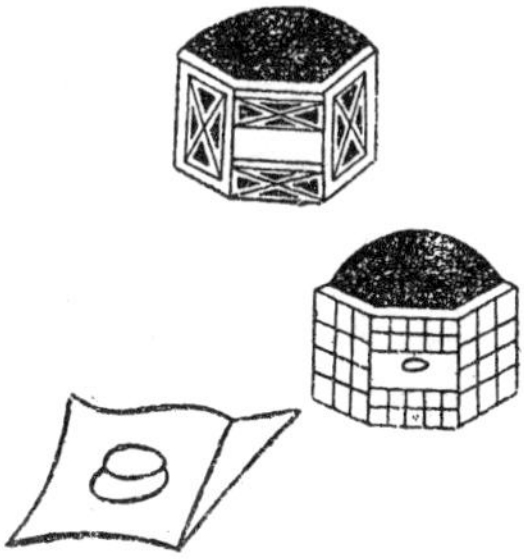

女用訓蒙圖彙に見えたる針休め
（傍に針につける蠟が書いてある）

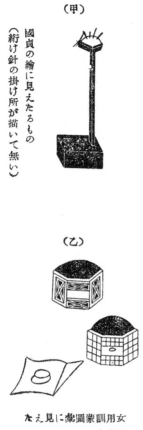

第六章　針さし帳

近來は使用するものが殆ど無くなつたが、維新以前には、針さし帳と云ふものがあつた。これは女用訓蒙圖彙にも載せてある。上圖の（甲）は夫である。卽ち貞享頃のもの。漢字に針簿又は針線帖と書く。

（甲）

（乙）

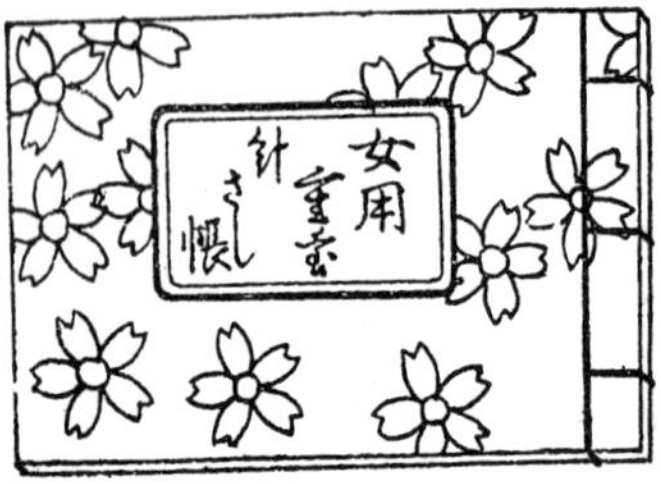

（乙）圖は年代詳らかならぬが、多分明治維新より少し以前のものか。出版は京都のらしく思はれる。これは著者の所藏する所のもので、中に婦人の裁縫をするところの繪が書いてあつて、そこに「針のうせたる時の歌

清水の音羽の瀧の姫宮は
　失せたる針の見えぬ事なし

右の歌三べんとなゆれば出る也」

と記してある。この歌は今も傳へ知る人があるが「音羽の瀧はつきるとも」と唱へる人もあると云ふ。

其の次に、一寸した、願成就の日、不成就日、呉服の尺付などのやうなものが載せてあつて、次に八枚程の油紙に、繪だの都々逸だのを書いたものが綴ぢ込んである。この油紙の部分が、即ち針をさして置く所で、錆びぬ爲に、油を紙に引いてある。

嬉遊笑覽或問附錄に「紅梅記」曹悦調《スル》レ婢《ヲ》條、賞《ス》儞《ナンヂ》這《コノ》本書《シヤ》罷《ラバ》也、好《シ》做《セ》二針線帖《ト》一とある。草紙に書いてしまつたならば、あとは針さし帳にせよと、婢に調《をし》へたのであらうか。

西洋の針さし帳(Needle book)は織物、山羊皮、カモシカ皮又は他の材料を、書物の紙片の如くに切つて、これを綴り、表紙を附け、其の各片に針を刺して貯へること、本邦のものと異らず。唯油紙を用ひると、織物、皮類を用ひるとの差があるだけである。

第七章　糸通し

老人の目が衰へて、針に絲を通す能はざるに至つた時に、上の圖の如きものを用ひると、容易に通る。鉛にて製したる簡易なものである。即ち針頭を上より挿入すると、中央の丸い擂鉢の底の樣な處へ丁度よく針が當てはまる。そこへ絲の先を向けて挿しこむと、絲はイヤ應なしに底にある針の穴に嵌り、穴の後まで通

つて仕舞ふのである。

西洋の絲通しは、絲挾みに絲を挾んで、孔を通して引くのである。これをニードルスレッダー(Needle threader)と云ふ。

第七篇　應　　用

第一章　各自の用針の定め方

現今のやうに、多種多様の針を使用する必要は、裁縫上には無い事であつて、人々各自の手に合せた一種の針があれば、何でも縫ひ得るものである。其の長さの定め方は、右手の中指の中節の間に、指貫をはめ、針の頭を指貫に當て、拇指と食指とを伸ばし、針を撮みて、指の頭から、五厘乃至一分まで出る位の長さのものを用ひるがよい。

第二章　針の持ち方

針の持ち方は（甲）先づ右手の中指の中節の間に、指貫をはめ、拇指と食指との頭にて針を撮み、又其の撮みたる食指を、布の右端の裏に、拇指を表に當て、布針共に之を撮み、他の三指を握り、左手の拇指を布の表に、食指を布の裏にし、他の三指を握りて、右手と左手との距離を三四寸にし布を平らに伸ばし、針と布とを持ちたる、右手肱より先を上げ下げしながら、右手の拇指食指を、互に左の方に進め、針を運ぶのである。針を使用する際には、白蠟を置いて、針を其の上に摺りて用ひる事がよいので、昔はよくやつたが、今は多く白蠟をば用ひぬ。元祿の女用訓蒙圖彙には白蠟を畫にかいてある。

（乙）此の他摑《つか》み針と云ふ法がある。之は昔の人が多くした法で、必ず長針にかぎる。右の中指の附け根の所に丸き皿の如き針受けの附いた指貫をはめ、針の頭を指貫に當て、食指と拇指とにて布針共に之を撮み縫ふ事、普通の縫ひ方に同じ。この指貫には、又布片にて作り、針受けも小さい布團の樣に作つたのもある。青森地方、北陸地方、四國、九州の一部にても今尚用ひるものがある。

杓子の形をなした針受け

摑み針の指貫

刺繡の針の持ち方

最初先づ右手の拇指と食指との間に持ちて、之を布地にさす時は、中指と拇指との間に持ち替へる。かくして、豫め枠の下に入れてある、左の手の拇指と食指とで、表から刺し通してよこした針を受け取る。受け取つたならば、更に其の針の頭の方を、又拇指と中指との間に持ちかへ、それと同時に、又裏に刺し出すべき所を、食指で測り定めて、誤らぬやうに刺し出すこと、圖の通りである。

甲

針の正しき持ち方

針の刺し方

乙

昔のつかみ針の法

針のぬき方

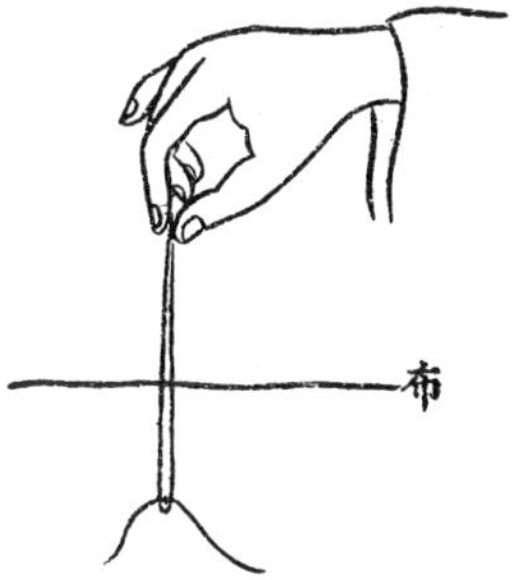

第三章　針の始末及び保存

針は有用なものであるが、又極めて危險なものであるから、落さぬやうにせねばならぬ。又始末の仕方によりては、一本の針がいつまでも保ち、且つ其の方が縫ひよくなるものであるから、注意して銹びさせぬやうにせねばならぬ。些細のものを粗末にせぬことは、經濟上から許りでなく、又道德上からも大切な事である。左に保存上の注意を擧げる。

一、先づ第一に、針の數を多く出して用ひぬ事。多く出すと、どうしても落したり、粗末にしたりする事になる。一本づゝ持つ事にすべしとの說もある位である（陸軍の被服廠では、材料が一定して居る故でもあらうが、一本針を實行して、落ち針を防ぎ得て居る）。

一、針を衿及び帶又は頭髮等に刺してはならぬ。隨分これが爲に落して、怪我の元になり、又は小兒を抱いたり、負つたりする際に、其の顏や身體に刺して怪我させた實例が澤山ある。

一、仕事の初めと終りとに、針の數を數へて、對照し、不足の時は必ず捜し出すこと。

一、待ち針には、頭に紙片木片なとを付けた特殊のものを用ひよ。學校抔では、附いた紙や木に氏名を書かせて置くべし（針頭につけた紙や木に教員の認印を捺してやると云ふ仕方もある）。

一、折れたり、曲つたり、錆びたりして、廢物と成つたものは、一定の入れ物に入れ、散亂せぬやうにすること。

一、針を仕まふ時は、淸潔なる針山（脱脂綿を入れた）、針さし帳（荏油紙で拵へたものがよい）等に、正しく揃へて刺すべし。針筒、針入に仕まふもよし。

一、一旦油を引き、又は油に漬けたものは、使用する時には、必ず十分に拭ひ去るべし。

一、針は極めて拾ひ惡きもので、疊の目、板の合せ目等にはいつたものは、尙更拾ひ得ぬもの故、小さな磁石を買つて置いて、これで吸ひ取るべし。

一、針は上等なもの程錆びを生ぜぬ。下等なものは、包み紙の内に於て、旣に錆びて居るものがある。故に成る可く價高き上等のものを用ひるがよい。

一、日本針は荏油紙に包んであるが、是は多年の經驗上、これを用ひると錆びぬと云ふ事である。西洋針の樣に錫箔に包んで置けば、猶結構である（西洋には錫箔の外に、特殊の紙及び布がある）。

一、包み紙の中から、一本づゝ、入用なだけ出すことにして、不用の分へは、手を觸れぬやうにすべし。手の脂がつくと直きに錆びる。西洋の針筒には一本づゝ出すやうなのがある（針筒の條を見よ）。

一、一旦使用したものは勿論、又單に手に觸れたのみのものでも、よく拭つて、椿油を薄く引いて、又すつかり拭つて置くとよい。

西洋では、磨砂（金剛砂）を布に包んだものを拵へて置いて、使用の前後、これに針を刺して、拭つて置く。さうすると針が錆びぬ。其の形は色々ある。本邦でも出來て居て使用するものがある。

西洋のもの（Emery《エメリー》 Bug《バッグ》）一種（人參の形）

日本の針みがき（矢張り西洋のをまれたものである）

九州の人で、氏名住所は今分らぬが、東京の梢山針店へ來て「お宅の針を九年前に買つて、今日まで使用して居るが、如何にも上等なので、又上京しましたから、買ひに參りました」と云つて、前の針を見せた人があつたさうだ。保存さへよければ、如何に永存するものかが分る。惜しい事には氏名も住所も逸して分らぬ。同一針を丁寧に保存して、三四年位は用ひる人があるさうだが、九年とは珍らしい話である。

更に珍らしいのは、說郛續第四十四、楚龍輔の女紅餘志に「許允婦《ノ》阮氏《グワンシ》有《リ》二古針一、一生用《ヒテ》レ之《ヲ》不《ズ》レ壞《ヤブラ》」とある。是はこの上なしである。

堤西山子著享保十二年丁未出版の世寶傳受囊卷の上に、「針を久しく貯へ置て銹ざる祕法は、胡桃殼《くるみから》を燒て灰にし、其內へ針を入置べし、數年置ても銹出ることなし」とある。

第四章　針の怪我

針に依つて起る損傷の內で、最も多いのは刺し創である。

單純に皮下に刺して、少し出血するやうな創であつたならば、決して心配することなく、其の創口を口で吸つて、其の跡を沃度丁幾《よぢゆむちんき》でも塗布し、絆創膏をはつて置けば、二三日でなほつて仕舞ふ。吸ふことと、沃度丁幾を塗ることをせぬと、針尖に毒があつた時に、皮下に入つて大事を起すことがある。然し深く刺した場合には、殊に注意せねばならぬ。

第一に刺した針が、折れたかどうかを見るが肝要である。これを見るのは、刺さつた針の先を見て、折れた處が、新しければ、刺さつて折れたのであるし、古ければ元から折れて居たのである。針が折れて入つてゐる場合には、手ならば手、足ならば足を、動かさぬやうにする。その爲には副木《うてぎ》をあてゝ、繃帶して、直ちに醫療を受けよ。決して自分で取らうと、いろ〳〵の方法をしてはならぬ。又他人にして貰うても、局所が運動するために、その針は筋肉の運動によつて、刺さつた位置に安定して居ないで、他方に轉移するものである。昔の人がよく言ふことに、「針が足の先に刺さると頭に昇つて出る」といつた。これは卽ち筋肉の運動によつて、針が妙に筋肉の間を通つて、至る處に轉移するものである。外國の或る雑誌に記載してあつたことであるが、廿二歳の婦人が、橈骨の骨折があつたので、或る病院で、X光線をかけて見た處が、三分ばかりの針が入つてゐることがわかつた。よく尋ねて見ると、五年程以前に、掃除の時手掌に針を刺したが、苦痛もなかつたので、それなりにして置いたといふことが知れた。これが偶然の發見で、その時まで何等の障害もなかつたから、良いやうなものの、これが神經に當つたりする時は、異常の障害が起つて來るものである。第二に、針の尖端が刺さつたか、穴のある方が刺さつたかをよく注意せよ。

針の尖端がさゝると、それが筋肉を貫き、骨膜に達し、骨膜炎を起した例もある。又血管に刺さつて、血腫の出來た場合もある。又肘をつく時に、どうしたはずみか、針を尺骨神經に刺して、之を傷つけ、尺骨神經の分布區域の痲痺、及び疼痛を來した例もある。これは稀であらうけれども、とにかくあり得ることである。

穴の方がさゝつた時には、針の穴の內にバクテリヤがよく入つてゐるものであるから、皮下筋肉內等に入つて、たとへ折れなくとも、黴菌を移植するやうなもので、黴菌によつて、例へば化膿菌であれば六時間或は十二時間も經過すると、發赤、腫張、疼痛を覺えて、終に化膿して來る。又稀ではあるが、破傷風にかゝることがある。この病氣にかゝると、助かる人は少い、恐ろしい病氣で、この黴菌は、土壤中に生存して、空氣中に於ては生存出來ない菌であるから、大きい創には傳染しないで、針のやうな細い長い創に、好んで發育するものである。よく徒跣《はだし》で歩いて、刺創のあつた場合に、起ることが屢々ある。然し手にも起り得るのであるから、注意せねばならない。

それから次に起るのは、丹毒である。これも針の先に丹毒菌が附着して、移植することによつて起るものであるから、よく注意すべきである。若し創口が赤くなつて、ズキン／＼して來た時は、手を高くつりあげて置き、なほ局部には、イヒチオールを塗つて、硼酸水で罨法して置く。そして自己療法は、消毒も不完全であるし、様子もわからぬから、醫療を受けるが良い。

若し折れて入つてゐる場合は、必ず動かさずに、前記のやうに副木をあてゝ、直ちに醫療を受けるがよい。大抵の人は、少し針の先が見えるからと、いろ／＼の方法を講じて、却つてだん／＼内に入れて仕舞つて、わからなくなり、醫療を受けるものが、度々ある。これは小なる事を、大きくして仕舞ふことになるから、注意すべき事である。

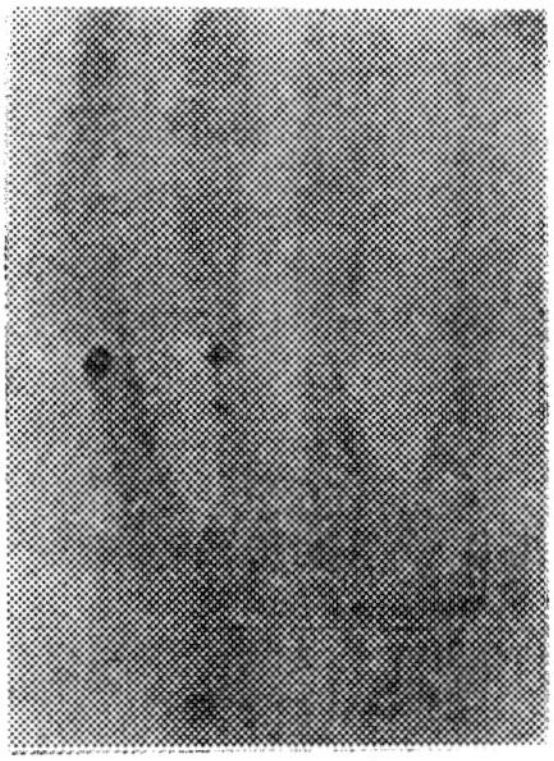

針を飲み込むといふことは、甚だ稀なことで、大抵は咽喉、喉頭、食道で刺さり、止るものであるが、飲み込んだ場合には、甘藷を澤山に食することが、必要である。凡て金屬類を嚥下した時には、甘藷を食すると、其の金屬の周圍を、甘藷が包んで、大便と共に出て來て、腸に障害を來さ

ぬものである（本項は本校々醫吉原君の說による）。

前頁の圖は大正八年九月十一日、本校生徒某が、折れ針を手に刺したる時、本校々醫吉原篷君が、切開手術の前に、レントゲン氏X光線によつて、撮影したるものである。四角に黑い形のあるのは、針が運行して分らないと困るから、最初刺したる傷口に、記號の爲に光線の透過せぬ膏薬を貼付したのである。

百工祕術と云ふ古書に、針を刺したる時は、甘草《かんぞう》をかみてつけろと、よいとある。
又酸棗《さそう》を黑焼にして酒にて飲むべしともある。

昔の針に關する奇談

*兎園小說第一集（*著作堂主人稿）に

「文政四年辛巳の夏、江戸牛込袋町代地なる町人友次郎が妹（名は梅）十四歳奇病あり、このとし五月神田佐久間町の名主源太郎が、この事を官府へ訴へ奉りしうたへぶみの寫を見たり、今その實を傳へん爲に、俗文のまゝ謄錄す、かゝる事は、風聞聆《きゝ》とて、その事實なれば、自寄《みより》の肝煎名主より、町奉行所へ、うたへまうす事なりとぞ、是もそのひとつなるべし。

牛込袋町代地金次郎店友次郎妹

むめ

巳十四才

右友次郎儀者、當巳十七歳罷成り、時之物商賣致候者に而、店借り名前には御坐候得共、內實九歳之節より、奉公致し居、母祖母妹むめの三人暮しにて、平生洗濯物等致し、聊之賃錢を取り、漸取續在候ものに御坐候處、去辰八月中むめ義、下谷小島町藥種屋に而、松屋次助と申者、兼而懇意にいたし、無人之由申候間、右之者方え預け置候處、次助義同十月新右衞門町へ引越し、むめ義も連《つれ》參候處、一體むめ義、持病に癪《しやく》有之候處、新右衞門町に引越候後も、何となく氣分惡敷罷成り、入湯致し候節、手足其外處々腫《はれ》色付候義抔も有之、奇病の樣子に而、次助義藥種渡世致候事故、藥用も致し遣し候得共、同樣に候間、去辰十二月中、宿元引取候處、其砌腕幷に足膝等痛候義も兩度有之、而已《のみ》に而、追ゝ日全快致候に付、先月晦日神田お玉池御用達町人川村久七と申者方え、奉公に指出し候處、兩三日過候得ば、亦又氣分惡敷罷成り、食事も致兼候樣子に付、暇取《いとまとり》、當月九日九時過《つどきすぎ》引取介抱《かいはう》致候處、身內處々頻に痛候旨申し、甚苦み候間、痛候處捺し遣候得共、乳之下皮肉之間に針有之、皮を貫き先出候に付、爪に而引拔遣し候得共、猶又同樣襟より（著作堂原註、襟は猶項といふがごとし）壹本膝より貳本、小用の節陰門より三本、九日十日兩日に出、何れも錆無之、絹縫針に有之、右之趣外科にも爲見候得共、場處惡敷候故、療治致し兼候段申し候間、致方なく其儘差置候得共、いまだ水落之邊に（原註、水落は猶鳩尾といふがごとし）針四五本殘り居候樣子に而、同廿三日朝同所より長さ二寸餘も有之候、木綿仕付針一本錆候儘に而、出候段むめ幷に同人母きん申し候間、右に付何ぞ當り候義も無之候哉に承糺《ただし》候得共、むめ義小島町に罷在候節、次助宅坐敷幷に二階等え小便致し候様子に而、疊より床迄通し、濡有之候義度々御坐候に付、若もむめには無之哉と、疑心を請《うけ》候義も有之、且又新右衛門町え引越候後、夜分むめ臥居候側を、鼬《いたち》駈*あるき、又は同人蒲團之下え這入、夥敷小便致候義、毎度之様に相成り、追々氣分悪敷罷成り候段申し候、全く狐狸之所爲にも可有之哉、專奇病之趣、此節近邊取沙汰仕候に付、取調此段申上候

右最寄組合肝煎　神田佐久間町

名主　源太郎

右の書上げに對して、筆者馬琴は尾さき狐（尾さきの裂けたる狐）の怪を擧げて「件の少女《をとめ》梅が奇病も、鼬にはあらずして、尾さき狐の所爲なるべし」と斷じて居るは、馬琴ほどの學者にしても、當時代相當の解釋を付けたものといふべし。今日其の原因は分明ならざれども、洗濯を業として居た事とて、針は多少扱ひ居たであらう。然るに梅が至極幼少の時に、針山などに觸れて、多分に刺した事もあったかも知れぬ。其の時は泣きもし騒ぎもしたらうが、母祖母は、針の怪我とは知らず、何を泣くか位にて、乳でもやつて、其の場は過ぎ去つて仕まつたものであらう。夫が内部に入つてしまへば、痛みを感ぜぬものである故、内部の筋肉の運動に連れて、各部に回り回りて、所謂奇病を起したものらしい。心すべ

きは針の取扱ひ方である。

> 伴蒿蹊*著、閑田次筆*巻四に
> 小兒絲のつきたる針を、ふとのみたり、いかにともせんかたなきに数珠《じゆず》の珠《たま》をかの絲に、次第につらぬき、夫を力にして、針を引ぬき出せり、是も臨時のはたらきにて、死にも至る痛苦を救へり。

* 兎園小説　二十巻、文政八年乙酉（紀元二四八五）に設立した兎園會員の筆記を編輯したもの。
* 著作堂主人　馬琴。
* 本人が寝小便を鼬にかこつけたのであらう。
* 閑田次筆　四巻、文化二年乙丑（紀元二四六五）の著。
* 伴蒿蹊　近江八幡の人、文化三年丙寅（紀元二四六六）七十四歳で歿した。

第五章　小學校兒童用の針

現今我が國に於ける小學校の裁縫教授を見るに、其の最も主要なる針に就いて、研究されたものが無い爲、大人用の針を、其の儘兒童に使用せしむるから、其の指に適せず、非常に困難を來し、技術の進歩に多大の障碍ある事實を發見したので、著者が、文部省裁縫教授事項取調囑託員として、全國各府縣百三十二校に依賴し、調書を徵し、三萬五千六百八十名の生徒に就いて、統計を作りたるに、其の結果各學年別の平均寸法は實に次の如くである（針の長さを決めるには、別項に記せる如くするがよい）。

學年	（指貫に針頭を當て拇食兩指頭を延ばして計りたる寸法）	學年	（指貫に針頭を當て拇食兩指頭を延ばして計りたる寸法）
尋常科第三學年	八分三厘五毛弱	同　第六學年	九分八厘八毛强
同　第四學年	八分八厘八毛	高等科第一學年	一寸〇分五厘二毛强
同　第五學年	九分四厘三毛强	同　第二學年	一寸一分二厘六毛强

にして、尚針長幾何の生徒が最も多きかを調査したるに

尋常科第三學年 六五五〇名中	三七六名	九分	二〇〇名	七分五厘
	二五〇名	八分	一五四名	八分五厘
	二三六名	七分	一三一名	九分五厘
	二二七名	一寸		
尋常科第四學年	四七九名	九分	一三七名	一寸一分
	三五七名	八分	一一六名	八分五厘

六九〇三名中	三三二名	一寸	九九名	七分五厘
	一六四名	九分五厘		
尋常科第五學年 六七四三名中	四六二名	一寸	二一四名	九分五厘
	三八二名	九分	一九九名	八分五厘
	二二九名	一寸一分	一二四名	八分
尋常科第六學年 六一二四名中	五二六名	一寸	一八四名	一寸一分五厘
	二三六名	九分五厘	一四二名	分
	二二三名	一寸一分		
高等科第一學年 五七〇六名中	三一三名	一寸	一五一名	一寸一分五厘
	三〇二名	一寸一分	一一七名	一寸二分
	二一七名	九分	一一五名	一寸三分
	一五三名	一寸五厘	九四名	九分五厘
高等科第二學年 三六五四名中	二四五名	一寸一分	二一一名	九分
	一四八名	一寸	一一八名	一寸一分五厘
	一四五名	一寸二分		

となる。然るに今日坊間販賣する所の針は、普通最短一寸一分のものにして（一寸一分以下のもの稀

にあり、且つ兒童用のもあるが、普及して居ない。特に長さの如きも、甚だ不正確である）小茶穗、或は三の一、四の一である。卽ち此の最短のものでも、尋常科は勿論、高等科第一學年の兒童用としても、或る兒童には尙長過ぎる。

であるから、前表に照らして見て、八分、九分、一寸の三種を作れば、適當であると信ずる。尙前調査中尋常第三學年に、七分のものが多數あつたから、七分のものを作れば、更に適當である。

第六章　針の代價

針の代價の古今の變遷に就いては、十分に材料が無いので、尙確たる調査の出來ないのが遺憾である。近來得たる大阪上田氏の「*針控帳」には、可なりに詳しく控へてあるが、尙研究を要すべきものがあるので、本篇には之を略して置く。他日機會を得ば發表するであらう。

今僅少なる材料に依つて、擧げて見ると左の通りである。

○細工物略說、針の部にある、近江大津大谷町の、嘉永より明治初年までの針の相場次の如し。

一極上唐針　一本　六文　十本　五十六文
一同大ぶり[illegible]　一本　十二文　十本　百文
一同　ほそ　一本　同　十本　同
一同一ノ八　一本　十文　十本　八十八文
一京溝同平針　一本　十本
一極上印針　一本　十本
一豆代袋掛針　一本　十本

合
針問屋
仲間

製針品類分價一年販賣數價金表

五年區別	嘉永四辛亥年	安政三丙癸年	文久元辛酉年	慶應二丙寅年	明治四辛未年
丸耳十本ニ付	二寸二分代四十六文 一寸七分以下代十六文	二寸二分代五十文 一寸七分以下代二十文	二寸二分代七十文 一寸七分以下代二十八文	二寸二分代七十五文 一寸十分以下代三十文	二寸二分代九十文 一寸七分以下代九十五文
溝針十本ニ付	代三十六文	代四十文	代六十文	代六十五文	代七十文
一年販賣	五百十四萬六千本	四百八十八萬四千本	五百二十萬八千本	四百七十九萬六千本	百八十六萬三千六百本
其價	九千四百七貫六百文	一萬八百四十六貫文	一萬八千四百五十四貫文	一萬六千四百三十三貫文	一萬二千二百七十一貫二百文

○元治元年甲子の春、石川明德と云ふ人が、京都に至り、「京都土産」と云ふ本を書いて居る。その一節に、

「此節大抵本みすや製、角溝の品五本づゝ、長短十品、都合五十本にて代二百四十八文、丸溝之分同代二百文、其以下百四十八文之品も有之趣之處、是は性劣れる由」。

又東京相山氏方に、明治以前の問屋仲間の定價表の版木が現存した。その版木の價格の部分は、時々の變化に依り、箝め換へる樣に、木活版に成つて居るが、惜しい哉、下段の價格の活版が拔けて取れて居る。今前頁にその原版を其の儘刷り込んで參考に供する。今の相場にして、何の位に當るか、確かには分らぬが、年代は可なり古い樣に思はれる。

過般歐洲戰爭の際に、英國製、獨逸製の針が來ぬ頃は、相場が非常に暴騰したが、今は幾分下落して來た。時に高下はあるが、現今（大正十年一月）の代價は、先づ左の通りである。

最上印針	地物（東京）	半疋（二十五本）	金拾錢。
中等印針	同	同	金九錢。
並　印針	同	同	金八錢。
上等唐針	機械製	同	金五錢。
並　唐針	同	同	金四錢。

○溝針は印針と殆ど同様。
○大溝は二寸一本金壹錢、二寸五分一本金壹錢五厘、三寸一本金貳錢。
○研ぎ大針二寸一本金貳錢、二寸五分一本金貳錢五厘、三寸一本金三錢。
○研ぎ針二寸以下二十五本金十五錢。
○夜着綴ぢ針、丸孔角孔共一本金五厘。
○刺繍用本色紙一本金三錢、しべ及び極細の八金二錢、其の他は平均一錢位。
○メリケン白象針(英國製)一本金三錢。
○和製メリケン針一本金壹錢。
ミシン針の代價の沿革は、別項其の針の部にのせてある。

昔は寒針と稱して、寒中に針を買ひ求める習慣があつた。寒中のものは、錆び易からず、すべて保存に堪へるから出た事であらうと思はれる。

＊針控帳 寛政二年前後のもの。

第八篇　雜　載

第一章　針　供　養

昔江戸時代に、針供養といふ事が有つたが、一時殆ど廢絶に歸した。今是を諸學校に於て再興しつゝあるが、實は詳細の事はよく分らぬ。唯概略傳はつて居るだけを、左に記して置く。

先づ針供養を行つた日は、或は二月八日の御書納の日とし、或は十二月八日の御事始の日とし、或は十二月八日と二月八日と兩度行つたやうにも傳へて、判然としない。又御事納御事始といふのも、反對に、十二月八日を御事納、二月八日を御事始とする說もあつて、一定して居ない。

兎に角この日には、女子は（針を使用するものは、仕立屋、足袋屋などは、無論男子も）裁縫の業を休み、針箱の掃除をなし、針さしに立てあるものは、寢かして整然と並べ、絲はぬきとり、針の折れたるを集めて、是を淡島明神に納め、一年中の針の勞苦を犒ひ、報謝の意を表するのである。或は豆腐、蒟蒻などに針をさし、餅や菓子などを供へて色々の儀式がある。各戸門頭には竹の先につけて目笊《めざる》を掲げ、牛蒡、芋、大根、赤小豆など六種を以て汁とし、これを食ふ。俗にいとこ煮と云ふ。これが其の大體であつて、異說が色々ある。而して何時頃始まつたかもよく分らぬ。中には師走の忙しい時なれば、朝だけ一應儀式を行ひ、直ちに取下して使用する向もあつたと云ふ。（本項郁田丹陵畫伯母堂の說話參取）。

淡島明神は神樣であるのに、供養と云ふ佛語を用ひる事も、今日から見れば乙なものだが、其の頃は神佛混淆で、そんな差別は無かつたのである。又淡島明神は紀伊國海草郡（元の名草郡、今海部郡と合す）加太村に在る神社で、延喜式にある加太神社である。もと友島（又伴島とも、古名淡島）に在つたのを、玆に移したものであると云ふ。此の祭神は、古事記伊邪那岐命伊邪那美命の國生みの條に「次生《つぎにうめる》淡島《はしま》。是亦不入子之例」とある淡島であつて、賀太《ノ》潜女《クグノ》の氏神である。延暦の頃には住吉明神の御厨（神領）であつたところから、此の神を住吉明神の妃とする事や、潜女の氏神であるところから、女の守護神たる說が生み出され、或は帶下《こしけ》の病に因つて流され給うたのだから、女の病に祈ると感應愈顯であるなどの俗說も生じた。夫からして婦人が針の供養をするにも、其の守護神たる淡島神社に缺け針を奉納するなどと云ふ儀式も出たものらしい。單に針にのみ關係ある樣には思はれない。

此の神を少彥名命とするは、伯耆國相見郡粟島を同神の舊蹟とする所から、粟島と淡島とを混合し、淡島は少彥名命としたのである。

東京淺草公園の淡島神社は、寬永十九年二月十九日東照宮の燒失した趾に祀つたものであると云ふ。

そこで、この針供養に似た事は、支那にもあつた。宋の龔頤正の芥隠筆記*（明の毛晉の集めた津逮秘書百六の内に收めてある）に、「社日停《ム》二針線《ヲ》一」とあり、又五雑組*巻の二に「唐宋以前《ヨリ》皆《ハ》以《テ》二社日《ヲ》一停《ム》二針線《ヲ》一而不レ知《ラ》三其所《ヲ》二從起《ル》一、余按《ニ》呂公忌《ニ》云、社日《ニハ》男女輟《ルコトヲ》レ業一日、否則《レハ》令《ムト》二人《シテヲ》不一レ聽《ナヲテ》始知《ル》俗傳《ニ》、社日飲《テ》レ酒《ヲ》治《ル》二耳聾《ヲ》一者爲《ハ》レ此《ニノカ》、而停《ル》二針線《ヲ》一者《モ》亦以《ナルコトヲ》レ此也。」とあるなどを見ると、是等が何時の間にか本邦にも傳はり、御事始め、御事終り、女の守護神たる淡島明神などと相混合して出來たものが針供養であらうと思はれる。

社日とは、*月令廣義に「立春後《ノ》五戊《ツチノエヲ》爲《ノ》二春社《ト》一立秋後五戊《ヲ》爲《ス》二秋社《ト》一」とある。即ち立春立秋の日より第五の戊の日に、田の神を祭る日なので、その日には矢張り婦女子は針仕事を休んだのである。

そこで針供養は十二月八日か二月八日かと調べて見ると、貞享四年丁卯（紀元二三四七）の貝原篤信の日本歳時記（巻七）十二月八日の部には竈を祭る事はあれども、御事始の事も針供養の事もない。同書二月八日の部には釋迦佛の誕生日の事があつて、又御事納も針供養の事もない（其の頃にはまだ無いのか、但しは記載に漏れたのか）。

曲亭馬琴*の纂輔、藍亭青藍*增補の俳諧歳事記栞草（孝明天皇の嘉永二年庚戌九月）紀元二五一〇（青藍の自序を載せ、同四年上梓）には

【二月】 事始 針供養 六質汁《むしつじる》 八日〇武江の俗二月八日を事納とし、十二月八日を事始といひて、竹竿の先に

目笊《めざる》をつけて、家々の軒に出し、又牛蒡、芋、大根、赤小豆《あずき》等の六種を煮《に》て汁とし、これを六《む》質汁《しつじる》と名づく、婦人は針の折れたるを集めて、淡島《あはしま》の社へ納め、一日縫針の業を停む、是を針供養と云、其由來いまだ詳ならず、十二月八日を年頭嘉《か》祝《しう》の事はじめとし、二月八日を事納とするは、近世の誤也、冬のこの部事納の條見るべし。

十二月 事納 八日 用捨箱* 無住雜談集*に云、むかしは寺々只一食にて、朝食《あさげ》一度しけり、次第に器量弱くして、非時と名づけて日中に食し、後には山も奈良も三度食す、夕のをば事と山にはいへり、未申の時ばかりに非時して、法師ばら坂本へ下りぬれば、夕方寄合て事と名づけて、我々世事して食すといへり」といふ事を載たり、按ずるに十二月は日の短き頃にて、年の暮は事せはしくなる故に、八日を限り二食となるが、當時の僧家の風俗にして、事納となへ、二月八日は日も漸ながくなれば、八日より三度食するを事始めといひしにはあらずや。

江戸鹿子* 貞享 二月八日事始、十二月八日事納」今の俗二月を事納、十二月を事始とおもふもあるなり、正月の式にかゝはりし事にはあらず云々○金公事をつく／＼にして事納 山店 此外十二月を事をさめといへる證句多し、今日いとこ煮を食す 還魂紙料* 料理物語* 寛永 云、いとこにあづき、牛蒡、豆腐、芋、大根、燒栗、くわゐ、などいれ、中味噌にてよし、かやうにおひ／＼に煮申により、いとこ歟《か》」とあり、追々に煮る、甥々に似る、ことばの通ふを以て從弟似《いとこに》となづけしなるべし○ 月並世話 戸口に箍をつるは、方相の目になぞらへ、邪氣をはらふ事なり云々、一說おことに箍をつるは、丸字のかたち也云々、春のこの部事始の條をかよはし云るべし」。

とあつて、針供養とお事納御事始とは、今日に混合せられて居るが、二月事始 針供養ナ賀汁 八日とあり、十二月事納、八日とあつて、十二月の方には針供養の事が書いて無いから、二月の方かとも見られるが、二月の記事の中を見ると、武江（武州江戸）の俗二月八日を事納とし（此文切れず）十二月八日を事始といひて、竹竿の先に目笊をつけて云々と續け、二月八日にも十二月八日にも、其の事のある樣にも見える、如何にも曖昧な書き方で判然としないが、俳諧の方では、專ら二月八日を針供養として居るとの事である。長翠の句に「如月や若き女の針供養」とあるは、これを證するに足る。

それから無住雜談集に、寺にて夕の食を事といふ事があるが、夫はさうかも知れぬ。然し夫が事始め事納めの起原とは思はれない。この正月の儀式に關する事を、特に年中の一大事として「事」と稱へた事は、天明元年辛丑（紀元二四四一）十二月油幕庵木雁子鵜川庵文の自序ある華實年浪草三餘抄冬の部卷の三に

正月事始《ノコトハジメ》、延喜式官《ニ》大政《ノ》曰凡元日天皇受《ウケタマフ》二皇太子及《ビ》群臣《ノ》朝賀《ヲ》一辨官預《ベンクワンアラカジメ》仰《セテ》二諸司《ニ》一辨《ベンゼス》二備庶事裝束《ヲ》一辨史等行事《ノギヤウジ》、前月十三日、大臣預《メ》點《ジ》二殿上侍從四人、左右各二人、少納言二人、奏賀奏瑞《ソウガソウズヰ》各一人一《ヲ》簡《エラビテ》二堪《フル》レ事者《ヲサシム》一爲レ之四位巳上《ヲ》奏聞《ソウモン》定《ム》レ之云々事見レ式紀事曰《ク》十三日、正月萬事《ノ》之經營始修《テスヲエヲアハ》レ之俗是謂二事始《ト》一正月所《ノル》レ用之物、亦多買《フ》レ之。

とあつて、日は前月十三日で、八日ではないが、事始を十二月にするは由來の久しい事のやうに思はれる。

天保九年戊戌年出版齋藤月岑幸成編纂の東都歳事記には

「二月八日○正月事納め家々笊目籠を竹の先に付て屋上に立る或は事始といふ
十二月八日○正月事始め世俗お事といふ家々笊目籠を竿の先に付て屋上に出す

二月八日の事とし又今日を事納とし二月八日を事始とするは可ならざるよし、惣鹿子名所大全に既にいへり、されど中古よりもかくとなへ來りしにや、芭蕉庵小文庫に載る冬の句に「一兩や相場の替る事納め、嵐井」「身代も籠て知れけり事納、史邦」

とあつて、（針供養の事は無いが）二月を事納め、十二月を事始めとして居る。

還魂紙料に引いた料理物語のいとこ煮の說は、餘りにこぢ付けにて、滑稽である。矢張り「お事煮」で、お事始め、お事納めの日に煮るからである。夫を訛りていとこ、、、としたまでで、別に深い意味は無い。針供養には關係は無いが、序でながら辨じて置く。

淺草觀音の境内にある、淡島神社に就いて、針供養の事を尋れたるに、「久しく中絕して居たものを、近來又始めかけて來ましたが、二月八日のやうです」とて、是又判然しない。同社の傍には六角堂があつて、一ケ年中に參拜者が澤山に奉納する缺け針を、其の中に納める。堂の下には大きな穴でもあるらしく、幾ら入れても支へないと云つて居た。

安永三午年の春、鐵砲和尙と云ふものの著、太平舍銅脈の序ある「針の供養」と云ふ書（五卷）がある。針に關したるものかと、調べて見たるに、地獄の閻魔大王が道樂をして、大王の職を召し放され、娑婆へ追ひこくられて、放浪する樣を、夢物語にした、滑稽的諷刺小說であつて、針供養の事は少しも出てない。

＊芥隱筆記　嘉泰改元劉賁の跋がある。嘉泰は南宋寧宗の時で　土御門天皇建仁元年辛酉（紀元一八六一）に當る。

＊五雜俎　十六卷、明の謝肇淛撰す。天、地、人、物、事の五類を雜記す。肇淛は萬曆二十年（紀元二二五二、後陽成天皇文祿元年）の進士。

＊月令廣義　二十五卷、明の馮應京撰。戴任之を續成す。應京は、又萬曆二十年の進士。

＊曲亭馬琴　瀧澤氏、八犬傳の著者、嘉永元年戊申（紀元二五〇八）八十二歲で歿した。

＊藍亭青藍　俗稱金兵衞、傳詳らかならず。

＊用捨箱　三卷、柳亭種彥著、調度風俗等考證の隨筆、天保十二年辛丑（紀元二五〇一）の作。

＊無住雜談集　無住は鎌倉の禪僧、雜談集は其の著す所。正和元年壬子（紀元一九七二）歿す。八十七歲。

＊江戶鹿子　六册、貞享四年丁卯（紀元二三四七）藤田理兵衞著。

＊還魂紙料　二卷、柳亭種彥の隨筆、文政九年丙戌（紀元二四八六）發行の由。

＊料理物語　一卷、寬永二十年癸未（紀元二三〇三）武州狹山にての寫本の由。

第二章　加賀の針センボ

加賀の金澤藩は、他藩よりも、女子の家庭に於ける仕付け方に就いては、なか〳〵嚴重であつた。特に裁縫の如きは、母親が娘に對して、最もよく仕込んだもので、十四五歳にもなれば、立派に一人前に出來たものである。從つて針に對しての報謝の念と、取扱を粗末にせぬ心と、共に堅く强く、從つて各戸共に針センボと稱する儀式が、毎年十二月八日に、必ず行はれた。卽ち婦女子ある家では、當日針仕事を休み、針山に刺したる針を、悉く絲と共に抜き取り、紙に包んで、針箱に納め、嚴かに床の間に飾り、一日針を使用する事を禁じ、浮糕《うきふ》と稱して、糯米粉にて針、茸環《きつこわ》、茄子等の形狀其の他種々の團子を作り、赤小豆と共に煮て、團子汁となし、お燒と稱する小豆餡を附けたる團子を供へ、一家團欒して、これを飽食する。又富家にては、夜は眞灯《まとぼし》と稱して、二箇の小《こ》土器《がはらけ》を、木臺の上に載せ、油を加へて點燈し、座敷には、主婦の針箱を飾りて、箱の上には、下婢に至るまでの針山を一纏めに据ゑ、側にウキフを盛つた土器を供へる。翌日土器を撤し、殘らず附近の川中に投棄する。仕立職、足袋職などにては、特に嚴重に執行した。夫で今日でも尙同地にも行はるゝは勿論、同藩より各地に赴きて一家を立てつゝあるものも、今尙嚴重に之を行ふものもあるとの事である。

因に此の儀式を加賀にては、針センボと發音する。而して文字には之を針千本と書くと云ふ說と、針歳暮と書くと云ふ說とある。卽ち針に對する歳暮の報謝であると云ふのである。然し同地の傳說には「或る婆が針の過ちから姑に苦しめられて、遂に海へ入つて死に、其の亡靈が針千本と云ふ動物となつて海から擧つた。夫が冬の十二月の初めであつた。それで十二月八日に其の亡靈を慰める爲に供養をするのである」と云ふのである。勿論夫は傳說で事實ではないが、是等から推すと、針歳暮でなく針千本と書くのが適當である。而して儀式の時に澤山の針を集めて供養するから、其の多いのを取つて針千本と云つたまでで、强ひて歳暮の轉訛とするにも及ぶまいと思ふ。

第三章　針神社

京都製針所主小根田氏の說に「神功征韓の後に、彼の地より各種の技術者と共に針工を伴ひ歸り、洛北岩倉村字泰村に居住せしめた。今同村村社八幡宮の末社に針神社として祭られ、製針業者の崇敬する所である。每年十二月八日針供養の日に祭典を行ふ。同社には山林數町歩、田四反歩餘を有する。是皆京都針問屋組合よりの寄進に係るものであると云ふ」とある。根據は未だ確かに調べ得ないが一說として擧げて置く。

又藤井懶齋*の女萬寶操鑑*四十七に「物ぬひ針は神代より起れると聞ゆ、針女と申神は女躰にて、衣服を守り給ふといへり、されば王城に跡をたれましくて、五條の大路に針女の社とて、今に侍る、又祇園の少將井と申奉るも、本地針女にてましします也」とあるが、これも確說ではない。

藤井氏の說に、尾張國神名牒に

○從三位上、針前天神、中島郡○從一位、針繩明神、丹羽郡○從一位、針名天神、愛知郡等がある。

○又備前國御野郡尾治針名眞若比女神社がある。針名神社は天照國照彥天火明櫛玉鏡速日尊の十四世の孫、尾治弟彥連の弟、尾治針名根連を祀ると云ふ。

＊藤井懶齋　筑後の人、京都に入り山崎闇齋に學ぶ。歿年詳らかでない。

＊女萬寶操鑑　一冊、寬政十二年辛酉（紀元二四六一）出版。

第四章　七夕祭

タナバタはタナバタツメ（棚機津女）の略稱で、古事記神代の卷に「阿米那流夜《あめなるや》、游登多那婆多能《おとたなはたの》云々」又古語拾遺*に「令㆔天《ノ》棚機姫神《タナハタヒメヲシテ》織《ラ》㆓神衣《カムミソヲ》㆒」とあり、萬葉集に「棚機津女《たなはたつめ》」とあるのがそれである。然るに支那に、陰曆七月七日の夜、牽牛織女の二星天漢に於て會合すると云ふ古傳說のあるのに附會して、天漢を天之《あめの》安《やす》河、即ち天の川とし、織女星を棚機姫とし、七夕祭をなすに至つたのである。

この祭は、女兒が機杼を始め、手藝の巧みになるやうに乞ひ祈る意よりして、乞《き》香奠《かうでん》ともいひ、本邦にても古くより行はれて居る。

支那にては、唐の*徐堅等撰の*初學記に

「七夕女子以テ二五色ノ縷ヲ一貫キ二金銀針ヲ一献ス二牽牛織女ニ一」

とあり、又

*開元天寶遺事に、

「明皇與二貴妃一、七夕宴レ華清宮ニ一、列ネ二花菓酒饌ヲ于庭ニ一、求ム二恩ヲ于牛女星ニ一」

と見えたが、是より前、晋の周處の風土記に「七月七日、其夜ノ灑拂《サイフツ》シ二於庭露ヲ一施シ二几筵ヲ一、設ケ二酒脯《シユホ》時菓ヲ一、散ズ二香粉ヲ於河鼓（河鼓謂フ二之ヲ牽牛ト一）織女ニ一」とあり、*荊楚歳時記に「七夕、婦人以テ二綵縷《サイロウ》ヲ一、穿チ二七孔針ヲ一、或ハ以テ二金銀鍮石ヲ一爲シレ針ト、陳ネ二瓜果ヲ於庭中ニ一以テ乞フレ巧ヲ」とあるを見ると、前代よりこの事のあることが窺はれる。

*西京雜記に「漢ノ采女（一本常の字がある）以テ二七月七日ノ夜ヲ一、穿チ二七孔針ヲ於開襟樓《カイキンロウ》ニ一（一本樓に作る）今七夕、望ンデレ月ヲ穿ツレ針ニ、以テ二綵縷ヲ一、過グル者ハ爲スレ得ルト巧ヲ之候ト一、其事蓋シ始マル二於漢ヨリ一」とあるから、古くは漢代に始まつたものであらう。

又開元天寶遺事に唐の宮中「七夕妃嬪各執リレ鍼ヲ以テ二五色ノ線ヲ一、向ヒテレ月ニ穿ツレ之ヲ」ことを載せ、宋の劉義恭の啓事には「聖恩賜フ二金銀鍼ト七色ノ絲縷ヲ一」などの事が見え、*元拔庭記には「七夕宮女登リ二九引臺ニ一穿ツ二九孔鍼ヲ一」ことを載せ、永い間の俗をなして居る。

本邦では*年中行事秘抄、乞巧奠《きこうでん》の條に「天平勝寶七年《ノ》勘文《カンモン》云々」とあり、公事根源には此の文に依つたものが、矢張り天平勝寶七年より始まるとしてある。而して延喜式にも「七月七日、織女祭」の事を載せてあるから、既に其の以前からこの祭の行はれたる事が知られる。

*江次第には「西北《ノ》机《ノ》上《エ》挿《ヒ》二金針七、銀針七《ヲ》一、件《ノ》針別《ニ》有《リ》二七孔一、以《テ》二五色《ノ》糸《ヲ》一〇合《セテ》貫《ク》レ之《ヲ》」なども見えて、和漢共この祭には、針は附物であつたが、徳川時代に至りては、祭は存したれども、儀式甚しく變化し、針の事は、古の如く必ず備へたものか、文獻は詳らかでない。

* 古語拾遺　齋部廣成が大同二年丁亥（紀元一四六七）に記錄したもの。
* 徐堅　開元十七年（紀元一三八九）年七十にて歿した人。
* 初學記　三十卷。
* 開元天寶遺事　一卷、五代の王仁裕撰、仁裕は周の顯德三年（紀元一六一六）歿す。
明皇は玄宗、貴妃は楊貴妃。
牛は牽牛、女は織女。
* 荊楚歳事記　一卷、梁の宗懍撰、懍は元帝の時の人。
綵縷　一書に絲樓に作る。

* 西京雜記　六卷、晉の葛洪の著といひ、劉歆の作とも云ふ。
* 元氏掖庭記　元の陶宗儀撰。
* 年中行事祕抄　一卷、永仁の比書き始め嘉曆の頃寫し畢つたと云ふ。
* 公事根源　一卷、一條兼良の撰、應永年中（紀元二〇八三—二〇八四）頃？の書。
* 江次第　江家次第十九卷、大江匡房の撰、匡房は天永二年辛卯（紀元一七七一）七十一歲にて薨ず。

第五章　針に關する俚言格言

〇針の穴から天のぞく「針のみぞから天のぞく」とも、又「みみずから」とも云ふ（傾城色三味線*）針のみみずより天のぞくとは汝が心せは〳〵しと云々……俚言集覽*又「針の穴から天上のぞく」「葭《よし》の髓から天上のぞく」とも云ふ。小智を以て大智を測り、及び難き事をたくむ類をいふ。

莊子*秋水篇に「用《ヒテ》レ管《ヲ》窺《ヒ》レ天《ヲ》、用《ヒテ》レ錐《ヲ》指《ス》レ地《ヲ》也、不《ズ》二亦小《カラ》一乎」說苑に「以《テ》レ管《ヲ》窺《ヒ》レ天《ヲ》、以《テ》レ針《ヲ》刺《ス》レ地《ヲ》、所《ノ》レ窺《フ》者甚大《ニシテ》、所《ノ》レ見《ル》者甚少《シ》」又漢書*、東方朔傳「以《テ》レ莞《ヲ》闚《ヒ》レ天《ヲ》、以《テ》レ蠡《ヲ》測《ル》レ海《ヲ》」など同義、又葡萄牙《ポルトガル》の “To see sky through a funnel”（煙突から天上のぞく）も同義。

○針の筵に居るやう（隋史遺文、水滸傳*）三慶在《リテ》二城中《ニ》一如《シ》レ坐《スルガ》レ針《ニ》……俚言集覧

又「針の筵にすわる」とも云ふ。心苦しくて安坐して居られぬ形容。七修類稿*に「世皆以《テ》二人性《ノ》不《ル》レ堪《ヘ》處《ヲ》一、如《シトシ》レ坐《スルガ》二針毡《ニ》一、不《ズ》レ知《テ》レ出《ツルヲ》、晉武帝《ノ》太子舎人《ノ》杜錫、亮直忠《ニシテ》烈《ナリ》、太子惡《ミ》レ之《ヲ》、置《キ》二針《ヲ》於錫《ガ》坐毡中《ニ》一、刺《シ》レ之《ヲ》血流《ル》、遂《ニ》有《リ》二此言《ノ》一」

○針は小さくても呑まれぬ（和漢古諺*、和歌民のかまど*）……俚言集覧

小さいが侮り難いと云ふ意味。「山椒は小粒でも辛い」などと同義。

○針は包まれず　これも前と同義。

○針で地をさすやう。

功のない喩へ。說苑に「以《テ》レ針《ヲ》刺《ス》レ地《ヲ》」

○針取るものは車取る

小惡を謹まずに行ふものは、必ず大惡をも犯すものであるとの義。梅園叢書*に「諺にも『針取るものは車を取る』といへり、色に耽り博奕を好める人を見るに、十に九、此失なきはなし」

○針にて見ゆる子はいみじき孝の子なり。

皇朝古諺に「空穗物語俊蔭の巻に見ゆ、是は夢に見ゆるなり、夢見草合せ考ふべし」とある由。

○針ほどの穴から棒ほどの風がくる。

又「針の穴から棒のやうな風が通る」とも云ふ。隙間より入り來る風の特に寒い事を云ふ。

〇針ほどの事を棒ほどにいふ(和漢古諺、毛吹草)針を棒にとりなす(吾吟我集*)手のきかぬ女子の親のせつかんは針を棒にやとりなすらん。又「針小棒大」「針程の事を柱程」などともいふ。事實を大袈裟に云ふ事。甲陽軍鑑*巻三に「不賢は必ず針ほどの事を柱ほどに申すものなれば」とある。又同書巻十二に「上方武士は歩《かち》の頭を一つ取つては、侍の頸を十も取つたやうに、針などの事を棒ほどに過言を申すと、山本勘助が話を聞き候ごとく有べき也云々」とあり、毛吹草に「針を棒に云ひや成さまし松の雪 弘永」川柳に「事ふれが長屋の針を棒にする」などとある。羅典の諺に

"To give weight to smoke"(煙に重さを附ける)伊太利の諺に To make mountains out of mole-hills"(鼴鼠《もぐら》の押し出した土を山にする)又"To make an elephant of a fly"(蠅を象にする)など も同義。

〇眞綿に針をつゝむやう　唐順之楊教師鎗《ノ》歌、目上中肩猶自《ラ》晒《ワラマ》綿中裹《ム》鐵《ヲ》那《タレカ》能《ク》見《ン》〇綿に針を包むとも云、和部に收(風流女大名丹前能)まわたにはり……俚言集覧

〇綿に針を裹《つつむ》(和漢古諺、世話盡*)眞綿に針とも云(毛吹草)綿に針を包むこゝろ(小町踊*冬雪)綿に針を包む心歟雪の松 正道 [増] 孟郊詩云、結二口頭交一、肚裏生二荊棘一。……俚言集覧

野語述説*、前編の五に「愚曰《ク》、小人之交《リハ》、外《ハ》以《テ》假《リ》二重厚篤實之綿《ワ》一、内《ハ》以《テ》裹《ツヽム》二寇賊姦宄之鍼《ヲ》一」

○針の尖《さき》で桝の隅をせゝるやう
楊枝で重箱をほじると同義。
○針あらざれば絲を引かず、水無ければ舟を渡さず
○針を粗末にすると針地獄へ落ちる
針を粗末にせぬための誡めである。
○袖は針妙の半仕事
袖を縫ふことは、一枚の衣物を仕立てる内の半分の仕事であるとの義。
○針を立つる所もない　又針を立てる席もない錐をたてる所もないと同じく、少しの隙間もない義
○針を足の裏にたてると頭に上る
針は體内に入ると、筋肉の運動に従つて運行し、遂に頭の上まで登るとの事。
○針を倉に積んでもたまるまい。又「……積んでも足らぬ」
針を倉に積むとは、數の非常に多い事、贅澤を盡すと、針を倉に積んだ程の數あるものも、遂にはなくなるといふ事。*日本永代藏「分際に過ぎたる付合《つきあひ》、傾城狂ひ、野郎遊び、尻を結ばぬ絲の如く、針を藏に積んでもたまらぬ内證」傾城氣質《かたぎ》「針を倉に積んでも足らぬといふは、さりとは大たはけの旗頭なり」

○針と大名は遠くから光る　又「……遠目に知れる」とも云ふ。

これは昔の大名が御伴揃ひで遠くから、威光を光らせて來る有樣と、針の遠くから光つて見えるのとを譬へたもの。

○馬太傳十九章二十四節

富者《とめるもの》の神の國に入《いる》よりは駱駝《らくだ》の針の孔《あな》を穿《とほる》は却て易し。

It is easier for a camel to go through a needle's eye, than for a rich man to enter into the kingdom of God.—Mathew, XIX, 24.

＊傾城色三味線　未見。

＊俚言集覽　三十六册、村田了阿輯、了阿は天保十年癸卯（紀元二五〇三）七十二歳にて死す。

＊莊子　八卷、周の莊周撰、周は梁の惠王齊の宣王と同時の人と云ふ。

＊漢書　百二十卷、後漢の班固の撰。

＊隋史遺文　未見。

＊水滸傳　馬琴の八犬傳は、これを模せしといはるゝ有名な百八卷の小說、羅貫中の作。

＊和漢古諺　二卷、貝原篤信撰、寶永三年丙戌（紀元二三六六）成る。

＊和歌民のかまど　享保十一年丙午（紀元二三八六）佐々邊靑人の著といふ。原本今見當らず。

＊七修類稿　未見。藤井乙男氏の辭典に依る。

＊梅園叢書　三卷、三浦安貞著、天明元年辛丑（紀元二四四一）の序がある。

＊甲陽軍鑑　二十卷、高坂昌信撰、昌信は天正二年戊寅（紀元二二三八）歿した人。

＊吾吟我集　慶安二年巳丑（紀元二三〇九）石田未得の著。

＊世話盡　五卷、僧皆虚撰、承應三年甲午（紀元二三一四）の作。

＊毛吹草　五册、正保二年乙酉（紀元二三〇五）松江雜舟編。

＊小町踊　六册、野々口立圃の俳諧集、寛文五年乙巳（紀元二三二五）編。

＊野語述説　十三卷、松井壺峰（名は精）著、貞享元年甲子（紀元二三四四）の序あり。

＊日本永代藏　六卷、井原西鶴の著、貞享五年戊辰（紀元二三四八）出版。

第六章　針に關する和歌

○針者《はりは》有杼《あれど》、妹之《いもが》無者《なけれは》、將著《つけめ》哉《や》跡《と》、吾乎《あれを》令煩《なやまし》、絶紉之緒《たゆるひもがを》。

萬葉集卷の十二の中にある、寄レ針《スルニ》歌である。これは旅などにあつて、よみたるものであらう。その意は、針は有れども、妹が居ないから、つけることが出來まいと、我をなぶつて惱ますやうに、紐の緒が絶えることである。

○久《く》佐《さ》麻《ま》久《く》良《ら》、多《た》比《び》乃《の》麻《ま》流《る》禰《ね》乃《の》、比《ひ》毛《も》多《た》要《え》婆《は》、安《あ》我《が》弖《て》等《と》都《つ》氣《け》呂《ろ》、許《こ》禮《れ》乃《の》波《は》流《る》母《も》志《し》。

萬葉集卷の廿の中にある武藏國橘樹郡上丁《かみつよぼろ》物部眞根が妻椋椅部弟女《くらはしべのをとめ》の歌である。波《は》流《る》母《も》志《し》は針持ちである。久佐麻久良は旅の枕詞。旅の獨寢に若し衣の紐が絶えたならば、我が手にて附けると思つて、此の針を持つて、お付けなされと云つて、防人の妻が、夫に針を寄せた歌である。

○吾《わが》背《せ》子《こ》之《が》、盖《け》世《せ》流《る》衣之《ころもの》、針目《はりめ》不落《おちず》、入《けり》爾《に》家《け》良《ら》之《し》(奈)《な》我情副《わがこころさへ》。

萬葉集卷の四の上にある、阿倍女郎《あべのいらつめ》の歌で、我が背子《せこ》は中臣東人をさすのであらう。歌の意は、我が夫の君が著給へる衣の、繁き針目ごとに漏れずに、我が心までが入つてあるらしいナ、されば身こそ此の方にあれども、心はいつも君が傍を放れずに、寄り添ひてあるといふのである。

○七十一番職人盡歌合。

寄《スルニ》レ月戀

情なき人に心をつくし針ミヅからなどか思ひそめけむ。

○東*北院職人歌合。

寄《スルニ》レ月戀

うり殘すわが數針を撒き捨てゝ拾ふばかりに澄める月かな。

○赤染衞門集第二。

播磨より來る人の針をおこせていひたる

山*をくる人も昔は有るものを小さき針と思はざらなん。

かへし

雲井より下せるいともすげつへし海の底なる針を得つれば。

（第三篇針の各部の名稱の部に引いた提謂經《ゝゝいきやう》、寶物集等の語を參照せられよ）

丹波守なくなりて云々其の比針を人のよければやるなりといひたりしに

悪し善しの針目も分かず今は唯藤*の衣は綴ぢてこそ著れ。

○凡河内躬恒

唐衣縫ふはり川の青柳の糸よりかかる春は來にけり。

○藤井懶齋、女萬寶操鑑四十七。

爰に中ごろ、都西野の片里に、常盤と云所あり、是に夫婦の人すみけるが、ひとりの娘をもてり、かたちえんなる事、立ならぶ人なし、身もいやしからざれば、やんごとなき方にめされて、親をなむはごくめり、或時かれが母、こゝち四五日なやましくて、氣すでにたえにけり、むすめ歎く事、もとよりいふべきにあらず、父もあはれにおもひて、それより憂き世の業をすてゝ、後世のいとなみにかたぶきけり、おけくれ佛の御名をとなへて、うちくらしけるが、やう〳〵秋もすゑになりて、ふく北風も、身にしみわたる比ほひにも成しかば、京なるむすめ、父が事をおもひいでて、ふすまをとゝのへつかはすとてよめる。

おもひやる夜さむかなしなたらちねのあさてこぶすま針にまかせて。

となむいひおくりければ、親かへし

我窓にあたる北かぜこよひより身にはしまじなあさてこぶすま。

とよみてけるを、娘みてうちなきけるとなん。

＊東北院職人歌合　又建保職人歌合、一巻、順徳天皇の建保二年甲戌（紀元一八七四）東北院に會合したる人人職人十二番歌合である。

＊異本に「山を」は「山へ」「有るもの」は「有りける」「針目も」は「針目は」に作る。

＊藤の衣は喪服。

第七章　俳句

○冬の夜や針失うて恐ろしき　　梅＊室

○如月や若き女の針供養　長翠

○月花の愚に針立てん寒の入り　芭蕉

脇句　やや春近き市の人聲　同人某

＊梅室は天保頃の人。

第八章　國文

○枕草子四の十六

誰も〳〵見つれど、いとかく縫ひたる糸針目までやは見とほしつる。

○枕草子五の十三＊

ねたき物　頓のもの縫ふに縫ひ果てつと思ひて、針を抜きたれば、早う尻を結ばざりけり、又かへさまに縫ひたるもいとねたし。

（國文中に針の詞あるもの甚だ多かるべきも、今は略して一二を擧げ置く）

古書に折々見る針目衣とは襤褸の事である

* 枕草子　十二卷、淸少納言の作、淸少納言は一條天皇の皇后に仕へた有名なる女流文學者。

第九章　詩　賦

○南華謝美人、針《ノ》詩

同心欲《シ》レ製《セント》レ錦《ヲ》、歳月好《ク》磨礲《ス》、眼中如《モシ》レ得《バ》レ線《ヲ》、燈下敢《チ》辭《センヤ》レ縫《ヲ》……說郛續第四十四、宋、楚龍輔の女紅餘志。

○楚《ノ》*荀況、鍼賦《ノ》

有《リ》レ物二於此《ココニ》一、生《ジ》二於山阜《ヨリ》一、處《ル》二於室堂《ニ》一、無《ク》レ知無《キモ》レ功、善治《ム》二衣裳《ヲ》一、不レ盜《ヌスマ》不レ竊《ヌスマ》、穿窬《シテ》而行《ク》、日夜合離、以《テ》成《ス》二文章《ヲ》一、已《エ》能《ク》合從、又善《ク》連－橫、下《ハ》覆《ヒ》二百姓《ヲ》一、上《ハ》飾《ル》二帝王《ヲ》一。

○漢《ノ》*曹大家、鍼縷賦《ノ》

鎔《シ》二秋金之剛精《ヲ》一、形微妙《ニシテ》而直端、性通遠《ニシテ》而漸進《ム》、博《タシテ》二庶物《ニ》一而一貫《ス》、惟鍼－縷之列《スルヲ》レ迹、信廣博《ニシテ》而無レ原、退《イテ》逶迤通《ニシテ》以補《フ》レ過《チヲ》、似《タリ》二素絲之羔羊《ニ》一、何斗－筲之足《レラン》レ算《スルニ》、咸《ミナ》勒《シテ》レ石《ニ》而升レ堂《センニ》。

* 荀況　元趙人荀子二十卷を著す。

* 曹大家　女論語を著した人。

第十章　[illegible]　書

○左傳*（成公二年）

楚侵《シテ》及《ブ》二陽橋《ニ》一、孟孫請《フ》往《キテ》賂《フニ》レ之《ニ》以《テセンコトヲ》二執斲・執鍼・織紝皆百人《ヲ》一。……執鍼は女工である。

○管子*

先《ニシ》レ鍼《ヲ》而後《ニスレバ》レ縷《ヲ》可《シ》二以《テ》成《ス》一レ帷《ヲ》、先《ニシ》レ縷《ヲ》而後《ニスレバ》レ鍼《ヲ》不レ可《カラ》二以《テ》成《ス》一レ衣《ヲ》、鍼《ハ》成《シ》レ幕《ヲ》蔂《ハ》成《ス》レ城《ヲ》。

○荀子*

亡《フ》レ鍼《ヲ》者、終日求《メテ》レ之《ヲ》而不レ得、其得《ルハ》レ之《ヲ》非《ル》二目益明《カナルニ》一也、眸《ヒトミエテ》而見《レハ》レ之也。

○抱朴子《はうぼくし》*

彈《スルニハ》レ鳥《ヲ》則千金《モ》不《ズ》レ及《バ》二丸泥《ニ》一、縫緝《ハ》則長劍《モ》不《ズ》レ及《バ》二數分之鍼《ニ》一。

○拾遺記*

呉主趙夫人、嘗《テ》刺繡《ニテ》作《リ》二列國《ノ》圖《ヲ》方帛之上《ニ》一、寫《スニ》以《テス》二五岳河海行陣之形《ヲ》一、既《ニ》成《リテ》乃進《ム》二於呉主《ニ》一、時人謂《ヘリ》二之《ヲ》鍼絶《ト》一焉。……鍼絶は針仕事の絶妙なる人の義。

○晉書*

姚興以二妓女十人一、逼二鳩摩羅什一受レ之、諸僧多二欲レ效レ之者一、羅什聚レ鍼盈レ鉢謂二諸僧一曰、若能見レ效レ食レ此者、乃可レ畜レ室、因擧レ七進レ鍼、與二常食一不レ別、群僧愧服乃止。

唐馮翊、桂苑*叢談

鄭侃女采娘、七夕祈二子織女一、夜夢織女遺二一金鍼一長寸餘、綴二于紙上一置二裙帶中一、令二三日勿レ語、汝當奇巧一、不レ爾化成二男子一、經二一日一告二其母一、母啓視レ之、鍼迹猶在已空紙矣、采娘尋卒、母逾レ時生二男子一乃後身也。

○*大唐西域記卷の一〇

城南不レ遠、有二故伽藍一、傍有二窣堵波一、無憂王之所レ建也、昔者、如來曾於二此處一、現二大神通一、摧二伏外道一、後龍猛菩薩止二此伽藍一、時此國王號二娑多訶一、唐言二引正一、珍二敬龍猛一、周二衞門廬一、時提婆菩薩自二執師子國一、來求二論議一、謂二門者一曰、幸爲二通謁一、時門者遂爲入白焉、龍猛雅知二其名一、盛二滿鉢水一、命二弟子一曰、汝持二是水一、示二彼提婆一、提婆見レ水、默而投レ針、弟子持レ鉢懷レ疑而返、龍猛曰、彼何辭乎、對曰、默無レ所レ說、但投二針於水一而已、龍猛曰、智矣哉、若人也、知レ幾其神、察レ微亞レ聖、盛德若レ此、宜二速命入一、對曰、何謂也、無言妙辨、斯之是歟、曰、夫水也者、隨レ器方圓、逐レ物淸濁、彌漫無レ間、澄湛莫レ測、滿而示レ之、比二我學之智周一也、彼乃投レ針、遂窮二其極一、此非二常人一、宜二速召進一。

○王子年拾遺記巻の七

靈芸未《ダ》レ至《ラ》二京師《ニ》一十里、帝乘《リ》二雕玉之輦《ニ》一、以《テ》望《ム》二車徒之盛《ヲ》一、嗟《イテ》曰《ク》、昔者言《フ》朝《ニ》爲《リ》二行雲《ト》一、暮《ニ》爲《ル》二行雨《ト》一、今非《ズ》レ雲《ニ》非《ズ》レ雨《ニ》非《ズ》レ朝《ニ》非《ズ》レ暮《ニ》、改《メテ》二靈芸之名《ヲ》一曰《フ》二夜來《ト》一、入《ル》レ宮《ニ》後、居《シム》三寵愛《ヲ》一、外國獻《ズ》二火珠龍鸞《ラン》之釵《カンザシヲ》一、帝曰《ク》、明珠翡《ヒ》翠《スキモ》尚不レ能《ハ》レ勝《ル》、況乎龍鸞之重《ヲヤト》、乃《チ》止《メテ》不レ進《メ》、夜來妙《ナリ》二於鍼工《ニ》一、雖《モ》レ處《ヲルト》二於深帷之內《ニ》一、不レ用《ヒ》二燈燭之光《ヲ》一、裁製立《ロニ》成《ル》、非《ズンバ》二夜來《ノ》縫製《ニ》一、帝則《チ》不レ服《セ》、宮中號《シテ》爲《ス》二鍼神《ト》一也。」……鍼神は、針仕事の神の如き名人。

○松滋、潘游龍、笑禪錄

一人途中《ニ》肚饑《ハラウヱテ》至《リ》二一家《ニ》一、誑《タブラカシテ》飯《ヲ》喫《セントシテ》曰《ク》、我《レ》能《ク》補《フ》二破針鼻子《ヤブレバリノメドヲ》一、但要《スト》二些《スコシノ》飯《ヲ》喫《ハンコトヲ》一、其家即《チ》與《ヘ》二之《ニ》飯《ヲ》一、遍《アク》尋《ネ》二出《シ》許多《アマタノ》破鼻子針《メドカケバリヲ》一來《ル》、喫《シ》レ飯《ヲ》畢《リテ》請《ヘバ》レ補《ハント》レ之《ヲ》、其人《ノ》曰《ク》、拿《トリ》二那邊針鼻子《アチラノハリノメドヲ》一來《レ》。

一人が途中で空腹に成つて、或る家に至り、誑かして、飯を喫はんとして、我は破れた針のメドを補ふ事が出來るが、少々飯を喫はなくては出來ぬと云つた。其の家で即ち之に飯を與へ、家内中を尋ねて、數多のメド缺け針を見付け出した。其の人が飯を喫つて仕まつたので、針を直してくれと賴んだれば、其の人の云ふには、あちらから、針のメドを持つてお出でなきい（夫をメドのかけた針へ繼いで上げるの意）。

○愈愚隨筆巻の八

（十）鐵杵作レ碱《ハリニ》　劉氏鴻書

錦*繡萬花谷書名ニ云、昔李白書ヲ象宜山中ニ讀ム、未レ成シテ棄去ル、小溪ヲ過グルトキ、老媼方ニ鐵杵ヲ磨スルニ逢ヒテ問レ之、答曰、碱ト作サント欲スト、太白其ノ意ヲ感ジテ、還リテ業ヲ卒フ、媼自言、姓ハ武ト、今溪ノ傍ニ有二武氏巖一。

＊左傳　春秋左氏傳三十卷、孔子の春秋に弟子の左丘明が傳したるもの。

＊管子　二十四卷、齊人管夷吾の撰。

＊荀子　二十卷、趙の荀卿名は況の著す所。

＊抱朴子　晉の葛洪撰、洪は抱朴子と號す、依つて其の書に名づく。

＊拾遺記　十卷、秦の王嘉の撰。

＊晉書　百三十卷、唐の房玄齡等勅を奉じて撰んだもの。

＊桂苑叢書　未見、淵鑑類函に依る。

＊大唐西域記　十二卷、唐の玄奘三藏が印度の紀行である。玄奘は麟德元年（紀元一三二四）年六十五で寂した

＊錦綉萬花谷　題名に……文林廣記とあり、萬曆丁未の序あり、唐士登の編、熊大木の集成、本文見當らず。

第十一章　針を名に冠する植物

針桐　山に生ずる、白桐《きり》のやうで大きく、幹枝に刺《とげ》が多い。大木となれば、膚、瘤のやうである。葉

は七尖、或は九尖で、鋸齒がある。カヘデ、又トチノキの葉の形で一尺許り、背に褐毛があり、材は堅く白い。一名シホヂ、本草啓蒙*には、イヌダラ、紀伊にてはオホダラ、大和にてホウダラ、安藝にてタラ、救荒本草*には刺楸。

針茸《たけ》　又鹿茸、菌《きのこ》の名。傘を張りて生ずる、白くて毛刺がある。ウシノシタ、蜀格。

針茄《はりなすび》　又本草には曼陀《まんだ》羅《ら》華《け》と云ふ。草の名。春、莖を生ずる。形狀、茄子に似て高さ二三尺、葉に刺なく、綠色で互生する。夏秋の間、梢葉の間に白花を開く。形、アサガホに似て長大、伊豫の方言にて朝鮮アサガホの名もある。果實は桃形にして、大きさ一寸許り、刺がある。

此の花葉を食へば狂亂する。故にキチガヒナスビの名もある。然れども毒氣盡きると、自然に癒ゆるから、痲藥に用ひる。又煙草の代りとして、喘息を治する。

＊本草綱目啓蒙　四十八卷、小野職博の著、享和二年壬戌（紀元二四六二）の序がある。

＊救荒本草　明人周定王の著、救荒本學啓蒙（四卷）は小野職孝の著、天保十三年壬寅（紀元二五〇二）版行。

第十二章　針を名に冠する動物

針千本　魚の名。長さ二三寸、形、球の如くで、腮無く、背黑く、腹白い。全身に鋭い刺を生ず。北海の產である。佐渡にてはハリセンボウ、筑前にてはミノカケブク、石見にては八*日ブクといひ、本草啓蒙には魚虎とある。其の刺の短く少きを針河豚《はりふぐ》と云ふ。

針鼠　古名クサブ、今又ハリネズミ。獸の名。朝鮮、支那及び歐羅巴に產する。體肥えて、五寸から一尺許りに至る。頭、脚、尾共に小さくして、全身に刺《はり》がある。只腹は毛のみである。刺は空管で、長さ三四分、粗くて尖り、黑と白とあつて、半透明である。物に襲はれると、圓く縮みて、栗毬《くりのいが》の如く、林に棲み、晝伏し、夜出でて、蟲、果などを食とする。蝟、猬とも書く。

針魚《はりいを》　又サヨリ。海魚の名。形キスに似て、長きこと一尺餘、身圓く、頭小く、眼大きい。上喙短く尖つて劍のやうである。下喙は長く黑くて、鐵針の如く、端に赤みあり、鱗極めて細かく、色は淡蒼《うすあを》で、肉は潔白である。春を節とし、膾として佳味である。上方にてサンマ、字は鱵とかく。

＊八日ブクとは二月及び十二月の八日の針供養に關係あるらしい。

第十三章　針を名に冠する地名

○針曾根《はりがそね》　新潟縣西蒲原郡小吉村、月潟の西北に隣る大字（北越雜記に收むる所と云ふ）榛《はり》が曾根であらう。

○針買原《はりかひばら》　武藏國大里郡本鄕村の大字に針谷《はりがや》と云ふがある。櫛引野の西偏にして、針買原《はりかひはら》の名がある。古戰場である。針谷《はりがや》は地方の音にて「ハリガエ」と發音し、針買と區別が無いから、同じものを二樣に書いたもので榛《はり》の生えた谷であつて、針に關係はないものらしい。

○針別所村《はりがべつしよ》　大和國山邊郡にある。針ケ別所、狄、小倉、馬場、上深川、下深川の六大字を含む。今の針ケ別所は、古く針莊といつた處であらう。*長門本平家物語に云ふ「興福寺領針ケ庄と云所あり云々」名の起原詳らかならぬ。

○針谷《はりがや》　針買原を見よ。

○針谷《はりがや》　武藏國北足立郡木崎村の一大字である。大宮と浦和との間、語原は榛谷《はりがや》の義であらう。

○針木峠《はりき》　越中國中新川郡更更越《さらさらごえ》の山中にある。小蔦谷より立山山脈を越え、黑部川の溪谷を横斷し、針木峠を登り、信州北安曇《あづみ》郡仁科に出る道を、更々越といふ。これも針木は、榛木《はりき》であらう。

○針崎又鍼崎　三河國岡崎市の內、永祿六年一向宗（本願寺派）此地勝萬（鬘とも）寺に據つて、家康に叛いた事が*三河物語にある。

○針原村　越中國上新川郡、三上、野中、野中新、針原中、宮、宮成、町袋、宮條、楠木、下飯野、高島、道正、小西の諸大字を含む。近世は針原鄉と云ふ。矢張り榛原《はりはら》（或は萩原《はりはら》）の義であらう。

○針原　遠江國榛原《はりはら》郡を、古訓にては波里波良とす。又*元亨釋書には「遠江國針原」とある。矢張り榛木《はりのき》のある原の義。

○針生《はりふ》　岩代國南會津郡、高野組諸村の郷名であつた。仙臺藩の葦名氏は、針生とも稱する、伊達世臣家譜に「針生庄」が載せてあると云ふ。矢張り榛生《はりふ》の義であらう。

○針間　播磨の古名、播磨の國名が、針の産地より起つたとするは、取るに足らぬ。全く榛間の義であることは、別項に述べた通りで、針の字は假りたまでで、何等の意味も無い。

○針道村　岩代國安達郡、古館辨と云ふ書に「針道の館は、針道源吾住す」とある由。

○針村　越後國中頸城郡板倉村の首里《おやむら》、北國治亂記に、天文年中荒川針の名があると云ふ。

○針尾島　肥前國東彼杵《そのぎ》郡に屬し、大村灣の西北にある。南北約二里、東西約一里。今崎針尾江上《えがみ》の二村に分つ。針尾瀬戸は其の南西にあつて、潮流急激の海峡である。地名の起原は詳らかでない。

○磨針嶺《すりはりたうげ》　近江國坂田郡南箕浦村に屬する。山上に番場驛がある。山南は鳥居本村、山北は醒井村、鐵道今嶺の西麓を繞る。米原《まへはら》は山下の驛である。

*一條兼良公の*藤河記に云ふ「すりはり峠を南へ下るとて、右にかへりみれば筑夫《ちくふ》島など、かすかにみえて、遠望まなこをこらす云々。

たびごろも、ほころびぬれやすり針の、峠にきても、ぬふ人のなき。

謡曲東國下に云ふ「まだ通路《かよひぢ》もあさぢふの、小野の宿より見渡せば、斧斤磨きしすり針や云々」

○針水港　琉球宮古島の西北部。又漲水《はりみづ》灣とも云ふ。

＊長門平家物語　平家物語十二卷、信濃前司行長の作と云ふ長門本は長門の國阿彌陀寺にある異本。

＊三河物語　三卷、有名な大久保彥左衛門忠教の撰。

＊元亨釋書　三十卷、僧師錬撰。元亨二年壬戌（紀元一九八二）成る。

＊一條兼良　後花園天皇の時の關白職、文明十三年辛丑（紀元二一四一）年八十にて歿した人。

＊藤川記　一卷、兼良の美濃の紀行である。

第十四章　針に關する遊戲

針打ち

＊小宮山昌秀、＊諼草小言一の四十八丁に曰く

「杜詩ニ「老妻畫イテレ紙ニ爲シ二棊局ト一、稚子敲イテレ針ヲ作ス二釣鉤ヲ一」ト、今小兒ノ針打又針博奕トテ戲ル丶モノナリ、古ルクヨリアルコトナリ、予ガ少年ノ時、正月ノ戲ナリシガ、近頃ハ多ク見ズ、コノ詩ニ作ス二釣鉤ヲ一トアルヲミレバ、彼方ニテモ針ニ附テ、紙ノ上リタルヲ得タリトスルコト、此方ニ同ジトミエタ

り」

とあるが、長崎歳時記にも、此の事があると云ふが、如何なる仕方か、今は詳細には分らない。

浮花

宛署雑記《ニ》、燕都女子《ノ》、七月七日、以二盌水《チワンスヰヲ》一暴《サラシ》二日下一《ニ》、各《ミ》自《ヲ》投《ジテ》二小針一《ヲ》浮《ベ》二之《ヲ》水面一《ニ》視《レバ》二水底一《ヲ》、日影或《ハ》散《ジテ》如《ク》レ花《ノ》、動《イテ》如レ雲《ノ》、細《クシテ》如《ク》レ桷《タルキノ》如レ椎《シツチノ》、以《テ》卜《ス》二女之巧一《ヲ》

＊謾草小言　小宮山昌秀の隨筆。

＊小宮山昌秀　水戸の學者、天保十一年庚子（紀元二五〇〇）七十五にて歿した。

昭和十九年十月二十九日　初版印刷
昭和十九年十一月三日　初版發行
（五、〇〇〇部）

日本出版會承認
い350207號
（111040・山雅房）

日本縫針考

定價（停）二圓五〇錢
特別行爲税相當額　二〇錢
合計二圓七〇錢

著者　渡邊滋

發行者　東京都芝區新橋四丁目四六番地　山形始

印刷者　東京都神田區小川町二丁目四番地　矢部富三

配給元　東京都神田區淡路町二丁目九番地　日本出版配給株式會社

發行所　東京都芝區新橋四丁目四六番地
文松堂出版株式會社
會員番號　一一〇〇七二
電話芝　四七八三・四八一二

（東京 933）　三松堂印刷所印刷　中正堂製本

著者は　東京都渡邊女學校長

第1巻 解 説

増田美子

日本人の衣文化史を概観する際、海外文化の影響を見逃すことは出来ない。中でも特に大きな影響を受けたのが、古代における中国の唐文化と近代における欧米文化である。

七世紀から八世紀にかけての我が国は、為政者の指導の下に服装の唐風化が目指された。強大国である唐王朝に倣って服装制度を整え、服飾の文明開化が推進された。これと同様のことは近代にもみられ、欧米列強諸国と肩を並べるべく、明治新政府は急速な欧風化政策を進めた。この流れの中で、我が国の文明開化を誇示する手段として重視されたものに、服装の洋装化がある。

軍服や警察官・官吏の制服等、洋装化が政府主導でなされていった。また、明治四年（一八七一）の「散髪脱刀令」以降、一般民衆にも次第に洋服普及の兆しが見え始め、洋服のハウツーを記した洋装マナー本の需要が高まった。一方で、外国人の仕立て屋のみでは洋服需要の増加に追い付かなくなり、日本人による洋服の仕立て屋も開業し、洋服仕立て方の本も種々刊行されるようになる。

このような明治維新後の洋装化に伴って出版された本の大半は、既に希少本となり、現在では手にすることが困難な状態である。従って、これらの希少本の復刊を試みたのが本集成である。

二回に分けて刊行する。第一回配本は、近代に刊行された服飾関係通史等とともに、日本の洋装化の流れの中での人々の洋服への対応の姿が捉えられるように組み立てた。明治中期の洋服案内本、明治末から大正期にかけての衣服改良の動き、洋服・和服の流行についての解説、更には太平洋戦争時の国民服、そして終戦直後の物資不足と家庭生活の合理化の動きの中での衣生活といった時代の流れがわかる形での構成となっている。第二回配本は、洋裁本の復刻に主眼を置いた。特に子供服の洋装化は早く、家庭での製作が求められていたこともあり、家庭における子供服製作本を多く収録した。また洋装化の流れとはいえ、依然として女性の大半は和服での生活であり、女性の嗜みとして重視された和服製作の改良の動き等も考慮して組み入れてある。

尚、本集成収載本解説の執筆に当たっては、読者の便を図って、旧字体・旧仮名遣いを全て、新字体・新仮名遣いに改めてある。ご了承いただきたい。

本集成に掲載する書籍の選定に当たっては、東京家政学院大学藤田恵子教授、宮城学院女子大学大久保尚子教授にお力添えを頂いた。またクレス出版の泉谷雅明氏には、書籍収集・編集等に多大なご尽力を頂いた。紙面を借りて心よりお礼を申し上げる。

服制と縫針の歴史

本巻には、大正一四年（一九二五）発刊の関根正直著『服制の研究』（古今書院）と、昭和一九年（一九四四）刊行の渡辺滋著『日本縫針考』（文松堂出版）を収めた。いずれも現在は絶版となっている。

『服制の研究』の著者である関根正直は国文学者であるが、文学作品を理解するに当たっては、衣食住に関する知識は必需であるところから、氏もこの方面の研究を進めており、明治四一年（一九〇八）には文部省主催の夏期講習会で日本の衣食住の歴史を講義している。本書では、日本の服飾制度の歴史を、国文学の時代区分に則って「太古」「上古前期」「上古後期」「中古前期」「中古後期」「近古」「近世」「現代」と区分して論じる。ただし、「太古」の時代はまだ服装制度は成立していないので、男女の服装と衣服材料・装身具等の概説となっているが、「上古前期」以降は、基本的に服飾制度を柱としての構成である。「上古前期」は飛鳥・白鳳時代とも称される時代であり、冠位十二階の冠色に関する江戸時代以来の説を論じるとともに、以降の冠位制度の変遷と天武・持統朝における唐制採用の動きについて述べる。「上古後期」は奈良時代に該当し、天皇の礼服とともに唐制にならって制定された大宝・養老の衣服令による礼服・朝服・制服及び服色制度について記す。「中古前期」は平安時代前期に当たり、唐風化最盛期及びその後の国風化の流れの中での服制について述べ、「中古後期（平安中期〜後期）」では、貴族政権下に於ける晴と褻の装い、童装束、祭服、喪服等の服制及び旅装について記す。「近古」は鎌倉・室町時代で、男女の武家服制を主として述べ、公家服制にも触れる。「近世」では、徳川政権下の武家男女の服制に紙数を割く。特に女性の服制は、江戸時代に御殿女中として勤めていた老女からの聞き取りを元にしたもので、図版資料も同老女の話に基づいて描かれている。著者にとっての「現代」は明治時代に該当するが、ここでは大礼服・通常礼服等の服制と軍服について簡単に触れて終わる。

総体的に、服制を中心としながらも日本服飾史の概説書といった感のするものであるが、近代に多く出版された有職故実家執筆の日本服飾史とは異なって、本書は、日本の服飾を社会制度の歴史の中で捉えようとした最初のものであり、現在でも日本の服飾の歴史を考究する場合には、先ずは目を通すべき書と思われる。

『日本縫針考』の筆者である渡邊滋は、渡辺女学校（現在の東京家政大学）の校長を務めており、その前身が東京裁縫女学校であったことからも明らかなように、近代における女性の裁縫教育に力を注いだ人物である。かかる立場にあった氏が、裁縫における必需品としての「縫針」の研究をまとめたのが本著作である。刊行に先立って、氏は大正一〇年（一九二一）に東京教育博物館（現科学博物館）で開催された鉱物博覧会で「針の研究」を出陳している。これに加筆修正を加えて一冊にまとめたのが本書であり、我が国における縫い針について総合的に扱ったものはこれしかない。全七編の構成である。第一篇は「ハリ」の語源と「針」の字義から始まり、日本・朝鮮（韓国）・中国・ヨーロッパの針の簡単な歴史を概説する。第二編は針の特産地別の特徴と歴史、第三篇は針製造の歴史とその技法を中心に述べる。第四編は唐針（和針）とメリケン針の違いと一般的な針の種類の説明、第五篇は用途により異なる特殊針の解説、第六編は針袋や針筒、針山等付属物の説明である。第七編は針の持ち方や当時の針の値段等応用的なことを記す。最後の第八編は、針供養や七夕祭り、針に関する諺や格言、針を詠んだ俳句や歌等の集成とともに、「ハリ」の名を冠した植物名・動物名・地名を列挙して、これに解説を加えたものである。

本書は針に関する総合的な概説書であり、その多面性からしても「縫い針」に関しての事典的意味合いの濃いものである。縫い針について知りたければ、まずはこの書を紐解くのが良いであろう。

（学習院女子大学名誉教授）

近代衣服書集成
第1巻　服制と縫針の歴史
2015年5月25日　発行
編　者　増　田　美　子
発行者　椛　沢　英　二
発行所　株式会社 クレス出版
東京都中央区日本橋小伝馬町 14-5-704
☎ 03-3808-1821　FAX03-3808-1822
印刷所　有限会社 P24
製本所　有限会社 高橋製本所
落丁・乱丁本はお取り替えいたします。
ISBN978-4-87733-870-1 C3377　¥12000E